海事行政监督研究

丁　玮　孙春伟　编　著

哈尔滨工程大学出版社
Harbin Engineering University Press

内 容 简 介

本书共十章。第一章权力监督,介绍了权力监督的基本概念、思想渊源和历史发展等;第二章海事行政执法,对一般行政执法行为和海事行政执法行为进行了梳理;第三章海事行政执法监督,介绍了海事行政执法的概念、类型、内容和程序等;第四章、第五章、第六章、第七章分别对海事行政执法督察概念,主体、客体、程序等制度进行深入研究;第八章海事执法案卷评查与执法考评,介绍了海事执法案卷评查的要求与内容、程序与标准,海事执法考评的含义与内容、实施与方法、评定与处理;第九章海事行政执法责任追究介绍了海事行政执法责任追究的构成与认定、种类与适用、具体内容、程序和实施;第十章数字时代的海事行政监督,介绍了制度创新和数字海事的新发展。

本书可以作为法学、船舶与海洋、航运与海事管理专业本科生的教学参考用书,也可以作为相关专业研究生、海事行政执法、海事行政监管、航运管理和技术人员的理论研究与实务应用的参考用书。

图书在版编目(CIP)数据

海事行政监督研究 / 丁玮, 孙春伟编著. -- 哈尔滨 :
哈尔滨工程大学出版社, 2025. 2. -- ISBN 978-7-5661
-4712-7

Ⅰ. D993.5

中国国家版本馆 CIP 数据核字第 2025WP2188 号

海事行政监督研究
HAISHI XINGZHENG JIANDU YANJIU

选题策划	刘凯元
责任编辑	姜　珊
封面设计	李海波

出版发行	哈尔滨工程大学出版社
社　　址	哈尔滨市南岗区南通大街 145 号
邮政编码	150001
发行电话	0451-82519328
传　　真	0451-82519699
经　　销	新华书店
印　　刷	哈尔滨市海德利商务印刷有限公司
开　　本	787 mm×1 092 mm　1/16
印　　张	12.25
字　　数	311 千字
版　　次	2025 年 2 月第 1 版
印　　次	2025 年 2 月第 1 次印刷
书　　号	ISBN 978-7-5661-4712-7
定　　价	68.00 元

http://www.hrbeupress.com
E-mail:heupress@ hrbeu.edu.cn

前　　言

如何对权力进行监督与制约是政治学、法学、社会学研究的重要课题。海事行政监督研究是海事行政法的一个重要组成部分，也是海事行政法与监督法的交叉研究。深入研究海事行政监督具有重要的理论意义和实践价值。海事行政监督是防止和纠正违法的或不当的海事行政行为，保护海事行政相对人的合法权益，扎实推进依法行政，全面推进法治海事建设的重要制度。

本书在编写过程中遵循法学、行政法学和监督法学的基本原理，以行政法学和监督法学的一般体例为基本框架，系统地论述了行政监督的基本原理、思想渊源和历史发展，对海事行政监督原则、规则和制度的特殊问题进行了深入研究。除了传统海事行政监督研究，本书还研究了数字时代大数据、算法、人工智能等技术对海事行政监督的影响，并且探讨了海事行政监督数字化和数字海事建设的制度创新。本书在内容上不仅体现了我国海事行政监督的新进展，还结合了我国海事行政监督的现实需要，为完善我国海事行政法学科体系建设提供了研究资源。

由于编著者水平有限，书中难免存在疏漏和不足之处，恳请广大读者批评指正。

编著者

2024 年 11 月

目 录

第一章 权力监督

第一节 权力的概念

一、权力的界定

在中国古汉语中"权"作为动词使用时,意思是衡量、权衡。孔子说:"谨权量,审法度,修废宫,四方之政行焉。"孟子说:"权,然后知轻重。""权"字作为名词使用时,意思是制约别人的能力。如慎子认为:"贤而屈于不肖者,权轻也。"汉字"权"对应的英语"power",是指一个人或物影响他人或他物的能力,与中国古代"权"的第二种含义大体相同。

关于权力的定义,目前人们并没有形成统一的看法。马克斯·韦伯认为:"权力乃是这样一种可能性,即处于某一社会关系内的一个行动者能够不顾抵制而实现其个体意志的可能性,而不论这种可能性的基础是什么。"罗素在《权力论》中这样描述权力:"动物满足于生存和繁殖,人类则还要扩张,居于首位的是权力欲和荣誉欲"。国内外关于权力的定义大致有以下四种。

1. 力量说

《现代汉语词典》(第7版)中对"权力"的解释是:(1)政治上的强制力量;(2)职责范围内的支配力量。① 西塞罗认为"权力是合法的,公民必须服从它"②,并将"权力"界定为一种公共的强制力量。

2. 能力说

马斯克·韦伯对权力和权威作了区分,他认为权力是强迫人们服从的能力而不管人们是否反对,而权威则表示人们在接受命令时是自愿的。美国的罗伯特·达尔是现代能力说的代表人物,他明确指出,影响力或权力是一个人影响另一个人在某些方面改变自己的行为或倾向的能力。③

3. 控制说

克特·W.巴克认为,权力是在个人或团体的双方或多方之间发生利益冲突或价值冲突的形势下,执行强制性的控制。美国管理学家弗兰奇和雷文也将权力定义为"一个人所具有并施加于人的控制力"。④

4. 关系说

《不列颠百科全书》中对权力的解释是:权力是一个人或许多人的行为使另一个人或其

---

① 《现代汉语词典》(第7版),商务印书馆,2016,第1082页。
② 童之伟:《法权与宪政》,山东人民出版社,2001,第188-189页。
③ 吴振钧:《权力监督与制衡》,中共中央党校出版社,2018,第1-2页。
④ 许斌龙:《法理学视野下的权力概念》,《党政论坛》2008年第9期。

他许多人的行为发生改变的一种关系。① 亨利·艾泊斯认为："某一个人或团体有能力影响另一个人或团体的活动，这就是权力，权力使某一行为出现，要不然本来是会发生另一种不同行为的。"②

权力按照其性质可以划分为政治权力、经济权力、社会权力等。其中，政治权力是某一政治主体依靠一定的政治强制力，为达到某种目标而在实际政治过程中体现出来的对于政治客体的制约能力，凭借这种制约能力，政治主体拥有对于社会价值的支配手段。政治主体主要指政府、政党和其他社会政治集团、社会政治人物等。

二、权力的内涵

权力的概念是法学理论中的一个重要范畴。从法理学角度来看，权力是特定社会组织对其成员进行指挥、协调、管理、约束的合法支配力。这一定义包括以下三个方面的内涵。

1. 权力是特定组织对其成员的支配力

权力既不是个人对个人的支配力，也不是个人对物等权利对象的支配力。权力是一种支配力，由代表组织的公共人格所享有，而不是由承载该公共人格的个人或机构享有，也不是由作为组织成员的个人或集体所享有。正如米歇尔·福柯所言，权力从未确定位置，它从不在某些人手中，从不像财产或财富那样被据为己有。权力与承载权力或公共人格的个人或机构是分离的。承载权力或公共人格的个人或机构只有与这种地位、身份或职位直接相关时，才享有权力，权力的具体表现是职权，有职才有权，无职便无权。

2. 权力是特定组织对其成员的合法约束力

权力是一种合法性强制力、垄断性暴力，但强制力、暴力仅仅是权力的一个方面，而不是其全部，甚至不是其主要方面。权力的基础合法性主要是伦理合法性，但也包括合规范性，前者是对权力的整体而言，后者是对具体权力而言。在法学上，合法性主要强调权力应当建立在规则基础之上。就权力的合规范性而言，其有两个方面的要求：一是实体合规范性；二是程序合规范性。前者强调权利与义务的设定、享有、履行必须有规范依据，后者强调权利与义务设定、享有、履行所应当遵循的步骤、时空、次序等亦必须有规范依据。权力的本质要求其必须走向权威，即在权力的产生、行使过程中，需要不断地进行合法性的论证，以消除权力对象对其提出的合法性质疑。

3. 权力是特定组织实现其公共利益而对其成员实施指挥、协调、管理、约束的支配力

其一，权力具有公共利益性；其二，权力行使的直接表现是对个人权利、义务的赋予和设定，前者属于权力的指挥、协调功能，后者属于权力的管理、约束功能；其三，权力的公益性要求权力获得其对象的绝对服从。③

---

① 《不列颠百科全书》第 14 卷，第 697 页。
② 亨利·艾泊斯：《现代管理原理》，商务印书馆，1980，第 169 页。
③ 许斌龙：《法理学视野下的权力概念》，《党政论坛》2008 年第 9 期。

三、行政权的概念

1. 行政权的含义和特征

行政权即国家行政机关执行法律、管理国家行政事务和社会事务的权力，是国家权力体系中的重要组成部分。行政权与行政职权不同，行政职权是具体行政机构和工作人员根据其任务、职位而依法被分配到的行政权，它是行政权在社会生活中的具体化。

行政权的特征主要是执行性、主动性和优益性。所谓执行性，是指行政权从根本上说，是执行国家法律和权力机关意志的权力，行政权的行使必须对权力机关负责，受权力机关监督。行政权既是国家行政机关对社会依法进行全面组织和管理的一项权力，也是国家行政机关所应当承担的一种职责。因此，国家行政机关在组织管理社会生活的过程中，一般都采取积极主动的行动去履行职责，而不需要行政相对人的意思表示，否则就是失职。所谓优益性，则是指行政主体在行使行政权时，依法享有一定的优先权。例如，在紧急情况下，可以不受程序制约，对公民先行扣留、即时强制。

2. 行政权的渊源

行政权的渊源是指行政权产生的根据。根据行政权产生方式的不同，可以把行政主体的行政权力分为固有权力和授予权力两种。所谓固有权力，是指该职权是由法律、法规直接设定给该组织的，而不是事后由其他行政主体转让所得的。授予权力，是指该组织的权力是由其他行政主体授予给它的。一般来说，行政主体应当自己行使职权，但是，社会事态千变万化，许多复杂而紧迫的社会问题往往难以及时解决，这就出现了行政机关必须将自己的权力授权给其他机关行使的情形，以提高行政效率，被授权的主体因此取得了某一特定范围内的行政权力。此外，有时行政机关还将自己的某些权力委托给其他机关、组织或者个人行使。综上所述，行政权的渊源可以分为三个层次：一是法律的直接设定；二是行政机关依法授权；三是行政机关依法接受委托。

3. 行政权的内容

行政权的内容由于各国的具体规定不同而存在着不同的情况，大致说来，在 20 世纪以前，行政权主要有以下八种。

(1) 授予权，即特定的国家行政机关依据相对人的申请赋予相对人某项权利的权力，如商标权的授予、专利权的授予等。

(2) 许可权，指国家行政机关根据相对人的申请，依法决定是否准许相对人从事法律所限制或禁止的活动的权力。在广义上，许可权也是授予权，但授予权所授予的权利是完整的，是所有权或专用权，而许可权可授予的权利仅仅是某一领域或某一行业的经营权。

(3) 确认权，指国家行政机关根据相对人的申请依法对申请人的法律地位、权利义务关系予以确认的权力。如对企业法人资格的确认、对纳税主体资格的确认、对土地等自然资源使用权的确认、对国有资产等所有权的确认等。

(4) 征收权，即国家行政机关依法向相对人征收税款及其他财产的权力。征收权是运用国家强制力、无偿参与国民收入分配的一种重要手段。

(5) 监督检查权，即国家行政机关对相对人遵守国家法律、法规或履行行政法义务的状况实施监督检查的权力。如对市场交易中不正当竞争行为的监督检查、产品质量的监督检查、商品价格的监督检查、财政税收检查等。

（6）调处权，即国家行政机关对民事争议的调解和对行政争议的复议裁决的权力。

（7）处理及处罚权，即国家行政机关对违反行政法规定的相对人所实施的处理及处罚的权力。广义上的行政处理包括行政处罚在内，本书所讲的处理权是指行政机关在行政处罚之外所实施的补救性措施的权力。

（8）强制权，即国家行政机关对逃避或可能逃避履行行政法义务的相对人或危害及可能危害社会公共利益的相对人，所采取的限制相对人某些权利或行为的强制性权力。在具体运用上，强制权的行使主要有人身强制、财产强制、行为强制等法定形式，其手段包括强制划拨、强制拍卖、强制履行等。

4. 行政权的扩张与限度

20 世纪以来，世界各国随着国家干预和积极行政而使得行政权得到扩张与膨胀，主要表现在两个方面：一是行政立法权的产生，即行政机关基于议会或法律的授权制定行政法规或行政规章的权力，它是行政权对立法权的扩张；二是行政司法权的确立，即行政机关基于法律、法规的授权对特定的争议纠纷进行处理并依法作出裁决的权力，它是行政权对司法活动的延伸或扩张。

针对行政权日益膨胀，进而侵蚀立法权、司法权和公民权利的情况，学者们提出了行政权的限度问题。

（1）行政权对立法权的界限问题。在我国，行政权是由立法权所授予的，凡法律没有授予行政机关的权力，都应由权力机关保留。按照各国的通例，如公民的基本权利和义务、国家机构组织方面的制度、国家财政收入和支出等方面的立法，是行政机关不能涉足的领域。《中华人民共和国立法法》（以下简称《立法法》）也对此进行了界定。

（2）行政权对司法权的界限问题。20 世纪以来，行政司法已经是很普遍的现象（如行政复议、行政处罚、行政仲裁等），但也必须从法律上确定其行使的限度。一般不能涉及公民基本权利、生命、自由的处置；不得采取刑事、民事的处罚手段；必须遵循司法的一般组织原则和程序；而且在绝大多数情况下，行政机关的裁决应服从司法裁判。

（3）行政权与相对人权利之间的界限问题。一般认为，行政权与相对人权利之间的界限应服从以下原则：凡法律未授权的领域，行政机关不享有行政权；凡法律未禁止的领域，为相对人行使权利的领域。

第二节　权力监督概述

权力作为社会关系的一种特殊反映，以其自身的特性对人类社会发挥着影响作用。权力具有强制性、目的性、等级性、非平等性、限定性和可交换性等特点。权力，无论是政治上的强制力量，还是职务上的支配力量，都具有"双刃剑"式的正负效应，如何发挥正效应，克服和消减负效应，即如何对权力进行监督与制约是政治学、法学、社会学研究的重要课题。

一、权力监督的概念

权力监督是监察并督促权力的运行，以符合公共利益的需求。权力具有强制性、扩张性、排他性、诱惑性等特征。如果任其自然发展，很容易造成权力异化现象。阿克顿勋爵有句名言："权力导致腐败,绝对的权力使人绝对的腐败。"[1]人不是天使,"永远不能完全摆脱兽性"。[2] 我们不能单纯指望人在掌握权力后,不会只顾追求自身利益的最大化。法国思想家孟德斯鸠所言："一切有权力的人都容易滥用权力,这是万古不易的一条经验。"[3]因此,权力必须被置于有效的监督之下,以防止其被滥用。

监督是在制定目标的前提下对行为或决策,通过审核、监督和督促的手段,实现预期目标的过程。其实质是一个控制的过程,还是一个预防权力滥用,确保权力公正公平的行使过程。权力监督是为了预防权力的滥用,保障权力合法准确正当地运行所使用的审核、监管、督促、约束和控制等手段的总称。

二、权力监督的分类

按照监督来源的不同,权力监督可分为内部监督和外部监督。内部监督也就是同体监督与制约,是指同一权力体系内部各组成部分之间的自我监督和相互制约,其特点是监督与制约的主客体都来自同一权力系统。外部监督也就是异体监督与制约,是指不同权力体系之间相互的监督和制约,其特点是监督与制约的主客体分别属于不同的权力系统。

按照监督指向的不同,权力监督可分为横向监督和纵向监督。横向监督是同一层次不同性质的权力之间的平行监督与制约,主客体之间没有隶属关系,如司法机关对政府机关的监督与制约。纵向监督是同一性质不同层次的权力之间的垂直监督与制约,主客体之间存在隶属关系,如上下级政府机关之间的监督与制约。

按照监督方式的不同,权力监督可归纳为权力监督权力、权利监督权力和社会监督权力。权力监督权力也称为间接的人民监督与制约,根据人民主权原则,人民作为国家权力的拥有者,将其权力委托给国家机关实施监督与制约。权利监督权力也称为直接人民监督与制约,是指人民运用宪法和法律赋予的民主权利,对国家权力机关行使权力进行直接的监督。社会监督权力,是指社会主体(社会群体、社会组织、社会势力)以其所拥有的社会资源形成对社会的支配力量,是权力的一种,属于权力监督权力。

按照监督主体的不同,权力监督可分为执政党的监督与制约、权力机关的监督与制约、行政机关的监督与制约、司法机关的监督与制约、人民群众的监督与制约,以及新闻媒体的监督与制约等。

此外,按照监督效力的不同,权力监督可分为强制性监督与自律性监督。按照监督时间的不同,权力监督可分为事前监督、事中监督、事后监督。按照监督与制约的内容不同,权力监督可分为立法监督、行政监督和司法监督。按照监督与制约的标准不同,权力监督可分为合法性监督和合理性监督。

---

① 阿克顿:《自由与权力》,侯建、范亚峰译,商务印书馆,2001,第286页。
② 汉密尔顿、杰伊、麦迪逊:《联邦党人文集》,程逢如、在汉、舒逊译,商务印书馆,1980,第264页。
③ 孟德斯鸠:《论法的精神》(上),张雁深译,商务印书馆,1961,第154页。

三、权力监督的特点

我国的权力监督具有如下特点。

1. 多元的监督主体

我国权力监督的主体有立法机关、司法机关、社会团体、社会舆论及普通公民。他们从不同的角度和地位发挥自己的监督作用,以保障权力合法合理运行。

2. 广泛的监督领域

我国现行的权力监督的形式和渠道多种多样,这是由监督主体的多元化决定的。可以说,监督网纵横交织,辐射面广,使各种监督客体均处在某种程度的监督之下,基本上不存在监督的空白地。从监督对象的活动领域看,国家机关及其工作人员在政治、经济、文化领域行使的权力都受到比较全面的监督。

3. 多样的监督机制

目前,我国权力监督集中体现了制度性制约原则,其具体的运行机制可以归纳为三种,分别从不同方面比较有力地保障了公共权力的规范化运行。首先是以权力制约权力的机制,其核心是分权与制衡,即在不同的权力机构之间建立起监督与被监督或者相互监督的关系。其次是要求权力的运行必须以维护公民的各项权利作为最终目的,并起到限制、阻遏权力机构滥用或不当行使权力的作用。最后是以社会制约权力的机制,强调的是以社会领域中多元的组织力量来制约国家机关及其工作人员所行使的权力。

4. 统一的监督力量

随着政府的一元化公共管理行为转化为由政府、社会组织、公众等共同参与的公共治理模式,以权力监督权力,尤其是以社会监督权力的机制的重要性和有效性也日益凸显。但从长期的政治实践来看,以权力监督权力的机制仍然具有非常强劲的生命力,并受到很大的关注。因此,我国目前就形成了以权力监督权力为主导,并辅以权利监督权力和以社会监督权力的多维度、多层次、较为统一的权力监督体系。

第三节　权力监督的思想渊源和历史发展

一、中国古代权力监督

(一)思想渊源

我国西周就有权力监督的思想。《尚书·酒诰》中有"人无于水监,当于民监"的思想,要求统治者"以德配天""明德慎罚""敬天保民",即上要敬天,下要保民,是有德之君的至高追求。先秦法家的代表人物管子认为立国有"三本",其核心之"本"为吏治。民众对最高权力的舆论监督称之为"啧室之议",是听取民意、接受监督的方式。梁启超在《管子评传》里说:管子之"啧室之议"类似于近世之议会,是"人民监督政府之一机关也"。后人只知管子主张严刑峻法,殊不知在他的思想里已有"今日立宪政治之大义"。商鞅变法废除了世卿世禄制度,力主以严刑峻法防止官吏为恶。"治法明,则官无邪。"①为了明确官吏的责任,主张分割权力,划分职责,各司其职。秦国颁布"连坐之法",建立起广泛而强大的监督网,上下级和同级官吏之间如若发现有人违法犯罪,则须检举揭发,告奸者赏,匿奸者与奸人同罪。韩非主张以法治吏,加强对权力的法律监督。他继承了申不害以"术"治天下的思想,主张君主运用"术"控制、驾驭百官臣下。"术"是一种公开的任用、考核官吏的方法,以功用、能力为用人依据,以职能是否相符来论定官吏是否合格称职。能者赏,庸者罚。

法家认为人性"恶",官吏为贪,民人为盗都是人性使然,法律是防范人们为恶的唯一有效的手段,法律监督是达成吏治的最好途径。儒家认为人性"善",推崇道德治国,相信人的道德自觉和内心的自我约束,"监督"主要来自人的内心,外在的制度会使人失去廉耻而变成小人。儒家的忠君思想是"谏议"的思想源头。孟子"暴君放伐"论主张君有大过则谏,反复之而不听则易位。荀子直接赋予臣下纠君之失的权力。儒家的谏议理论对后来封建谏议制度的形成有重大影响。先秦儒法之争在两汉期走向了调和,两汉后的统治者吸取了儒法两派思想的合理内容,在吏治方面,倡导以德治吏和法律监督共同发挥作用。②

(二)制度内涵

中国古代权力监督制度是由御史监察制度、谏官制度和举报制度等所组成的一个制度体系。中国古代权力监督制度作为历代王朝统治机器中极为重要的组成部分,在纠举官吏违法从而整饬吏治、清明政治、稳定政权等方面曾发挥过不可忽视的重要作用。

御史监察制度是专门纠察百官整饬吏治的一种监督制度,该制度形成于秦汉,发展于隋唐,完备于明清。秦统一中国后设立以御史为主的专门监察机构。在中央政府设御史大夫作为监察机构的最高长官,御史大夫及其统领的监察官对皇帝直接负责。汉代汉武帝创设了专门针对地方各级政府的官吏行使监察权的刺史。隋唐时期御史台的察院不定期地派员作为中央特使前往各州县处理官吏贪赃枉法和重大刑案。明清时期御史监察制度得到进一步完善。在明代,都察院作为全国最高监察机关行使监察权,都御史为其最高长官,其职责是纠劾百司,辨明冤枉。清承明制仍以都察院为全国最高监察机关,都察院下属的六科给事中是皇帝监督国家行政机关及其官员的重要机构。对地方官吏的监察权则由各道的监察御史行使。御史监察制度作为封建国家专门的权力监督制度在历朝历代都深受皇帝的重视。谏官制度是权力监督制度的特殊形式,是专门纠正皇帝行使权力中的失当行为的一种监督制度。谏官制度设立的目的是监督皇帝,避免皇帝发生错失。由于其监督对象是皇帝,这种制度能否发挥作用关键在于皇帝是否容忍和肯于纳谏。举报制度是权力监督制度的重要补充,是封建统治阶级采取的鼓励天下臣民以多种方式检举、告发各级官吏对皇帝不忠或言行不法的制度。举报制度作为维护君主专制统治的一种制度,主要针对从中央到地方的各级官吏。③

---

① 商鞅:《商君书·壹言第八》。
② 孙季萍:《中国古代的权力监督制度》,《东岳论丛》2001年第4期。
③ 程印学:《中国古代权力监督制度探论》,《理论学刊》2004年第7期。

（三）中国古代权力监督的特点

1. 权力监督机关机构地位独立

确立监察机关机构独立地位。机构独立就是监察机关独立地行使监察权,各级行政机关和行政官员不得干预监察机关和监察官员行使权力。监察机关和监察官员都只对皇帝负责。因此,监察权具有独立性和权威性,监察范围和内容具有广泛性。

2. 建立程序严密的行政权力运作机制

中国古代行政权力的制约与监督机制有以下两个特点:一是职官权责分明,互相制衡,上下相维,纵横交错,形成决策权、执行权、监督权相协调的制约与监督机制;二是制约与监督行政权力有明确的制度和程序作保证。制约与监督的途径广泛,依法建立了巡视、考课、勾检、弹劾、封驳、谏诤、判署①等制度,保证了监督主体对各级官吏行政权力制约与监督的正常有序进行。②

3. 注重对监察官员的权力监督

中国古代监察机构及官员相对独立,从政治结构看是同体监督,从内部结构看又是异体监督。监察官权力过大,需要加以监督和制约。首先,强调监察官员品德考察;其次,规范监察官的选任程序;最后,加强对监察官的责任追究。

二、马克思恩格斯的权力监督思想

马克思、恩格斯从生产资料私有制这一角度出发,对腐败产生的根源进行深入科学的剖析,并认为腐败的出现是与私有制相伴而生的,腐败现象随着私有制的发展而日益严重。掌握权力的人凭借手中权力对剩余产品实行个人占有,于是公共权力出现异化,权力成为谋取私利的工具。马克思指出,在阶级社会中私有制的弊病,"工商业扩展到极大的规模;金融诈骗风行全世界;民众的贫困同无耻的骄奢淫逸形成鲜明对比。表面上高高凌驾于社会之上的国家政权,实际上正是这个社会最丑恶的东西,正是这个社会一切腐败事物的温床"③。马克思、恩格斯认为,要想彻底消除腐败就必须要废除私有制。

马克思、恩格斯批判资本主义国家的议会制沦为资产阶级投机牟利的工具,权力监督的重要性和政治价值在于废除了国家等级制,"以随时可罢免的勤务人员来代替骑在人民头上作威作福的老爷们,以真正的责任制来代替虚伪的责任制,因为这些勤务人员总是在公共的监督下进行工作的"④。这样就打碎了旧式的国家政权形式,国家权力重新回归到人

---

① 巡视是中国古代上级视察下级工作从而进行行政权力的制约与监督。考课是上级通过自下而上逐级报告政绩的方法对各级官吏的考核。勾检是中国古代行政系统对财政经济的审计稽查官吏违背财政制度的贪赃枉法行为制约和监督。弹劾是对官吏违法失职行为的检举法律责任,也是制约与监督官吏行政权力的处手分段。封驳和谏诤是在政令实施之前的审查,凡政令不合法的可封还驳正提出正确意见,也是对行政决策权的一种制约与监督。判署是中国古代官吏在处理公文中的意见和署名,也是对行政权力制约与监督的手段之一。

② 韩俊远、刘太祥:《中国古代行政权力的制约与监督机制》,《南都学坛》(人文社会科学学报)2004年第3期。

③ 《马克思恩格斯选集》第3卷,人民出版社,2012,第97-98页。

④ 《马克思恩格斯选集》第4卷,人民出版社,1995,第681页。

民手中。无产阶级政党执政后的新型国家的基本特征就是把权力归于人民,权力在公共监督之下。

马克思分析巴黎公社的性质时指出,公社实现了所有资产阶级革命时都提出的"廉价政府"的口号。公社彻底打碎了旧式的国家政权形式,以人民群众选举制代替了贵族的特权制,国家权力重新回到人民手中。人民享有广泛的选举权,公职人员由人民选举产生,真正成为人民的公仆,并时刻处于人民的监督之下。马克思、恩格斯在理论上阐明了国家政治权力产生、发展、异化与制约的设想,其制衡与监督国家权力的思想为构建中国现代权力监督体系奠定了理论基础。

三、列宁的权力监督思想

列宁缔造了世界上第一个无产阶级专政的国家;列宁非常重视人民群众对国家机关工作人员的监督,从维护人民民主权利的根本目的出发,提出了一系列制约和监督权力的主张。按照列宁的权力制约的思想,国家应当建立起一套自下而上的监督体系,他强调要以健全党内民主集中制的办法来改变和调整权力结构,建立人民监督系统,加强对党内的权力监督,扩大工农群众在整个机关工作人员中所占的比重,并且让工农检察院的职员适当缩减,提高办事效率。可将工农检察院和中央监察委员会合并起来,这样,工农检察院可获得更高的威信和权力,从而更好地履行自己的责任。把人民群众和工农检察院的监督权整合,利用全党全国全民的力量来监督党和国家机关的各级干部。

列宁提出党内监督、人民监督、法律监督三位一体的监督体系,强调党在政治思想上的领导权、人民代表国家的立法和执法权、人民群众的监督罢免权。列宁提出设立与中央委员会并列的监察机构,并赋予其较高的地位。党的监察机关经历了中央监察委员会、国家监察人民委员部、工农检察院,后又将工农检察院与中央监察委员会合并,将国家监督同工农监督结合。通过《工人监督条例》成立全国工人监督委员会,吸收非党的工农群众参与监督,为人民监督赋予地位和权利保障,加强人民监督的法律保障。[①]

四、中国核心领导人的权力监督思想

在领导新民主主义革命时毛泽东就曾提出只有让人民来监督政府,政府才不敢松懈;只有人人起来负责,才不会人亡政息的思想。中华人民共和国成立前夕,毛泽东在思考国体和政体时提出,在人民政权内部采用民主集中制,由各级人民代表大会决定大政方针选举政府,为人民群众监督国家机关创造条件,反对形式主义,切实讨论群众关心的问题,根据群众意见开展批评和自我批评。要切实保证人民代表发言权,反对压制代表发言的行为。中国共产党要接受各方面的监督,通过召开党代表会议加强党内自我监督,为人民群众监督中国共产党提供条件,发挥民主党派对中国共产党的监督作用。

邓小平从全国人民代表大会的根本政治制度、中国共产党领导的多党合作和政治协商等基本政治制度出发,明确提出了中国权力制约和监督建设应遵循的三条基本原则,坚持党的领导也要加强党的监督,不搞三权分立和两院制,坚持人民代表大会制度。权力监督

---

① 侯勇,徐海楠:《权力运行制约和监督论》,光明日报出版社,2022,第32—37页。

建设要与政治体制改革相结合。加强权力监督的制度建设,改革领导制度和组织制度,使民主制度化、法律化。①

习近平权力监督重要论述,汲取了中国古代监察权具有较强权威性的经验、马克思主义人民主权说,并在中国共产党组织原则启示下形成了对个人权力运行结果问责的思想。有效的权力监督以相对分权制约的科学权力配置体制为基础和前提,建立程序公开、覆盖全面的权力运行机制是监督权力合法运用的关键,让问责制保障权力监督。习近平党内权力监督重要论述具有重要的时代价值,是新时代马克思主义权力监督思想中国化的重要成果,既破解了坚持党的领导又使权力监督机关发挥权威监督作用的理论难题,又推动了纪检监察体制实现突破性改革。②

本章思考题

1. 如何理解权力的性质和内涵?
2. 如何理解现代国家行政权的扩张和限度?
3. 权力监督的特点有哪些?
4. 中国古代权力监督的历史沿革。
5. 中华人民共和国成立后,领导人关于权力监督的论述。

---

① 郭玉华:《新中国反腐败之权力制约和监督体系建设研究》,博士学位论文,武汉大学,2013。
② 李晨:《习近平党内权力监督重要论述研究》,硕士学位论文,江南大学 2019。

第二章　海事行政执法

第一节　行政执法概述

一、行政执法的概念与特征

行政执法是行政主体对行政相对人依法行使国家行政管理权的活动。通常情况下,行政执法相对于行政立法而言,是常见的行政行为的表现,也是具体行政行为的表现。行政执法具有以下特征:执法主体的法定性和国家代表性、执法具有主动性和单方意志性、执法具有极大的自由裁量性。行政执法具有实施法律、实现政府管理的职能,保障公民权利的功能。行政执法的基本原则:合法性原则、合理性原则、正当程序原则、效率原则、责任原则。

行政执法的生效要件:行政执法行为必须是依法组成的,享有管理权限的行政机关在法定范围内采取的,执法内容必须合法;在行政执法中,管理相对人必须具有法定的权利和行为能力;行政执法的标的物必须是依法能作为该执法行为的物品;行政执法行为必须符合法定程序和法定形式。

行政执法的程序,因具体的情况不同而有所不同。一般情况下,行政执法的程序包括以下几个主要方面:受理与立案,调查与取证,决定与处罚,告知与通告,申述与执行。

二、行政执法的种类与形式

行政执法的种类,一般表现为各种具体的行政决定,包括行政命令、行政确认、行政给付、行政征收与行政征用、行政裁决、行政许可、行政处罚、行政强制。

行政执法也可以分为羁束行政执法与自由裁量行政执法。行政执法行为因受法律约束的程度不同而分为羁束行政执法与自由裁量行政执法。羁束行政执法是法律法规对需要执行的事项有明确、具体的规定,执法者必须严格按法律法规的规定执行,没有自由处置的执法行为;自由裁量行政执法是在法律法规规定中,执法者可在范围、方式、数额等方面有一定的选择余地的执法行为。羁束与自由裁量是相对的。行政执法在多数情况下都属自由裁量。自由裁量也必须根据法律法规的授权和在法定的幅度以内进行,否则行政执法将引起行政诉讼。

行政执法的表现形式可以分为书面形式、口头形式、动作形式。书面形式是行政执法的常见形式,是要式法律行为的体现。法律规定行政行为应当采用书面形式的,行政主体在作出行政行为时必须采用书面形式,否则违法。口头形式在行政执法中不常用,这种形式的优点是简便、效率高,不足是发生争议时缺乏证明力。

三、行政执法监督与行政赔偿

行政执法监督,可以有不同的解释。广义上的行政执法监督是指各种主体对行政执法活动所进行的广泛的监督,包括立法监督、执法监督、司法监督以及人民群众监督。狭义上的行政执法监督是指行政机关对行政执法机构与执法人员的执法活动所进行的专门监督,也是行政行为的一种体现。

行政赔偿是指由于行政主体的行政执法活动的错误,造成的行政相对人的人身或者财产损失,依法由行政主体给予的赔偿。行政赔偿是国家赔偿的一个主要方面。行政赔偿的具体适用条件与程序,依据《中华人民共和国国家赔偿法》(以下简称《国家赔偿法》)的规定执行。

(一)行政赔偿的基本构成要件

行政赔偿的基本构成要件是:行政主体的行政行为违法,造成行政相对人的合法权益受到损害。根据《国家赔偿法》规定,行政赔偿责任的构成要件由行政主体、行政违法行为、损害后果和因果关系四个部分构成。

行政赔偿的归责原则是违法责任原则。《国家赔偿法》第二条规定:"国家机关和国家机关工作人员行使职权,有本法规定的侵犯公民、法人和其他组织合法权益的情形,造成损害的,受害人有依照本法取得国家赔偿的权利。"违法责任原则,是指行政机关的行为要不要赔偿,以行为是否违反法律为唯一标准。它不细究行政机关主观状态如何,只考察行政机关的行为是否与法律的规定一致,是否违反了现行法律的规定。

(二)行政赔偿的当事人

行政赔偿的当事人包括赔偿请求人和赔偿义务机关。

1. 赔偿请求人

赔偿请求人是指有权要求赔偿的受行政行为侵害的公民、法人或其他组织。《国家赔偿法》规定,受害的公民、法人和其他组织有权要求赔偿。受害的公民死亡,其继承人和其他有抚养关系的亲属有权要求赔偿。受害的法人或者其他组织终止,承受其权利的法人或者其他组织有权要求赔偿。

2. 赔偿义务机关

赔偿义务机关是指实施行政行为侵犯公民、法人或其他组织的合法权益造成损害,有义务代表国家承担赔偿责任的行政主体。依据《国家赔偿法》规定,行政主体行使职权侵犯相对人合法权益,该行政主体为赔偿义务机关。两个以上行政主体共同行使职权对相对人合法权益造成损害的,共同行使职权的行政主体是共同赔偿义务机关。法律法规授权的组织在行使授予的行政权力时侵犯相对人的合法权益并造成损害的,被授权的组织是赔偿义务机关。受行政主体委托的组织或者个人在行使受委托的行政权力时侵犯相对人的合法权益造成损害的,委托的行政主体是赔偿义务机关。赔偿义务机关被撤销的,继续行使其职权的行政主体是赔偿义务机关;没有继续行使其职权的行政主体的,撤销该赔偿义务机关的行政主体是赔偿义务机关。经复议机关复议的,最初造成侵权行为的行政机关为赔偿义务机关,但复议机关的复议决定加重损害的,复议机关对加重的部分履行赔偿义务,是共同赔偿义务机关。

(三)行政赔偿的范围与方式

根据《国家赔偿法》第三条、第四条的规定,行政赔偿的范围包括侵犯人身权的违法行政行为和侵犯财产权的违法行政行为两类。其中对人身权的侵犯仅限于公民,侵犯法人或其他组织的行政行为目前不承担赔偿责任。

1.侵犯公民人身自由的违法行为及其赔偿方式

侵犯公民人身自由的违法行为:

(1)违法拘留或者违法采取限制公民人身自由的行政强制措施的。

(2)非法拘禁或者以其他方法非法剥夺公民人身自由的。

(3)以殴打、虐待等行为或者唆使、放纵他人以殴打、虐待等行为造成公民身体伤害或者死亡的。

(4)违法使用武器、警械造成公民身体伤害或者死亡的。

(5)造成公民身体伤害或者死亡的其他违法行为。

侵犯公民人身自由的违法行为的赔偿方式为支付赔偿金,赔偿全按照以下规定计算。

(1)造成身体伤害的,应当支付医疗费、护理费以及赔偿因误工减少的收入。减少的收入每日的赔偿金按照国家上年度职工日平均工资计算,最高额为国家上年度职工年平均工资的五倍。

(2)造成部分或者全部丧失劳动能力的,应当支付医疗费、护理费、残疾生活辅助费、康复费等因残疾而增加的必要支出和继续治疗所必需的费用,以及残疾赔偿金。残疾赔偿金根据丧失劳动能力的程度,按照国家规定的伤残等级确定,最高不超过国家上年度职工年平均工资的二十倍。造成全部丧失劳动能力的,对其抚养的无劳动能力的人,还应当支付生活费。

(3)造成死亡的,应当支付死亡赔偿金、丧葬费,总额为国家上年度职工年平均工资的二十倍。对死者生前抚养的无劳动能力的人,还应当支付生活费。

2.侵犯公民、法人和其他组织财产权的违法行政行为及其赔偿方式。

侵犯公民、法人和其他组织财产权的违法行政行为有四种。

(1)违法实施罚款、吊销许可证和执照、责令停产停业、没收财物等行政处罚的。

(2)违法对财产采取查封、扣押、冻结等行政强制措施的。

(3)违法征收、征用财物的。

(4)造成财产损害的其他违法行为。

侵犯公民、法人和其他组织财产权的违法行政行为的赔偿方式有以下几种。

(1)处罚款、罚金、追缴、没收财产或者违法征收、征用财产的,返还财产。

(2)查封、扣押、冻结财产的,解除对财产的查封、扣押、冻结,造成财产损坏或者灭失的,依照本条(3)(4)项的规定赔偿。

(3)应当返还的财产损坏的,能够恢复原状的恢复原状,不能恢复的,按照损害程度给付相应的赔偿金。

(4)应当返还的财产灭失的,给付相应的赔偿金。

(5)财产已经拍卖或者变卖的,给付拍卖或者变卖所得的价款;变卖的价款明显低于财产价值的,应当支付相应的赔偿金。

(6)吊销许可证和执照、责令停产停业的,赔偿停产停业期间必要的经常性费用开支。

(7)返还执行的罚款或者罚金、追缴或者没收的金钱,解除冻结的存款或者汇款的,应当支付银行同期存款利息。

(8)对财产权造成其他损害的,按照直接损失给予赔偿。

(四)行政赔偿的程序

行政赔偿的程序是行政机关或者人民法院处理赔偿请求的程序,包括单独请求赔偿的程序和附带请求赔偿的程序。行政赔偿程序不仅仅指诉讼程序。

行政赔偿程序的特殊性有以下三点。

(1)行政先行处理,即单独提出行政赔偿请求的,应当先由行政机关解决。

(2)单独的行政赔偿请求,不适用行政复议程序。

(3)行政赔偿诉讼可以调解。一般的行政诉讼案件不适应调解程序,但赔偿诉讼可以适用调解。《行政诉讼法》的第六十条对此有规定。

行政赔偿的程序主要有以下环节。

(1)行政赔偿请求的提出以及行政机关的处理。

(2)行政赔偿诉讼的提起和受理。

(3)行政赔偿案件的审理。

(4)行政赔偿案件的裁判。

(5)行政赔偿案件的执行。

第二节　行政许可

一、行政许可的概念与特征

行政许可是行政主体根据行政相对人的申请经过依法审查后作出的准予其从事特定活动的行政行为。《中华人民共和国行政许可法》(以下简称《行政许可法》)第二条规定:"本法所称行政许可,是指行政机关根据公民、法人或者其他组织的申请,经依法审查,准予其从事特定活动的行为。"

行政许可的界定:行政许可不同于行政审批,不同于行政确认,不同于行政登记,行政许可依据其性质、功能和适用条件,可以分为普通许可、特许、认可、核准、登记。

行政许可主要有以下特征。

第一,行政许可是依据申请的行政行为。没有行政相对人的申请,行政主体不得作出许可决定,不同于依职权的行政行为。

第二,行政许可的内容是行政主体依法确认与赋予行政相对人从事某种活动的资格与权利,没有取得许可的以及超越许可范围的事项都是禁止的。因此,行政许可既是赋权行为,也是禁止行为。

第三,行政许可是要式法律行为。行政许可必须采用书面形式,必须具有法定的内容。常见的行政许可的形式为许可证及执照。

第四,行政许可表现为肯定性的确认权利的行政决定。行政主体准予许可、颁发许可证,是肯定性的行政决定。行政许可一般不表现为否定性的,行政主体对于不符合法律规定的许可申请,依法作出不予许可的决定,是行政决定的一种体现,不是行政许可的体现。

行政许可的基本原则:许可法定原则,公开、公平、公正的原则,便民的原则,救济原则,信赖保护原则,监督原则。

二、行政许可的事项与设定

行政许可的事项是指法律规定的可以设定行政许可的事项范围。行政许可设定的事项范围的大小,关系到国家许可公民、法人可以从事活动的领域以及权限,关系到国家公权力的行使力度。

《行政许可法》第十二条规定了六类可以设定行政许可的事项:

(1)直接涉及国家安全、公共安全、经济宏观调控、生态环境保护以及直接关系人身健康、生命财产安全等特定活动,需要按照法定条件予以批准的事项;

(2)有限自然资源开发利用、公共资源配置以及直接关系公共利益的特定行业的市场准入等,需要赋予特定权利的事项;

(3)提供公众服务并且直接关系公共利益的职业、行业,需要确定具备特殊信誉、特殊条件或者特殊技能等资格、资质的事项;

(4)直接关系公共安全、人身健康、生命财产安全的重要设备、设施、产品、物品,需要按照技术标准、技术规范,通过检验、检测、检疫等方式进行审定的事项;

(5)企业或者其他组织的设立等,需要确定主体资格的事项;

(6)法律、行政法规规定可以设定行政许可的其他事项。

《行政许可法》同时也规定了可以不设定行政许可的事项以及条件。该法第十三条规定,本法第十二条所列事项,通过下列方式能够予以规范的,可以不设行政许可:

(1)公民、法人或者其他组织能够自主决定的;

(2)市场竞争机制能够有效调节的;

(3)行业组织或者中介机构能够自律管理的;

(4)行政机关采用事后监督等其他行政管理方式能够解决的。

行政许可的设定,针对的是国家有关机构在制定有关行政许可的法律、法规时,可以规定的行政许可的事项与范围,是对有关立法权的约束。《行政许可法》对法律、行政法规、地方性法规、规章在行政许可设定上的基本权限与要求。设定行政许可,应当规定行政许可的实施机关、条件、程序、期限。

行政许可的设定,属于普遍行政行为,包括行政立法行为与制定行政规定的行为。《行政许可法》有关行政许可设定的规定,约束的不是行政执法活动,而是约束有关行政许可的行政立法活动以及制定行政许可规定的行政活动。

三、行政许可的实施机关

行政许可的实施机关,是指法律规定的具体负责实施行政许可工作的行政主体。

行政许可的实施机关在范围上不局限于行政机关,包括:具有行政许可实施权的行政机关,法律、法规授权的具有管理公共事务职能的组织,受委托行政机关,法律规定的专业技术组织。

在行政许可的实施机构行使现在许可权的过程中,可以根据实际情况,依法采取相应的措施,《行政许可法》规定了以下相关的制度。

(1)经国务院批准,省、自治区、直辖市人民政府根据精简、统一、效能的原则,可以决定一个行政机关行使有关行政机关的行政许可权。

(2)行政许可需要行政机关内设的多个机构办理的,该行政机关应当确定一个机构统一受理行政许可申请,统一送达行政许可决定。

行政许可依法由地方人民政府两个以上部门分别实施的,本级人民政府可以确定一个部门受理行政许可申请并转告有关部门分别提出意见后统一办理,或者组织有关部门联合办理、集中办理。

四、行政许可的实施程序

行政许可的实施程序,包括申请与受理、审查与决定、决定、听证。

(一)申请与受理

公民、法人或者其他组织从事特定活动,依法需要取得行政许可的,应当向行政机关提出申请。申请书需要采用格式文本的,行政机关应当向申请人提供行政许可申请书格式文本。申请书格式文本中不得包含与申请行政许可事项没有直接关系的内容。

申请人可以委托代理人提出行政许可申请。但是,依法应当由申请人到行政机关办公场所提出行政许可申请的除外。

行政许可申请可以通过信函、电报、电传、传真、电子数据交换和电子邮件等方式提出。

行政机关应当将法律、法规、规章规定的有关行政许可的事项、依据、条件、数量、程序、期限以及需要提交的全部材料的目录和申请书示范文本等在办公场所公示。

行政机关对于申请人的行政许可申请应当根据不同情况分别作出受理或者不受理的处理。《行政许可法》第三十二条规定,行政机关对申请人提出的行政许可申请,应当根据下列情况分别作出处理:

(1)申请事项依法不需要取得行政许可的,应当即时告知申请人不受理。

(2)申请事项依法不属于本行政机关职权范围的,应当即时作出不予受理的决定,并告知申请人向有关行政机关申请。

(3)申请材料存在可以当场更正的错误的,应当允许申请人当场更正。

(4)申请材料不齐全或者不符合法定形式的,应当当场或者在五日内一次告知申请人需要补正的全部内容,逾期不告知的,自收到申请材料之日起即为受理。

(5)申请事项属于本行政机关职权范围,申请材料齐全、符合法定形式,或者申请人按照本行政机关的要求提交全部补正申请材料的,应当受理行政许可申请。行政机关受理或者不予受理行政许可申请,应当出具加盖本行政机关专用印章和注明日期的书面凭证。

(二)审查与决定

行政机关应当对申请人提交的申请材料进行审查。

申请人提交的申请材料齐全、符合法定形式,行政机关能够当场作出决定的,应当当场作出书面的行政许可决定。

根据法定条件和程序,需要对申请材料的实质内容进行核实的,行政机关应当指派两名以上工作人员进行核查。

行政机关对行政许可申请进行审查时,发现行政许可事项直接关系他人重大利益的,应当告知该利害关系人。申请人、利害关系人有权进行陈述和申辩。行政机关应当听取申请人、利害关系人的意见。

行政机关对行政许可申请进行审查后,除当场作出行政许可决定的之外,应当在法定期限内按照规定程序作出行政许可决定。

申请人的申请符合法定条件、标准的,行政机关应当依法作出准予行政许可的书面决定。行政机关依法作出不予行政许可的书面决定的,应当说明理由,并告知申请人享有依法申请行政复议或者提起行政诉讼的权利。

行政机关作出准予行政许可的决定,需要颁发行政许可证件的,应当向申请人颁发加盖本行政机关印章的下列行政许可证件。

(1)许可证、执照或者其他许可证书。

(2)资格证、资质证或者其他合格证书。

(3)行政机关的批准文件或者证明文件。

(4)法律、法规规定的其他行政许可证件。

行政机关作出的准予行政许可决定,应当予以公开,公众有权查阅。

(三)决定

除可以当场作出行政许可决定外,行政机关应当自受理行政许可申请之日起二十日内作出行政许可决定。二十日内不能作出决定的,经本行政机关负责人批准,可以延长十日,并应当将延长期限的理由告知申请人。但是,法律、法规另有规定的,依照其规定。

行政许可依法采取统一办理或者联合办理、集中办理的,办理的时间不得超过四十五日;四十五日内不能办结的,经本级人民政府负责人批准,可以延长十五日,并应当将延长期限的理由告知申请人。

依法应当先经下级行政机关审查后报上级行政机关决定的行政许可,下级行政机关应当自其受理行政许可申请之日起二十日内审查完毕。但是,法律、法规另有规定的,依照其规定。

行政机关作出准予行政许可的决定,应当自作出决定之日起十日内向申请人颁发、送达行政许可证件,或者加贴标签、加盖检验、检测、检疫印章。

行政机关作出行政许可决定,依法需要听证、招标、拍卖、检验、检测、检疫、鉴定和专家评审的,所需时间不计算在本节规定的期限内。行政机关应当将所需时间书面告知申请人。

(四)听证

听证是某些行政许可工作中应当采取的程序,听证以听证会的形式进行。

法律、法规、规章规定实施行政许可应当听证的事项,或者行政机关认为需要听证的其他涉及公共利益的重大行政许可事项,行政机关应当向社会公告,并举行听证。

行政许可直接涉及申请人与他人之间重大利益关系的,行政机关在作出行政许可决定前,应当告知申请人、利害关系人享有要求听证的权利;申请人、利害关系人在被告知听证权利之日起五日内提出听证申请的,行政机关应当在二十日内组织听证。

第三节　行政处罚

一、行政处罚的概念与特征

(一)行政处罚的概念

行政处罚是行政主体依法对违反行政管理秩序的行政相对人给予行政制裁。

行政处罚不同于行政处分。行政处分一般是指国家行政机关对轻微违法以及违纪的工作人员给予的纪律处分,属于内部行政行为。行政处罚是具有处罚权的行政主体依法对违法行政相对人的处罚。二者的形式与种类明显不同,适用的程序与救济方式也不同。

行政处罚不同于行政强制措施。行政强制措施是临时性的保障行政执法的措施,不以违法存在为前提,不具有制裁性,只是对行政相对人权利的临时限制,常见的有查封、扣押。行政处罚是制裁性措施,以行政违法为前提,是对行政相对人权利的最终处分。

行政处罚不同于责令改正。责令改正是行政主体命令行政相对人纠正违反行政管理秩序的行为。责令改正与行政处罚分别是独立的行政行为,责令改正不属于行政处罚。

行政处罚不同于行政执行罚。行政执行罚是保障已经生效的行政行为得到执行的一种强制措施。行政执行罚属于行政强制法规范的内容,不属于行政处罚。对行政执行罚不服的,只能适用执行异议程序,不能适用行政复议或者行政诉讼。

(二)行政处罚的特征

1.法定性

法定性是指行政处罚只能由具有处罚权的行政主体依据《中华人民共和国行政处罚法》(以下简称《行政处罚法》)等法律法规实施,行政处罚的主体、种类、范围、程序都是法定的。

2.制裁性

制裁性是指行政处罚是对行政相对人违反行政管理秩序的一种惩罚,以行政违法为存在的前提,以行政制裁为措施。

3.处分性

处分性是指行政处罚对行政相对人的权利义务作出不利处分,造成不利于行政相对人的后果。

二、行政处罚的基本原则

《行政处罚法》规定的基本原则主要有以下五点。

（一）处罚法定原则

处罚法定原则的含义是：实施行政处罚的主体及其职权法定、行政处罚的种类法定、行政处罚的依据法定、行政处罚的程序法定。处罚法定原则，是行政合法原则的体现。《行政处罚法》第四条规定："公民、法人或者其他组织违反行政管理秩序的行为，应当给予行政处罚的，依照本法由法律、法规、规章规定，并由行政机关依照本法规定的程序实施。"

（二）行政处罚公正、公开原则

《行政处罚法》第五条规定："行政处罚遵循公正、公开的原则。设定和实施行政处罚必须以事实为依据，与违法行为的事实、性质、情节以及社会危害程度相当。对违法行为给予行政处罚的规定必须公布；未经公布的，不得作为行政处罚的依据。"行政处罚的公开，不仅指处罚的法律依据公开，还包括处罚主体与人员身份公开、处罚的事实、理由向当事人公开、行政处罚的听证会公开。

（三）行政处罚与教育相结合原则

《行政处罚法》第六条规定："实施行政处罚，纠正违法行为，应当坚持处罚与教育相结合，教育公民、法人或者其他组织自觉守法。"行政处罚是纠正行政违法行为的手段，不是目的。实施行政处罚，同时应当对行政违法行为人给予教育。

（四）一事不再罚原则

《行政处罚法》第二十九条规定："对当事人的同一个违法行为，不得给予两次以上罚款的行政处罚。"该规定确定了一事不再罚原则。

（五）执法人员回避原则

执法人员的回避问题，在《行政处罚法》的第一章总则中没有把回避制度作为基本原则规定，而是规定在一般程序中。在行政处罚的过程中，执法人员的回避是适用于所有程序的，是保证公正执法的重要制度。《行政处罚法》第四十三条规定："执法人员与案件有直接利害关系或者有其他关系可能影响公正执法的，有权申请回避。"对于行政处罚过程中，回避制度的适用具体条件与程序，法律没有规定。

三、行政处罚的种类与设定

（一）行政处罚的种类

《行政处罚法》规定的行政处罚有：警告、通报批评；罚款、没收违法所得、没收非法财物；暂扣或者吊销许可证、降低资质等级、吊销执照；限制开展生产经营活动责令停产停业、责令关闭、限制从业；行政拘留；法律、行政法规规定的其他行政处罚。

在以上行政处罚种类中，警告是最轻的处罚，行政拘留是最重的处罚。需要注意的是，警告也可以是行政处分的形式，暂扣或者吊销许可证、暂扣或者吊销执照也可以是行政强制措施的形式。

学理上对行政处罚,一般分为:人身罚、行为罚、财产罚、申诫罚。

(二)行政处罚的设定

行政处罚的设定,是指行政法律规范对行政处罚的行为、种类、幅度等具体内容所作的第一次规定。行政处罚的设定,要解决的是国家机关、特别是有权制定行政法律、法规的国家机关在规定行政处罚时的权限问题。行政处罚的设定,要规范的是行政立法权以及其他行政规范制定权的问题,是对普遍行政行为的约束,不涉及具体行政行为问题。行政处罚的设定问题,关键是第一次的规定或者首次创造性的规定。在已经存在的法律规定基础上作出的具体规定,称为"规定"。

《行政处罚法》第十条至第十六条规定了行政处罚的设定的基本规则。

法律可以设定各种行政处罚。限制人身自由的行政处罚,只能由法律设定。

行政法规可以设定除限制人身自由以外的行政处罚。法律对违法行为已经作出行政处罚规定,行政法规需要作出具体规定的,必须在法律规定的给予行政处罚的行为、种类和幅度的范围内规定。

法律对违法行为未作出行政处罚规定,行政行为实施法律,可以补充设定行政处罚,拟补充设立行政处罚的,应当通过听证会、论证会等方式广泛听取意见,并向制定机关作出书面说明。行政法规报送备案时,应当说明补充设定行政处罚的情况。

地方性法规可以设定除限制人身自由、吊销营业执照以外的行政处罚。法律、行政法规对违法行为已经作出行政处罚规定,地方性法规需要作出具体规定的,必须在法律、行政法规规定的给予行政处罚的行为、种类和幅度的范围内规定。

法律、行政法规对违法行为未作出行政处罚规定,地方性法规为实施法律、行政法规,可以补充设立行政处罚,拟补充设定行政处罚的,应当通过听证会、论证会等形式广泛听取意见,并向制定机关作出书面说明。地方性法规报送备案时,应当说明补充设定行政处罚的情况。

国务院部规章可以在法律、行政法规规定的给予行政处罚的行为、种类和幅度的范围内作出具体规定。尚未制定法律、行政法规的,国务院部门对违反行政管理秩序的行为,可以设定警告、通报批评或者一定数额罚款的行政处罚。罚款的限额由国务院规定。

地方政府规章可以在法律、法规规定的给予行政处罚的行为、种类和幅度的范围内作出具体规定。

尚未制定法律、法规的,地方政府规章对违反行政管理秩序的行为,可以设定警告、通报批评或者一定数额罚款的行政处罚。罚款的限额由省、自治区、直辖市人民代表大会常务委员会规定。

国务院部门和省、自治区、直辖市人民政府及其有关部门应当定期组织评估行政处罚实施情况和必要性,对不适当的行政处罚事项及种类、罚款数额等,应当提出修改或废止建议。

除法律、法规、规章外,其他规范性文件不得设定行政处罚。

四、行政处罚的实施机关

据法律规定,行政处罚的实施机关有三类。

（一）拥有行政处罚权的行政机关

《行政处罚法》第十七条规定："行政处罚由具有行政处罚权的行政机关在法定职权范围内实施。"国务院或者经国务院授权的省、自治区、直辖市人民政府可以决定一个行政机关行使有关行政机关的行政处罚权，限制人身自由的行政处罚权只能由公安机关和法律规定的其他机关行使。

（二）法律、法规授权的组织

《行政处罚法》第十九条规定："法律、法规授权的具有管理公共事务职能的组织可以在法定授权范围内实施行政处罚。"行使行政处罚权的组织，以自己的名义实施行政处罚，必须是具有管理公共事务职能的，必须在法律、法规授权的范围内。这里的法规，不包括部委规章与地方规章。

（三）行政机关依法委托的组织

《行政处罚法》第二十条规定："行政机关依照法律、法规、规章的规定，可以在其法定权限内书面委托符合本法第二十一条规定条件的组织实施行政处罚。行政机关不得委托其他组织或者个人实施行政处罚。委托书应当载明委托的具体事项、权限、期限等内容。委托行政机关和受委托组织应当将委托书向社会公布。委托行政机关对受委托的组织实施行政处罚的行为应当负责监督，并对该行为的后果承担法律责任。受委托组织在委托范围内，以委托行政机关名义实施行政处罚；不得再委托其他任何组织或者个人实施行政处罚。"

第二十一条规定，"受委托组织必须符合以下条件：（1）依法成立并具有管理公共事务职能；（2）有熟悉有关法律、法规、规章和业务并取得行政执法资格的工作人员；（3）需要进行技术检查或者技术鉴定的，应当有条件组织进行相应的技术检查或者技术鉴定。"

五、行政处罚的程序

行政处罚的程序主要包括：行政处罚的管辖和适用、行政处罚的决定、行政处罚的简易程序、行政处罚的一般程序、行政处罚的听证程序等几方面内容。

（一）行政处罚的管辖和适用

1.行政处罚的管辖

行政处罚的管辖，是关于行政处罚由哪个行政主体受理和实施处罚的问题，是法律规定的确定行政处罚管辖权的制度。行政处罚管辖，可以分为地域管辖、级别管辖、职能管辖。

2.行政处罚管辖的基本规定

《行政处罚法》第二十二条规定："行政处罚由违法行为发生地的行政机关管辖。法律、行政法规、部门规章另有规定的，从其规定。"《行政处罚法》第二十三条规定："行政处罚由县级以上地方人民政府具有行政处罚权的行政机关管辖。法律、行政法规另有规定的，从其规定。"这些规定，确定了行政处罚管辖的地域管辖原则、级别管辖原则。

《行政处罚法》同时规定了指定管辖和移送制度。对管辖发生争议的,报请共同的上一级行政机关指定管辖。违法行为构成犯罪的,行政机关必须将案件移送司法机关,依法追究刑事责任。

2.行政处罚的适用

行政处罚的适用,是关于行政处罚的主体实施具体行政处罚时应当遵守的基本规定,包括给予何种处罚、处罚的轻重、处罚的情节等基本制度规定,主要包括以下内容。

(1)行政处罚与责令纠正并行原则。

《行政处罚法》第二十八条规定:"行政机关实施行政处罚时,应当责令当事人改正或者限期改正违法行为。"这一规定,突出的是,要防止"罚而不管""以罚代管"问题。

(2)一事不再罚款原则。

《行政处罚法》第二十九条规定:"对当事人的同一个违法行为,不得给予两次以上罚款的行政处罚。"这是指对行政相对人的同一个违反行政管理的行为,不得给予两次以上罚款的行政处罚。

(3)行政处罚折抵刑罚原则。

《行政处罚法》第三十五条规定:"违法行为构成犯罪,人民法院判处拘役或者有期徒刑时,行政机关已经给予当事人行政拘留的,应当依法折抵相应刑期。违法行为构成犯罪,人民法院判处罚金时,行政机关已经给予当事人罚款的,应当折抵相应罚金;行政机关尚未给予当事人罚款的,不再给予罚款。"这条规定要注意的是,不是所有的行政处罚种类都可以折抵刑罚,只有行政罚款可以折抵刑罚上的罚金、已经执行的行政拘留可以折抵有期徒刑和拘役。

(4)行政处罚的追诉时效。

《行政处罚法》第三十六条规定:"违法行为在二年内未被发现的,不再给予行政处罚;……法律另有规定的除外。前款规定的期限,从违法行为发生之日起计算;违法行为有连续或者继续状态的,从行为终了之日起计算。"

(5)不予行政处罚的适用。

不予行政处罚,是指行为人的行为已经构成违反行政管理但在法律规定的条件下不给予行政处罚。《行政处罚法》规定的不予行政处罚的,有三种情况。

第三十条规定:"不满十四周岁的未成年人有违法行为的,不予行政处罚,责令监护人加以管教;已满十四周岁不满十八周岁的未成年人有违法行为的,应当从轻或减轻行政处罚。"

第三十一条规定:"精神病人、智力残疾人在不能辨认或者不能控制自己行为时有违法行为的,不予行政处罚,但应当责令其监护人严加看管和治疗。间歇性精神病人在精神正常时有违法行为的,应当给予行政处 3 罚。尚未完全丧失辨认或者控制自己行为能力的精神病人、智力残疾人有违法行为的,可以从轻或减轻行政处罚。"

第三十七条规定:"实施行政处罚,适用违法行为发生时的法律、法规、规章的规定。但是,作出行政处罚决定时,法律、法规、规章已被修改或者废止,且新的规定处罚较轻或者不认为是违法的,适用新的规定。"

(6)从轻或者减轻行政处罚的适用。

《行政处罚法》第三十二条规定:"主动消除或者减轻违法行为危害后果的;受他人胁迫

有违法行为的;主动供述行政机关尚未掌握的违法行为的;配合行政机关查处违法行为有立功表现的;法律、法规、规章规定其他应当从轻或者减轻行政处罚的。"

(二)行政处罚的决定

行政处罚的决定,是行政处罚程序中的一个重要方面,是行政处罚的主体在经过调查取证或者听证之后,在事实清楚、证据充分的前提下,依法对违法行政相对人作出处罚处理。

《行政处罚法》规定了作出行政处罚的决定应当遵守的基本规定。

1. 处罚主体必须查明违法事实

《行政处罚法》第四十条规定:"公民、法人或者其他组织违反行政管理秩序的行为,依法应当给予行政处罚的,行政机关必须查明事实;违法事实不清、证据不足的,不得给予行政处罚。"

2. 处罚主体应当履行告知义务

《行政处罚法》第四十一条第三款规定:"行政机关应当及时告知当事人违法事实,并采取信息化手段或者其他措施,为当事人查询、陈述和申辩提供便利。不得限制或者变相限制当事人享有的陈述权、申辩权。"

3. 保障当事人的陈述权、申辩权

《行政处罚法》第四十四条规定:"行政机关在作出行政处罚决定之前,应当告知当事人拟作出的行政处罚内容及事实、理由、依据,并告知当事人依法享有的陈述、申辩、要求听证等权利。"

(三)行政处罚的简易程序

行政处罚的简易程序,也可以称为当场处罚程序,是为了提高行政执法的效率在法定情况下处罚主体当场作出处罚应当遵守的程序。

行政处罚简易程序的适用条件与程序。

1. 当场处罚适用的处罚种类

《行政处罚法》第五十一条规定:"违法事实确凿并有法定依据,对公民处以二百元以下、对法人或者其他组织处以三千元以下罚款或者警告的行政处罚的,可以当场作出行政处罚决定。法律另有规定的,从其规定。"

2. 当场处罚的程序

《行政处罚法》第五十二条第一款规定:"执法人员当场作出行政处罚决定的,应当向当事人出示执法证件,填写预定格式、编有号码的行政处罚决定书,并当场交付当事人。当事人拒绝签收的,应当在行政处罚决定书上注明。"

3. 当场处罚的救济程序

当事人对当场作出的行政处罚决定不服的,可以依法申请行政复议或者提起行政诉讼。

(四)行政处罚的一般程序

行政处罚的一般程序,即行政处罚的普通程序,是除了当场处罚程序以外的一般情况下实施行政处罚应当遵守的程序。适用的案件为《行政处罚法》第五十一条规定以外的案件。

行政处罚的一般程序,主要包括以下内容。

1. 立案

《行政处罚法》第五十四条第二款规定:"符合立案标准的,行政机关应当及时立案。"

2. 调查取证

《行政处罚法》第五十五条规定:"执法人员在调查或者进行检查时,应当主动向当事人或者有关人员出示执法证件。当事人或者有关人员有权要求执法人员出示执法证件。执法人员不出示执法证件的,当事人或者有关人员有权拒绝接受调查或者检查。当事人或者有关人员应当如实回答询问,并协助调查或者检查,不得拒绝或者阻挠。询问或者检查应当制作笔录。"

3. 调查终结后的处理

《行政处罚法》第五十七条规定,调查终结,行政机关负责人应当对调查结果进行审查,根据不同情况,分别作出如下决定:

(1)确有应受行政处罚的违法行为的,根据情节轻重及具体情况,作出行政处罚决定;

(2)违法行为轻微,依法可以不予行政处罚的,不予行政处罚;

(3)事实不能成立的,不得给予行政处罚;

(4)违法行为涉嫌犯罪的,移送司法机关。

对情节复杂或者重大违法行为给予较重的行政处罚,行政机关的负责人应当集体讨论决定。

4. 行政处罚决定书的制作与送达

《行政处罚法》第五十九条规定,行政机关依照本法第五十七条的规定给予行政处罚,应当制作行政处罚决定书。行政处罚决定书应当载明下列事项:

(1)当事人的姓名或者名称、地址;

(2)违反法律、法规或者规章的事实和证据;

(3)行政处罚的种类和依据;

(4)行政处罚的履行方式和期限;

(5)申请行政复议、提起行政诉讼的途径和期限;

(6)作出行政处罚决定的行政机关名称和作出决定的日期。

行政处罚决定书必须盖有作出行政处罚决定的行政机关的印章。

关于送达,《行政处罚法》第六十一条规定:"行政处罚决定书应当在宣告后当场交付当事人;当事人不在场的,行政机关应当在七日内依照《中华人民共和国民事诉讼法》的有关规定,将行政处罚决定书送达当事人。"

5. 对当事人的告知以及权利保障

《行政处罚法》第六十二条规定:"行政机关及其执法人员在作出行政处罚决定之前,未依照本法第四十四条、第四十五条的规定向当事人告知拟作出的行政处罚内容及事实、理由、依据,或者拒绝听取当事人的陈述、申辩,不得作出行政处罚决定;当事人明确放弃陈述或者申辩权利的除外。"

(五)行政处罚的听证程序

行政处罚的听证程序,是行政处罚的一般程序中可以适用的程序,但不是必经程序。行政处罚的听证程序,是指在有关人员参加下以听证会的方式听取当事人陈述、申辩以及进行调查。

1. 听证程序适用的案件

《行政处罚法》第六十三条规定,行政机关拟作出下列行政处罚决定,应当告知当事人有要求听证的权利,当事人要求听证的,行政机关应当组织听证:

(1)较大数额罚款;

(2)没收较大数额违法所得、没收较大价值非法财物;

(3)降低资质等级、吊销许可证件;

(4)责令停产停业、责令关闭、限制从业;

(5)其他较重的行政处罚;

(6)法律、法规、规章规定的其他情形。

当事人不承担行政机关组织听证的费用。

2. 听证的具体程序

《行政处罚法》第六十四条规定,听证应当依照以下程序组织:

(1)当事人要求听证的,应当在行政机关告知后五日内提出;

(2)行政机关应当在举行听证的七日前,通知当事人及有关人员听证的时间、地点;

(3)除涉及国家秘密、商业秘密或者个人隐私依法予以保密外,听证公开举行;

(4)听证由行政机关指定的非本案调查人员主持;当事人认为主持人与本案有直接利害关系的,有权申请回避;

(5)当事人可以亲自参加听证,也可以委托一至二人代理;

(6)当事人及其代理人无正当理由拒不出席听证或者未经许可中途退出听证的,视为放弃听证权利,行政机关终止听证;

(7)举行听证时,调查人员提出当事人违法的事实、证据和行政处罚建议,当事人进行申辩和质证;

(8)听证应当制作笔录。笔录应当交当事人或者其代理人核对无误后签字或者盖章。当事人或者其代理人拒绝签字或者盖章的,由听证主持人在笔录中注明。

六、行政处罚的执行

《行政处罚法》规定的行政处罚的执行制度与措施,主要有以下内容。

(一)当事人应当自觉履行行政处罚

当事人在法定期限内,不能够自觉履行行政处罚的,将导致行政强制执行。

(二)决定罚款与收缴罚款相分离原则

《行政处罚法》第六十七条规定:"作出罚款决定的行政机关应当与收缴罚款的机构分离。除第六十八、第六十九条的规定当场收缴的罚款外,作出行政处罚决定的行政机关及其执法人员不得自行收缴罚款。当事人应当自收到行政处罚决定书之日起十五日内,到指定的银行或者通过电子支付系统缴纳罚款。银行应当收受罚款,并将罚款直接上缴国库。"

法律规定的例外情况有以下两种。

(1)依照法律规定当场作出行政处罚决定,有下列情形之一的,执法人员可以当场收缴罚款:依法给予一百元以下的罚款的;不当场收缴事后难以执行的。

(2)在边远、水上、交通不便地区,行政机关及其执法人员依照法律规定作出罚款决定后,当事人向指定的银行或通过电子支付系统缴纳罚款确有困难,经当事人提出,行政机关及其执法人员可以当场收缴罚款。

(三)当事人逾期不履行处罚的措施

《行政处罚法》第七十二条规定,当事人逾期不履行行政处罚决定的,作出行政处罚决定的行政机关可以采取下列措施:

(1)到期不缴纳罚款的,每日按罚款数额的百分之三加处罚款,加处罚款的数额不得超出罚款的数额;

(2)根据法律规定,将查封、扣押的财物拍卖、依法处理或者将冻结的存款、汇款划拨抵缴罚款;

(3)根据法律规定,采取其他行政强制执行方式;

(4)依照《中华人民共和国行政强制法》的规定申请人民法院强制执行。

行政机关批准延期、分期缴纳罚款的,申请人民法院强制执行的期限,自暂缓或者分期缴纳罚款期限结束之日起计算。

第四节　行政强制

一、行政强制与行政强制法

(一)行政强制的概念与特征

行政强制是行政强制行为的简称,包括行政强制措施和行政强制执行。行政强制,也是行政决定的一种形态。

行政强制的概念,国家法律中有明确的规定。《中华人民共和国行政强制法》(以下简称《行政强制法》)第二条规定:"本法所称行政强制,包括行政强制措施和行政强制执行。行政强制措施,是指行政机关在行政管理过程中,为制止违法行为、防止证据损毁、避免危害发生、控制危险扩大等情形,依法对公民的人身自由实施暂时性限制,或者对公民、法人或者其他组织的财物实施暂时性控制的行为。"

行政强制执行,是指行政机关或者行政机关申请人民法院,对不履行行政决定的公民、法人或者其他组织,依法强制履行义务的行为。

行政强制措施与行政强制执行,既有相同之处,也有不同之处。

1.行政强制措施的主要特征

(1)强制性,即行政机关依据国家法律、使用行政权力迫使行政管理相对人接受管理与约束。

(2)临时性,即行政强制措施是临时性的措施,不是最终的措施,表现为暂时性限制人身自由、暂时性控制财物,在实现行政强制措施的目的后即可以解除。

(3)非处分性,即行政强制措施不是最终的处分,不同于行政强制执行。

2. 行政强制执行的主要特征

(1)行政强制执行的主体是行政机关或者人民法院,这是其不同于其他行政行为的显著特征。

(2)行政强制执行的内容,是已经生效的行政行为中的行政决定等具体行政行为。

(3)行政强制执行的执行对象是行政相对人。

(4)行政强制执行的前提条件是行政相对人逾期不履行已经生效的行政决定。

(二)行政强制的基本原则

《行政强制法》规定的基本原则主要有以下四点。

1. 合法性原则

行政强制的设定和实施,应当依照法定的权限、范围、条件和程序。

2. 适当性原则

行政强制的设定和实施,应当适当。采用非强制手段可以达到行政管理目的的,不得设定和实施行政强制。

3. 教育与强制相结合原则

实施行政强制,应当坚持教育与强制相结合。

4. 保护相对人合法权益原则

公民、法人或者其他组织对行政机关实施行政强制,享有陈述权、申辩权;有权依法申请行政复议或者提起行政诉讼;因行政机关违法实施行政强制受到损害的,有权依法要求赔偿。公民、法人或者其他组织因人民法院在强制执行中有违法行为或者扩大强制执行范围受到损害的,有权依法要求赔偿。

二、行政强制的种类与设定

(一)行政强制措施的种类与设定

《行政强制法》第九条规定,行政强制措施的种类:

(1)限制公民人身自由;

(2)查封场所、设施或者财物;

(3)扣押财物;

(4)冻结存款、汇款;

(5)其他行政强制措施。

强制措施的设定是指有关机构在制定法律法规时有权规定行政强制措施的种类,是关于行政强制措施立法权的限定性规定。

《行政强制法》第十条规定:"行政强制措施由法律设定。尚未制定法律,且属于国务院行政管理职权事项的,行政法规可以设定除本法第九条第一项、第四项和应当由法律规定的行政强制措施以外的其他行政强制措施。尚未制定法律、行政法规,且属于地方性事务的,地方性法规可以设定本法第九条第二项、第三项的行政强制措施。法律、法规以外的其他规范性文件不得设定行政强制措施。"

《行政强制法》第十一条规定:"法律对行政强制措施的对象、条件、种类作了规定的,行政法规、地方性法规不得作出扩大规定。法律中未设定行政强制措施的,行政法规、地方性法规不得设定行政强制措施。但是,法律规定特定事项由行政法规规定具体管理措施的,行政法规可以设定除本法第九条第一项、第四项和应当由法律规定的行政强制措施以外的其他行政强制措施。"

(二)行政强制执行的方式与设定

行政强制执行的方式,即行政强制执行的种类。《行政强制法》第十二条规定,行政强制执行的方式:

(1)加处罚款或者滞纳金;

(2)划拨存款、汇款;

(3)拍卖或者依法处理查封、扣押的场所、设施或者财物;

(4)排除妨碍、恢复原状;

(5)代履行;

(6)其他强制执行方式。

代履行是指行政相对人不逾期履行其法定义务的,由他人代其履行义务并且由该相对人承担相关费用。代履行的主体,可以是行政机关,也可以是行政机关指定的第三人。

行政强制执行的设定是指有关立法机构在法律规范中规定行政强制执行的权限,包括规定行政强制执行的方式以及程序等内容。《行政强制法》第十三条规定:"行政强制执行由法律设定。法律没有规定行政机关强制执行的,作出行政决定的行政机关应当申请人民法院强制执行。"在程序方面,《行政强制法》第十四条与第十五条分别作了规定。第十四条规定"起草法律草案、法规草案,拟设定行政强制的,起草单位应当采取听证会、论证会等形式听取意见,并向制定机关说明设定该行政强制的必要性、可能产生的影响以及听取和采纳意见的情况。"第十五条规定"行政强制的设定机关应当定期对其设定的行政强制进行评价,并对不适当的行政强制及时予以修改或者废止。行政强制的实施机关可以对已设定的行政强制的实施情况及存在的必要性适时进行评价,并将意见报告该行政强制的设定机关。公民、法人或者其他组织可以向行政强制的设定机关和实施机关就行政强制的设定和实施提出意见和建议。有关机关应当认真研究论证,并以适当方式予以反馈。"

三、行政强制措施的实施程序

(一)行政强制措施的一般规定

《行政强制法》第十六条对行政强制措施作了原则规定:"违法行为情节显著轻微或者没有明显社会危害的,可以不采取行政强制措施。"

行政强制措施权不得委托。《行政强制法》第十七条规定:"行政强制措施由法律、法规规定的行政机关在法定职权范围内实施。行政强制措施权不得委托。依据《中华人民共和国行政处罚法》的规定行使相对集中行政处罚权的行政机关,可以实施法律、法规规定的与行政处罚权有关的行政强制措施。行政强制措施应当由行政机关具备资格的行政执法人员实施,其他人员不得实施。"

实施行政强制措施的程序与基本要求。《行政强制法》第十八条规定,行政机关实施行政强制措施应当遵守下列规定:

(1)实施前须向行政机关负责人报告并经批准;

(2)由两名以上行政执法人员实施;

(3)出示执法身份证件;

(4)通知当事人到场;

(5)当场告知当事人采取行政强制措施的理由、依据以及当事人依法享有的权利、救济途径;

(6)听取当事人的陈述和申辩;

(7)制作现场笔录;

(8)现场笔录由当事人和行政执法人员签名或者盖章,当事人拒绝的,在笔录中予以注明;

(9)当事人不到场的,邀请见证人到场,由见证人和行政执法人员在现场笔录上签名或者盖章;

(10)法律、法规规定的其他程序。

《行政强制法》第十九条规定:"情况紧急,需要当场实施行政强制措施的,行政执法人员应当在二十四小时内向行政机关负责人报告,并补办批准手续。行政机关负责人认为不应当采取行政强制措施的,应当立即解除。"

限制公民人身自由的行政强制措施的基本程序要求。《行政强制法》第二十条规定,依照法律规定实施限制公民人身自由的行政强制措施,除应当履行本法第十八条规定的程序外,还应当遵守下列规定:

(1)当场告知或者实施行政强制措施后立即通知当事人家属实施行政强制措施的行政机关、地点和期限;

(2)在紧急情况下当场实施行政强制措施的,在返回行政机关后,立即向行政机关负责人报告并补办批准手续;

(3)法律规定的其他程序。

实施限制人身自由的行政强制措施不得超过法定期限。实施行政强制措施的目的已经达到或者条件已经消失,应当立即解除。

《行政强制法》第二十一条规定:"违法行为涉嫌犯罪应当移送司法机关的,行政机关应当将查封、扣押、冻结的财物一并移送,并书面告知当事人。"

(二)查封、扣押的程序及适用条件

查封、扣押的实施主体。《行政强制法》第二十二条规定:"查封、扣押应当由法律、法规规定的行政机关实施,其他任何行政机关或者组织不得实施。"

1.查封、扣押的财物

《行政强制法》第二十三条规定:"查封、扣押限于涉案的场所、设施或者财物,不得查封、扣押与违法行为无关的场所、设施或者财物;不得查封、扣押公民个人及其所扶养家属的生活必需品。当事人的场所、设施或者财物已被其他国家机关依法查封的,不得重复查封。"

2. 查封、扣押的文书及手续

《行政强制法》第二十四条规定:"行政机关决定实施查封、扣押的,应当履行本法第十八条规定的程序,制作并当场交付查封、扣押决定书和清单。"

3. 查封、扣押的期限

《行政强制法》第二十五条规定:"查封、扣押的期限不得超过三十日;情况复杂的,经行政机关负责人批准,可以延长,但是延长期限不得超过三十日。法律、行政法规另有规定的除外。延长查封、扣押的决定应当及时书面告知当事人,并说明理由。对物品需要进行检测、检验、检疫或者技术鉴定的,查封、扣押的期间不包括检测、检验、检疫或者技术鉴定的期间。检测、检验、检疫或者技术鉴定的期间应当明确,并书面告知当事人。检测、检验、检疫或者技术鉴定的费用由行政机关承担。"

4. 查封、扣押的财物的保管

《行政强制法》第二十六条规定:"对查封、扣押的场所、设施或者财物,行政机关应当妥善保管,不得使用或者损毁;造成损失的,应当承担赔偿责任。对查封的场所、设施或者财物,行政机关可以委托第三人保管,第三人不得损毁或者擅自转移、处置。因第三人的原因造成的损失,行政机关先行赔付后,有权向第三人追偿。因查封、扣押发生的保管费用由行政机关承担。"

5. 查封、扣押期满后的处理

《行政强制法》第二十七条规定:"行政机关采取查封、扣押措施后,应当及时查清事实,在本法第二十五条规定的期限内作出处理决定。对违法事实清楚,依法应当没收的非法财物予以没收;法律、行政法规规定应当销毁的,依法销毁;应当解除查封、扣押的,作出解除查封、扣押的决定。"

6. 查封、扣押的解除

《行政强制法》第二十八条规定,有下列情形之一的,行政机关应当及时作出解除查封、扣押决定:

(1)当事人没有违法行为;

(2)查封、扣押的场所、设施或者财物与违法行为无关;

(3)行政机关对违法行为已经作出处理决定,不再需要查封、扣押;

(4)查封、扣押期限已经届满;

(5)其他不再需要采取查封、扣押措施的情形。

解除查封、扣押应当立即退还财物;已将鲜活物品或者其他不易保管的财物拍卖或者变卖的,退还拍卖或者变卖所得款项。变卖价格明显低于市场价格,给当事人造成损失的,应当给予补偿。

(三)冻结的程序与要求

冻结的实施主体。《行政强制法》第二十九条规定:"冻结存款、汇款应当由法律规定的行政机关实施,不得委托给其他行政机关或者组织;其他任何行政机关或者组织不得冻结存款、汇款。冻结存款、汇款的数额应当与违法行为涉及的金额相当;已被其他国家机关依法冻结的,不得重复冻结。"

1. 冻结的通知书及交付

《行政强制法》第三十条规定:"行政机关依照法律规定决定实施冻结存款、汇款的,应当履行本法第十八条第一项、第二项、第三项、第七项规定的程序,并向金融机构交付冻结通知书。金融机构接到行政机关依法作出的冻结通知书后,应当立即予以冻结,不得拖延,不得在冻结前向当事人泄露信息。法律规定以外的行政机关或者组织要求冻结当事人存款、汇款的,金融机构应当拒绝。"依照法律规定冻结存款、汇款的,作出决定的行政机关应当在三日内向当事人交付冻结决定书。

2. 冻结的期限

《行政强制法》第三十二条规定:"自冻结存款、汇款之日起三十日内,行政机关应当作出处理决定或者作出解除冻结决定;情况复杂的,经行政机关负责人批准,可以延长,但是延长期限不得超过三十日。法律另有规定的除外。延长冻结的决定应当及时书面告知当事人,并说明理由。"

3. 冻结的解除

《行政强制法》第三十三条规定,有下列情形之一的,行政机关应当及时作出解除冻结决定:

(1)当事人没有违法行为;

(2)冻结的存款、汇款与违法行为无关;

(3)行政机关对违法行为已经作出处理决定,不再需要冻结;

(4)冻结期限已经届满;

(5)其他不再需要采取冻结措施的情形。

行政机关作出解除冻结决定的,应当及时通知金融机构和当事人。金融机构接到通知后,应当立即解除冻结。行政机关逾期未作出处理决定或者解除冻结决定的,金融机构应当自冻结期满之日起解除冻结。

四、行政强制执行的实施程序

(一)行政强制执行程序的一般规定

行政机关依法作出行政决定后,当事人在行政机关决定的期限内不履行义务的,具有行政强制执行权的行政机关依照规定强制执行。

行政机关作出强制执行决定前,应当事先催告当事人履行义务。催告应当以书面形式作出。

当事人收到催告书后有权进行陈述和申辩。行政机关应当充分听取当事人的意见,对当事人提出的事实、理由和证据,应当进行记录、复核。当事人提出的事实、理由或者证据成立的,行政机关应当采纳。

经催告,当事人逾期仍不履行行政决定,且无正当理由的,行政机关可以作出强制执行决定。强制执行决定应当以书面形式作出,并载明下列事项:

(1)当事人的姓名或者名称、地址;

（2）强制执行的理由和依据；

（3）强制执行的方式和时间；

（4）申请行政复议或者提起行政诉讼的途径和期限；

（5）行政机关的名称、印章和日期。

在催告期间，对有证据证明有转移或者隐匿财物迹象的，行政机关可以作出立即强制执行决定。

催告书、行政强制执行决定书应当直接送达当事人。当事人拒绝接收或者无法直接送达当事人的，应当依照《中华人民共和国民事诉讼法》的有关规定送达。

行政强制执行程序的中止。有下列情形之一的，中止执行：

（1）当事人履行行政决定确有困难或者暂无履行能力的；

（2）第三人对执行标的主张权利，确有理由的；

（3）执行可能造成难以弥补的损失，且中止执行不损害公共利益的；

（4）行政机关认为需要中止执行的其他情形。

中止执行的情形消失后，行政机关应当恢复执行。对没有明显社会危害，当事人确无能力履行，中止执行满三年未恢复执行的，行政机关不再执行。

行政强制执行程序的终结。有下列情形之一的，终结执行：

（1）公民死亡，无遗产可供执行，又无义务承受人的；

（2）法人或者其他组织终止，无财产可供执行，又无义务承受人的；

（3）执行标的灭失的；

（4）据以执行的行政决定被撤销的；

（5）行政机关认为需要终结执行的其他情形。

在执行中或者执行完毕后，据以执行的行政决定被撤销、变更，或者执行错误的，应当恢复原状或者退还财物；不能恢复原状或者退还财物的，依法给予赔偿。

实施行政强制执行，行政机关可以在不损害公共利益和他人合法权益的情况下，与当事人达成执行协议。执行协议可以约定分阶段履行；当事人采取补救措施的，可以减免加处的罚款或者滞纳金。执行协议应当履行。当事人不履行执行协议的，行政机关应当恢复强制执行。

行政机关不得在夜间或者法定节假日实施行政强制执行，情况紧急的除外。行政机关不得对居民生活采取停止供水、供电、供热、供燃气等方式迫使当事人履行相关行政决定。

对违法的建筑物、构筑物、设施等需要强制拆除的，应当由行政机关予以公告，限期当事人自行拆除。当事人在法定期限内不申请行政复议或者提起行政诉讼，又不拆除的，行政机关可以依法强制拆除。

（二）金钱给付义务的执行程序与要求

行政机关依法作出金钱给付义务的行政决定，当事人逾期不履行的，行政机关可以依法加处罚款或者滞纳金。加处罚款或者滞纳金的标准应当告知当事人。加处罚款或者滞纳金的数额不得超出金钱给付义务的数额。

行政机关依照法律规定实施加处罚款或者滞纳金超过三十日，经催告当事人仍不履行的，具有行政强制执行权的行政机关可以强制执行。行政机关实施强制执行前，需要采取查封、扣押、冻结措施的,依照《行政强制法》第三章规定办理。没有行政强制执行权的行政机关应当申请人民法院强制执行。但是,当事人在法定期限内不申请行政复议或者提起行政诉讼,经催告仍不履行的,在实施行政管理过程中已经采取查封、扣押措施的行政机关,可以将查封、扣押的财物依法拍卖抵缴罚款。

划拨存款、汇款应当由法律规定的行政机关决定,并书面通知金融机构。金融机构接到行政机关依法作出划拨存款、汇款的决定后,应当立即划拨。法律规定以外的行政机关或者组织要求划拨当事人存款、汇款的,金融机构应当拒绝。

依法拍卖财物,由行政机关委托拍卖机构依照《中华人民共和国拍卖法》的规定办理。

划拨的存款、汇款以及拍卖和依法处理所得的款项应当上缴国库或者划入财政专户。任何行政机关或者个人不得以任何形式截留、私分或者变相私分。

(三)代履行的程序与要求

1. 代履行的适用条件

《行政强制法》第五十条规定:"行政机关依法作出要求当事人履行排除妨碍、恢复原状等义务的行政决定,当事人逾期不履行,经催告仍不履行,其后果已经或者将危害交通安全、造成环境污染或者破坏自然资源的,行政机关可以代履行,或者委托没有利害关系的第三人代履行。"《行政强制法》第五十二条规定:"需要立即清除道路、河道、航道或者公共场所的遗洒物、障碍物或者污染物,当事人不能清除的,行政机关可以决定立即实施代履行;当事人不在场的,行政机关应当在事后立即通知当事人,并依法作出处理。"

2. 代履行的适用程序

《行政强制法》第五十一条规定,代履行应当遵守下列规定:

(1)代履行前送达决定书,代履行决定书应当载明当事人的姓名或者名称、地址,代履行的理由和依据、方式和时间、标的、费用预算以及代履行人;

(2)代履行三日前,催告当事人履行,当事人履行的,停止代履行;

(3)代履行时,作出决定的行政机关应当派员到场监督;

(4)代履行完毕,行政机关到场监督的工作人员、代履行人和当事人或者见证人应当在执行文书上签名或者盖章。

代履行的费用按照成本合理确定,由当事人承担。但是,法律另有规定的除外。代履行不得采用暴力、胁迫以及其他非法方式。

(四)申请人民法院强制执行的程序

1. 申请人民法院强制执行的适用条件

《行政强制法》第五十三条规定:"当事人在法定期限内不申请行政复议或者提起行政诉讼,又不履行行政决定的,没有行政强制执行权的行政机关可以自期限届满之日起三个月内,依照本章规定申请人民法院强制执行。"

2. 申请人民法院强制执行的申请

行政机关申请人民法院强制执行前,应当催告当事人履行义务。催告书送达十日后当事人仍未履行义务的,行政机关可以向所在地有管辖权的人民法院申请强制执行;执行对象是不动产的,向不动产所在地有管辖权的人民法院申请强制执行。

3. 申请材料

《行政强制法》第五十五条规定,行政机关向人民法院申请强制执行,应当提供下列材料:

(1)强制执行申请书;

(2)行政决定书及作出决定的事实、理由和依据;

(3)当事人的意见及行政机关催告情况;

(4)申请强制执行标的情况;

(5)法律、行政法规规定的其他材料。

强制执行申请书应当由行政机关负责人签名,加盖行政机关的印章,并注明日期。

4. 人民法院的受理

人民法院接到行政机关强制执行的申请,应当在五日内受理。行政机关对人民法院不予受理的裁定有异议的,可以在十五日内向上一级人民法院申请复议,上一级人民法院应当自收到复议申请之日起十五日内作出是否受理的裁定。

5. 人民法院的审查与裁定

人民法院对行政机关强制执行的申请进行书面审查,对符合《行政强制法》第五十五条规定,且行政决定具备法定执行效力的,除《行政强制法》第五十八条规定的情形外,人民法院应当自受理之日起七日内作出执行裁定。

《行政强制法》第五十八条规定,人民法院发现有下列情形之一的,在作出裁定前可以听取被执行人和行政机关的意见:

(1)明显缺乏事实根据的;

(2)明显缺乏法律、法规依据的;

(3)其他明显违法并损害被执行人合法权益的。

人民法院应当自受理之日起三十日内作出是否执行的裁定。裁定不予执行的,应当说明理由,并在五日内将不予执行的裁定送达行政机关。

行政机关对人民法院不予执行的裁定有异议的,可以自收到裁定之日起十五日内向上一级人民法院申请复议,上一级人民法院应当自收到复议申请之日起三十日内作出是否执行的裁定。

《行政强制法》第五十九条规定:"因情况紧急,为保障公共安全,行政机关可以申请人民法院立即执行。经人民法院院长批准,人民法院应当自作出执行裁定之日起五日内执行。"

6. 人民法院强制执行的费用及财物处理

《行政强制法》第六十条规定:"行政机关申请人民法院强制执行,不缴纳申请费。强制执行的费用由被执行人承担。人民法院以划拨、拍卖方式强制执行的,可以在划拨、拍卖后将强制执行的费用扣除。依法拍卖财物,由人民法院委托拍卖机构依照《中华人民共和国拍卖法》的规定办理。划拨的存款、汇款以及拍卖和依法处理所得的款项应当上缴国库或者划入财政专户,不得以任何形式截留、私分或者变相私分。"

五、违反行政强制法的法律责任

违反行政强制法的法律责任,在责任种类上包括行政责任、民事责任和刑事责任。责任主体包括行政机关及其工作人员、金融机构及其工作人员、人民法院及其工作人员。《行政强制法》第六十八条规定:"违反本法规定,给公民、法人或者其他组织造成损失的,依法给予赔偿。违反本法规定,构成犯罪的,依法追究刑事责任。"

(一)行政机关及其工作人员违反行政强制法的法律责任

《行政强制法》第六十一条规定,行政机关实施行政强制,有下列情形之一的,由上级行政机关或者有关部门责令改正,对直接负责的主管人员和其他直接责任人员依法给予处分:

(1)没有法律、法规依据的;

(2)改变行政强制对象、条件、方式的;

(3)违反法定程序实施行政强制的;

(4)违反本法规定,在夜间或者法定节假日实施行政强制执行的;

(5)对居民生活采取停止供水、供电、供热、供燃气等方式迫使当事人履行相关行政决定的;

(6)有其他违法实施行政强制情形的。

《行政强制法》第六十二条规定,行政机关有下列情形之一的,由上级行政机关或者有关部门责令改正,对直接负责的主管人员和其他直接责任人员依法给予处分:

(1)扩大查封、扣押、冻结范围的;

(2)使用或者损毁查封、扣押场所、设施或者财物的;

(3)在查封、扣押法定期间不作出处理决定或者未依法及时解除查封、扣押的;

(4)在冻结存款、汇款法定期间不作出处理决定或者未依法及时解除冻结的。

行政机关将查封、扣押的财物或者划拨的存款、汇款以及拍卖和依法处理所得的款项,截留、私分或者变相私分的,由财政部门或者有关部门予以追缴;对直接负责的主管人员和其他直接责任人员依法给予记大过、降级、撤职或者开除的处分。行政机关工作人员利用职务上的便利,将查封、扣押的场所、设施或者财物据为己有的,由上级行政机关或者有关部门责令改正,依法给予记大过、降级、撤职或者开除的处分。

行政机关及其工作人员利用行政强制权为单位或者个人谋取利益的,由上级行政机关或者有关部门责令改正,对直接负责的主管人员和其他直接责任人员依法给予处分。

(二)金融机构及其工作人员违反行政强制法的法律责任

《行政强制法》第六十五条规定,金融机构有下列行为之一的,由金融业监督管理机构责令改正,对直接负责的主管人员和其他直接责任人员依法给予处分:

(1)在冻结前向当事人泄露信息的;

(2)对应当立即冻结、划拨的存款、汇款不冻结或者不划拨,致使存款、汇款转移的;

(3)将不应当冻结、划拨的存款、汇款予以冻结或者划拨的;

(4)未及时解除冻结存款、汇款的。

《行政强制法》第六十六条规定:"违反本法规定,金融机构将款项划入国库或者财政专户以外的其他账户的,由金融业监督管理机构责令改正,并处以违法划拨款项二倍的罚款;对直接负责的主管人员和其他直接责任人员依法给予处分。违反本法规定,行政机关、人民法院指令金融机构将款项划入国库或者财政专户以外的其他账户的,对直接负责的主管人员和其他直接责任人员依法给予处分。"

(三)人民法院及其工作人员违反行政强制法的法律责任

《行政强制法》第六十七条规定:"人民法院及其工作人员在强制执行中有违法行为或者扩大强制执行范围的,对直接负责的主管人员和其他直接责任人员依法给予处分。"

第五节　行政征收与征用

一、行政征收

(一)行政征收的概念与特征

行政征收是指行政主体依法向行政相对人强制性地收取税费或者私有财产的行为。行政征收是行政决定的形态之一,是一种独立的行政行为。

《中华人民共和国宪法》(以下简称《宪法》)第十三条第三款规定:"国家为了公共利益的需要,可以依照法律规定对公民的私有财产实行征收或者征用并给予补偿。"行政征收主体与缴纳主体之间的关系是管理与被管理的关系。在具体的征收活动中,征收主体总是以管理者的身份出现的,而缴纳主体始终处于被管理者的地位。缴纳主体作为被管理者,并不意味着在行政征收过程中完全处于被动的地位,而是有权依法向征收主体主张自己的权利。

行政征收有以下基本特征。

1.法定性

行政征收直接指向的是行政相对人的经济利益,由于其强制性和无偿性,决定了其对相对人的权益始终都具有侵害性。因此,为了确保行政相对人的合法权益不受违法行政征收行为的侵害,必须确立行政征收法定的原则。将行政征收的整个过程纳入法律调整的范围,使具体的行政行为受相对稳定的法律支配,使行政征收项目、行政征收金额、行政征收机关、行政征收相对人、行政征收程序都有法律上的明确依据,这是现代行政、特别是侵益行政行为所必须遵循的原则。只要没有法律根据,任何擅自决定征收的行为,都是侵害相对人的合法权益的侵权行为。

2.强制性

行政征收机关实施行政征收行为,实质上是履行国家赋予的征收权,这种权力具有强制他人服从的效力。因此,实施行政征收行为,不需要征得相对人的同意,甚至可以在违背相对人意志的情况下进行。征收的对象、数额及具体征收的程序,完全由行政机关依法确定,无须与相对人协商一致。行政相对人必须服从行政征收命令,否则,应承担一定的法律后果。

3. 处分性

行政征收是国家行政主体对行政相对人财产所有权的一种处分,行政征收的直接法律后果是导致行政相对人有关财产权的丧失。

4. 无偿性

常见的征收一般是无偿的,国家不支付对价,例如,征税。特殊情况下的征收是有偿的。即使有偿的征收也不同于征用。

征收不同于没收。没收财产是指将公民所有财产的一部或者全部强制无偿地收归国有的手段,没收一般是带有行政处罚性质的,没收的对象一般是违法所得或者违禁品。

(二)行政征收的主要种类

1. 行政征税

行政征税是国家税收机关依据法定权力强制取得财政收入的一种手段。《宪法》第五十六条规定:"中华人民共和国公民有依照法律纳税的义务。"《宪法》规定了公民纳税的义务。为实施《宪法》《中华人民共和国税收征收管理法》《中华人民共和国个人所得税法》《中华人民共和国消费税法》等法律,对《宪法》的规定予以具体化。

2. 行政收费

行政收费是行政主体对行政相对人提供一定公益服务或者授予国家资源、资金的使用权所收取的费用。行政收费必须有法律上的依据,必须有省级以上人民政府的审批,必须有经过物价部门核准的收费标准与《收费许可证》。

3. 土地征收

《宪法》与《中华人在共和国民法典》(以下简称《民法典》)都规定了国家可以依法征收集体所有的土地,《民法典》同时也规定征收集体所有的土地应当依法给予补偿。土地征收是具有补偿性的,不同于一般意义上的无偿性征收。征收土地的条件与程序必须严格按照《中华人民共和国土地管理法》的规定。

二、行政征用

行政征用是指行政主体根据法律规定,为了公共利益的需要,强制性地使用相对人的财产并给予补偿的行政行为。行政征用是一种独立的行政行为,属于行政决定的范畴。

《宪法》第十条第三款规定:"国家为了公共利益的需要,可以依照法律规定对土地实行征收或者征用并给予补偿。"《宪法》第十三条三款规定:"国家为了公共利益的需要,可以依照法律规定对公民的私有财产实行征收或者征用并给予补偿。"

行政征用不同于行政征收。征收和征用的相同之处在于都是为了公共利益的需要,依据法律并在给予补偿的前提下,对公民财产权的限制或剥夺。它们的区别在于征收一般是指对公民财产所有权的限制或剥夺,而征用仅是指对公民财产使用权的暂时剥夺,用完之后还要归还,征用大多适用于紧急状态或者军事、战争等特殊紧急情况下。

行政征用的基本特征是:

(1)行政征用具有非处分性和限制性;

(2)行政征用具有强制性;

(3)行政征用具有有偿性;

（4）行政征用具有法定性；

（5）行政征用具有应急性。

第六节　政务信息公开

一、政务信息公开的含义与特征

（一）政务信息公开的含义

政务信息公开被中华人民共和国海事局作为海事行政执法监督管理的一项内容。《中华人民共和国海事局海事行政执法监督管理规定》第十五条第十款关于海事行政执法监督的主要内容之一是，海事行政执法政务公开工作开展情况。

政务信息公开是政务公开的基本方面，是建设法治政府的重要内容。2005 年，中共中央办公厅、国务院办公厅下发了《关于进一步推行政务公开的意见》，对政务公开工作的指导思想、基本原则、工作目标、主要任务、重点内容、形式载体、制度建设和组织领导措施作出明确规定，并要求积极探索和推进政务公开的立法工作，抓紧制定政府信息公开条例，逐步把政务公开纳入法制化轨道。2007 年 1 月 17 日国务院通过《中华人民共和国政府信息公开条例》（以下简称《政府信息公开条例》），自 2008 年 5 月 1 日起施行。2019 年 4 月 3 日，国务院第 711 号令公布修订后的《政府信息公开条例》，自 2019 年 5 月 15 日起施行。政务信息公开的意义在于：为了保障公民、法人和其他组织依法获取政府信息，提高政府工作的透明度，促进依法行政，充分发挥政府信息对人民群众生产、生活和经济社会活动的服务作用。

政务信息公开，在国家规范文件中称为"政府信息公开"。《政府信息公开条例》第二条明确规定："本条例所称政府信息，是指行政机关在履行行政管理职能过程中制作或者获取的，以一定形式记录、保存的信息。"

（二）政务信息公开的特征

1. 政务信息公开的主体是行政机关

《政府信息公开条例》虽然明确规定政务信息公开的主体是行政机关，但是，从事行政管理活动的主体不局限于行政机关，还包括履行政务管理职能的事业单位等，因此，政务信息公开的主体还应当包括具有管理公共事务职能的组织。《政府信息公开条例》第五十四条规定："法律、法规授权的具有管理公共事务职能的组织公开政府信息的活动，适用本条例。"第五十五条规定："教育、卫生健康、供水、供电、供气、供热、环境保护、公共交通等与人民群众利益密切相关的公共企事业单位，公开在提供社会公共服务过程中制作、获取的信息，依照相关法律、法规和国务院有关主管部门或者机构的规定执行。全国政府信息公开工作主管部门根据实际需要可以制定专门的规定。"

2. 政务信息公开的内容是行政机关在履行行政管理职能过程中制作或者获取的信息

行政机关在履行行政管理职能过程中制作或者获取的信息为涉及公众知情权或者行政相对人权益的信息，但不是政务活动中的一切信息，"行政机关不得公开涉及国家秘密、商业秘密、个人隐私的政府信息"。政府信息公开"不得危及国家安全、公共安全、经济安全和社会稳定"。

3.政务信息公开以一定的载体形式体现,以一定的方式公开

政务信息是以一定形式记录、保存的信息,政务信息的存在需要一定的形式与载体,政务信息公开同样也需要有一定的形式与载体。政务信息的表现形式可以是书面形式、电子形式、网络形式,相应的载体为有形的书面、无形的网络。政务信息的公开方式,可以为通过公开的刊物、广播、电视等方式公开,也可以通过行政机关的政务大厅的公告板等方式公开。《政府信息公开条例》第二十三条规定:"行政机关应当建立健全政府信息发布机制,将主动公开的政府信息通过政府公报、政府网站或者其他互联网政务媒体、新闻发布会以及报刊、广播、电视等途经予以公开。"

二、政务信息公开的基本原则与基本制度

(一)政务信息公开的基本原则

1.公正、公平、合法、便民的原则

《政府信息公开条例》第五条规定:"行政机关公开政府信息,应当坚持公开为常态、不公开为例外,遵循公正、公平、合法、便民的原则。"

2.及时、准确原则

《政府信息公开条例》第六条规定:"行政机关应当及时、准确地公开政府信息。行政机关发现影响或者可能影响社会稳定、扰乱社会和经济管理秩序的虚假或者不完整信息的,应当发布准确的政府信息予以澄清。"

(二)政务信息公开的基本制度

1.主动公开与依申请公开相结合制度

对涉及公众利益调整、需要公众广泛知晓或者需要公众参与决策的政府信息,政府应主动向社会公开,如涉及行政法规、规章和规范性文件;机关职能、机构设置、办公地址、办公时间、联系方式、负责人姓名;国民经济和社会发展规划、专项规划、区域规划及相关政策;国民经济和社会发展统计信息等。公民、法人或者其他组织申请获取政府信息的,应当向行政机关的政府信息公开工作机构提出,并采用包括信件、数据电文在内的书面形式;采用书面形式确有困难的,申请人可以口头提出,由受理该申请的政府信息公开工作机构代为填写政府信息公开申请。

2.政府信息公开审查制度

《政府信息公开条例》第十七条规定:"行政机关应当建立健全政府信息公开审查机制,明确审查的程序和责任。行政机关应当依照《中华人民共和国保守国家秘密法》以及其他法律、法规和国家有关规定对拟公开的政府信息进行审查。行政机关不能确定政府信息是否可以公开的,应当依照法律、法规和国家有关规定报有关部门或者保密行政管理部门确定。"《政府信息公开条例》第十五条规定:"涉及商业秘密、个人隐私等公开会对第三方合法权益造成损害的政府信息,行政机关不得公开。但是,第三方同意公开或者行政机关认为不公开会对公共利益造成重大影响的,予以公开。"

3.监督保障制度

各级人民政府应当建立健全政府信息公开工作考核制度、社会评议制度和责任追究制度,定期对政府信息公开工作进行考核、评议。政府信息公开工作主管部门和监察机关负责对行政机关政府信息公开的实施情况进行监督检查。

三、政务信息公开的内容

(一)主动公开的内容与范围

依据《政府信息公开条例》第十九条的相关规定,行政机关对符合下列基本要求之一的政府信息应当主动公开:

(1)涉及公众利益调整的;

(2)需要社会公众广泛知晓的;

(3)需要公众参与决策的;

(4)其他依照法律、法规和国家有关规定应当主动公开的。

行政机关应当依照《政府信息公开条例》第十九条的规定,在各自职责范围内确定主动公开本行政机关的下列政府信息:

(1)行政法规、规章和规范性文件;

(2)机关职能、机构设置、办公地址、办公时间、联系方式、负责人姓名;

(3)国民经济和社会发展规划、专项规划、区域规划及相关政策;

(4)国民经济和社会发展统计信息;

(5)办理行政许可和其他对外管理服务事项的依据、条件、程序以及办理结果;

(6)实施行政处罚、行政强制的依据、条件、程序以及本行政机关认为具有一定社会影响的行政处罚决定;

(7)财政预算、决算信息;

(8)行政事业性收费项目及其依据、标准;

(9)政府集中采购项目的目录、标准及实施情况;

(10)重大建设项目的批准和实施情况;

(11)扶贫、教育、医疗、社会保障、促进就业等方面的政策、措施及其实施情况;

(12)突发公共事件的应急预案、预警信息及应对情况;

(13)环境保护、公共卫生、安全生产、食品药品、产品质量的监督检查情况;

(14)公务员招考的职位、名额、报考条件等事项以及录用结果;

(15)法律、法规、规章和国家有关规定规定应当主动公开的其他政府信息。

设区的市级人民政府、县级人民政府及其部门重点公开的政府信息还应当包括下列内容:

(1)城乡建设和管理的重大事项;

(2)社会公益事业建设情况;

(3)征收或者征用土地、房屋拆迁及其补偿、补助费用的发放、使用情况;

(4)抢险救灾、优抚、救济、社会捐助等款物的管理、使用和分配情况。

(5)治安管理等情况。

乡(镇)人民政府应当依照《政府信息公开条例》第九条的规定,在其职责范围内确定主动公开的政府信息的具体内容,并重点公开下列政府信息:

(1)贯彻落实国家关于农村工作政策的情况;

(2)财政收支、各类专项资金的管理和使用情况;

(3)乡(镇)土地利用总体规划、宅基地使用的审核情况;

(4)征收或者征用土地、房屋拆迁及其补偿、补助费用的发放、使用情况;

(5)乡(镇)的债权债务、筹资筹劳情况;

(6)抢险救灾、优抚、救济、社会捐助等款物的发放情况;

(7)乡镇集体企业及其他乡镇经济实体承包、租赁、拍卖等情况;

(8)执行计划生育政策的情况;

(9)农田水利工程建设运营;

(10)农村土地承包经营权流转;

(11)宅基地使用情况等。

(二)依申请公开的内容

除了《政府信息公开条例》规定的行政机关主动公开的政府信息外,公民、法人或者其他组织可以向地方各级人民政府、对外以自己名义履行行政管理职能的县级以上地方人民政府部门申请获取相关政府信息。

公民、法人或者其他组织申请获取政府信息的,应当向行政机关的政府信息公开工作机构提出,并采用包括信件、数据电文在内的书面形式;采用书面形式确有困难的,申请人可以口头提出,由受理该申请的政府信息公开工作机构代为填写政府信息公开申请。

政府信息公开申请应当包括下列内容:

(1)申请人的姓名或者名称、身份证明、联系方式;

(2)申请公开的政府信息的名称、文号或者便于行政机关查询的其他特征性描述;

(3)申请公开的政府信息的形式要求,包括获取信息的方式、途径。

四、政务信息公开程序

(一)主动公开的程序

行政机关制作的政府信息,由制作该政府信息的行政机关负责公开;行政机关从公民、法人或者其他组织获取的政府信息,由保存该政府信息的行政机关负责公开。法律、法规对政府信息公开的权限另有规定的,从其规定。

属于主动公开范围的政府信息,应当自该政府信息形成或者变更之日起二十个工作日内予以公开。法律、法规对政府信息公开的期限另有规定的,从其规定。

行政机关应当编制、公布政府信息公开指南和政府信息公开目录,并及时更新。政府信息公开指南,应当包括政府信息的分类、编排体系、获取方式,政府信息公开工作机构的名称、办公地址、办公时间、联系电话、传真号码、电子邮箱等内容。政府信息公开目录,应当包括政府信息的索引、名称、内容概述、生成日期等内容。

（二）依申请公开的程序

公民、法人或者其他组织依照《政府信息公开条例》第二十九条规定向行政机关申请获取政府信息的,应当采用书面形式(包括数据电文形式);采用书面形式确有困难的,申请人可以口头提出,由受理该申请的行政机关代为填写政府信息公开申请。

行政机关向申请人提供的信息,应当是已制作或者获取的政府信息。需要行政机关对现有政府信息进行加工、分析的行政机关可以不予提供。公民、法人或者其他组织有证据证明行政机关提供的与其自身相关的政府信息记录不准确的,有权要求该行政机关予以更正。该行政机关无权更正的,应当转送有权更正的行政机关处理,并告知申请人,或者告知申请人向有更正权的行政机关提出。

对申请公开的政府信息,行政机关根据下列情况分别作出答复:

(1)所申请公开信息已经主动公开的,告知申请人获取该政府信息的方式、途径;

(2)所申请公开信息可以公开的,向申请人提供该政府信息,或者告知申请人获取该政府信息的方式、途径和时间;

(3)行政机关依据本条例的规定决定不予公开的,告知申请人不予公开并说明理由;

(4)经检索没有申请公开信息的,告知申请人该政府信息不存在;

(5)所申请公开信息不属于本行政机关负责公开的,告知申请人并说明理由;能够确定负责公开该政府信息的行政机关的,告知申请人该行政机关的名称、联系方式;

(6)行政机关已就申请人提出的政府信息公开申请作出答复、申请人重复申请公开相同政府信息的,告知申请人不予重复处理;

(7)所申请公开信息属于工商、不动产登记资料等信息,有关法律、行政法规对信息的获取有特别规定的,告知申请人依照法律、行政法规的规定办理。

申请公开的政府信息中含有不应当公开的内容,但是能够作区分处理的,行政机关应当向申请人提供可以公开的信息内容。

行政机关收到政府信息公开申请,能够当场答复的,应当当场予以答复。行政机关不能当场答复的,应当自收到申请之日起二十个工作日内予以答复;如需延长答复期限的,应当经政府信息公开工作机构负责人同意,并告知申请人,延长答复的期限最长不得超过二十个工作日。申请公开的政府信息涉及第三方权益的,行政机关征求第三方意见所需时间不计算在上述规定的期限内。

行政机关依申请公开政府信息,应当根据申请人的要求及行政机关保存政府信息的实际情况,确定提供政府信息的具体形式;按照申请人要求的形式提供政府信息,可能危及政府信息载体安全或者公开成本过高的,可以通过电子数据以及其他适当形式提供,或者安排申请人查阅、抄录相关政府信息。

第七节 海事行政执法概述

一、海事行政与海事行政执法

（一）海事行政

海事行政是指国家各级海事管理机构依法从事海事管理的各种活动,包括制定海事行政管理规定与海事行政执法两方面。

制定海事行政管理规定,是普遍性的海事行政行为,广义上既包括国务院制定有关海事行政管理的法规以及国务院部委制定海事行政管理规章以及部分地方政府制定海事行政规章的活动,也包括地方政府以及地方海事行政管理机构制定海事行政管理规范的活动。在我国当前的行政管理体制下,海事行政作为交通行政的组成部分。

海事行政执法,即实施海事行政法律法规的活动,是指各级国家海事行政执法机构依法实施具体的海事行政管理活动的行为。海事行政执法,属于具体行政行为。

（二）海事行政执法

1.海事行政执法的主体具有特定性

海事行政执法的主体只能是国家与地方的各级海事行政机构。国家海事行政机构,是指隶属于中华人民共和国交通运输部(以下简称交通运输部)的中华人民共和国海事局。中华人民共和国海事局的省级海事直属局,具有独立的海事行政执法主体资格。地方海事机构,是指行政编制与人员管理都隶属于地方政府的海事机构。地方海事机构的海事管理业务统一受中华人民共和国海事局的领导与管理。地方海事行政执法机构,包括隶属于省级政府的省海事局、隶属于地市级地方政府的市海事局、省海事局的直属海事分局和直属海事处、隶属于县级政府的海事处。海事处具有独立海事行政执法主体资格,是海事行政执法的最基层机构。

2.海事行政执法的业务范围具有特定性

海事行政执法的业务范围,是关于海洋交通的管理活动以及内河交通管理活动,不包括海洋环境保护管理活动与海洋资源开发管理活动。海事行政执法的业务范围的特定的,独立存在的,不同于其他领域的行政执法范围。

3.海事行政执法的依据是海事行政管理的法律法规、规章、地方性法规与规章

代表性的海事法律法规有:国务院 2002 年 6 月 28 日颁布《中华人民共和国内河交通安全管理条例》(以下简称《内河交通安全管理条例》)、国务院 2007 年 3 月 28 日通过的《中华人民共和国船员条例》、国务院 1994 年 6 月 2 日颁布《中华人民共和国船舶登记条例》(以下简称《船舶登记条例》)、交通运输部 2015 年 5 月 29 日颁布《中华人民共和国内河海事行政处罚规定》(以下简称《内河海事行政处罚规定》)、交通运输部 2015 年 5 月 29 颁布的《中华人民共和国海事行政许可条件规定》(以下简称《海事行政许可条件规定》),等等。

4.海事行政执法的相对人

海事行政执法的相对人是与海洋交通运输以及内河交通运输有关的单位与个人,包括

船运公司等法人企业和船员等责任人。

海事行政执法的对象主要针对的是船舶等海上交通运输工具、海上设施。

二、海事行政执法的种类与措施

海事行政执法的种类与措施,包括行政执法的一般种类与措施,也包括海事行政执法的特有种类与措施。

海事行政执法的一般种类与措施,主要包括行政决定中的行政命令、行政许可、行政处罚、行政强制等类型。在具体的执法种类上,海事行政执法的一般种类包括常见的行政执法的种类。

在海事行政处罚上,具体的处罚种类首先应当是《行政处罚法》规定的行政处罚中的罚款、没收违法所得、没收非法财物、责令停产停业、暂扣或者吊销许可证、暂扣或者吊销执照、行政拘留。其中,关于行政拘留的处罚,适用于违反海事行政管理并且又触犯《中华人民共和国治安管理处罚法》的,应当依法给予行政拘留处罚的,由公安机关实施处罚,海事行政执法机构没有行政拘留的处罚权。海事行政处罚针对的是海事行政违法行为,海事行政违法行为的特殊性又决定着海事行政处罚在种类上又不完全同于一般的行政处罚。

中华人民共和国海事局制定的《中华人民共和国海上海事行政处罚规定》(以下简称《海上海事行政处罚规定》)第四条规定,本规定所称海事行政违法行为,包括下列行为:

(1)违反船舶、浮动设施所有人、经营人安全管理秩序的行为;

(2)违反船舶、浮动设施检验管理秩序的行为;

(3)违反海上船舶登记管理秩序的行为;

(4)违反海上船员管理秩序的行为;

(5)违反航行、停泊和作业管理秩序的行为;

(6)违反海上通航安全保障管理秩序的行为;

(7)违反海上危险货物载运安全监督管理秩序的行为;

(8)违反海难救助管理秩序的行为;

(9)违反海上打捞管理秩序的行为;

(10)违反海上船舶污染沿海水域监督管理秩序的行为;

(11)违反海上交通事故调查处理秩序的行为;

(12)其他海上海事行政违法行为。

对于上述特定的行政违法行为,应当给予的海事行政处罚必然有一定的特殊性,如处罚的种类中,有"吊销适任证书或者其他适任证书"的处罚,资格罚是专门针对船员的适任证书。

在海事行政强制方面,海事行政执法中可以适用《行政强制法》中的有关规定,依法采取行政强制措施或者行政强制执行。《行政强制法》第九条规定的行政强制措施的种类有:

(1)限制公民人身自由;

(2)查封场所、设施或者财物;

(3)扣押财物;

(4)冻结存款、汇款;

(5)其他行政强制措施。

《行政强制法》第十二条规定的行政强制执行的方式有：

（1）加处罚款或者滞纳金；

（2）划拨存款、汇款；

（3）拍卖或者依法处理查封、扣押的场所、设施或者财物；

（4）排除妨碍、恢复原状；

（5）代履行；

（6）其他强制执行方式。

例如，《内河交通安全管理条例》第七十四条规定："违反本条例的规定，在内河通航水域的航道内养殖、种植植物、水生物或者设置永久性固定设施的，由海事管理机构责令限期改正；逾期不改正的，予以强制清除，因清除发生的费用由其所有人或者经营人承担。"此规定中的海事行政执法，即属于海事行政强制执行。

海事行政执法的特有种类与措施，是指海事行政执法中的专有的行政执法种类与措施，是海事行政执法不同于其他领域合作部门的行政执法的体现。海事行政管理具有其不同于其他行政管理的特殊性，因此，理论上可以存在不同于一般行政管理的执法措施。例如，《内河交通安全管理条例》中的第十章法律责任部分规定的海事行政管理机构对于违反内河交通安全管理的行为所采取的行政管理措施，就具有特殊性，具体措施有："责令停航或者停止作业"（第六十三条）、"责令限期改正"（第六十五条等）、"责令改正""禁止船舶进出港口""暂扣适任证书或者其他适任证件"（第六十八条）、"强行拖离"（第六十九条）、"吊销适任证书或者其他适任证书"（第七十一条）、"强制拆除或者恢复"（第七十二条）、"强制清除"（第七十四条）。上述这些海事行政执法措施，又属于不同的海事行政执法的种类。有的行政执法措施，在分类上比较复杂，对其理解也存在一定的不同。其中，"责令改正"应当属于行政命令，"强行拖离"与"强制拆除或者恢复""强制清除"应当属于行政强制执行，"暂扣适任证书或者其他适任证件"应当属于行政处罚。对于"责令停航或者停止作业"，有人认为属于行政强制措施。

三、海事行政许可

海事行政许可是指海事管理机构依据法律法规的规定对相对人提出的海事活动的申请进行审查批准的行政行为。

海事行政许可是行政许可的一种类别，与其他行政许可的主要区别是行政许可的事项与内容是特定的相对人的海事活动。海事活动是指从事海上以及内河各种作业的活动，涉及水上交通安全、水域污染防治、船舶与浮动设施管理、船员管理、水上运载货物安全管理等多方面的具体事项。

海事管理机构的海事行政许可行为，应当遵守《行政许可法》的基本规定，按照该法规定的行政许可的基本原则、行政许可的基本条件与一般程序规定，从事海事行政许可审批活动。《海事行政许可条件规定》对海事行政许可的条件作了具体规定。海事行政许可法律规范的内容包括海事行政许可的程序与条件两方面。该规定所称海事行政许可，是指依据有关水上交通安全、防污染等海事管理的法律、行政法规、国务院决定的设定，由海事管理机构实施或者由交通部实施、海事管理机构具体办理的行政许可。

在海事行政许可程序上，应当遵守《行政许可法》的有关规定。海事行政许可的基本程序包括：申请与受理、审查与决定，特定情况下的听证、变更与延续程序。在海事行政许可的期限上，要严格遵守《行政许可法》的规定，除可以当场作出行政许可决定外，行政机关应当自受理行政许可申请之日起二十日内作出行政许可决定。二十日内不能作出决定的，经本行政机关负责人批准，可以延长十日，并应当将延长期限的理由告知申请人。但是，法律、法规另有规定的，依照其规定。行政许可采取统一办理或者联合办理、集中办理的，办理的时间不得超过四十五日；四十五日内不能办结的，经本级人民政府负责人批准，可以延长十五日，并应当将延长期限的理由告知申请人。依法应当先经下级行政机关审查后报上级行政机关决定的行政许可，下级行政机关应当自其受理行政许可申请之日起二十日内审查完毕。但是，法律、法规另有规定的，依照其规定。行政机关作出准予行政许可的决定，应当自作出决定之日起十日内向申请人颁发、送达行政许可证件，或者加贴标签、加盖检验、检测、检疫印章。

在海事行政许可的条件上，应当遵守《海事行政许可条件规定》的具体规定。海事行政许可的条件内容包括：通航管理的许可条件、船舶管理的许可条件、防治船舶污染和船载危险货物管理的许可条件、船员管理的许可条件、其他海事行政管理的许可条件五类。《海事行政许可条件规定》对上述五类海事行政许可的具体条件作了明确规定。

《海事行政许可条件规定》中的相关规定：海事管理机构在审查、决定海事行政许可时，不得擅自增加、减少或者变更海事行政许可条件。不符合本规定相应条件的，不得作出准予的海事行政许可决定。海事行政许可条件应当按照《交通行政许可实施程序规定》予以公示。申请人要求对海事行政许可条件予以说明的，海事管理机构应当予以说明。国家海事管理机构应当根据海事行政许可条件，统一明确申请人应当提交的材料。有关海事管理机构应当将材料目录予以公示。申请人申请海事行政许可时，应当按照规定提交申请书和相关的材料，并对所提交材料的真实性和有效性负责。申请变更海事行政许可、延续海事行政许可期限的，申请人可以仅就发生变更的事项或者情况提交相关的材料；已提交过的材料情况未发生变化的可以不再提交。

四、海事行政处罚

海事行政处罚是海事行政执法机构在海事行政执法过程中对违反海事法律规范的相对人的违法行为依法追究行政法律责任所作出的处罚。

海事行政处罚是行政处罚的一种体现，与其他行政处罚的主要不同在于海事行政处罚是针对海上以及内河行政违法行为所采取的制裁措施。海事行政处罚的行政主体是具有独立行政执法权的海事机构，海事行政处罚的依据是海事法律规范，海事行政处罚的对象是海事行政相对人。海事行政处罚针对的是海事行政违法行为，海事行政违法行为的表现比较复杂。《内河海事行政处罚规定》中规定的海事行政违法行为包括以下九种：

(1)违反船舶、浮动设施所有人、经营人安全管理秩序；

(2)违反船舶、浮动设施检验和登记管理秩序；

(3)违反内河船员管理秩序；

(4)违反航行、停泊和作业管理秩序；

(5)违反危险货物载运安全监督管理秩序；

(6)违反通航安全保障管理秩序；

（7）违反船舶、浮动设施遇险救助管理秩序；

（8）违反内河交通事故调查处理秩序；

（9）违反防治船舶污染水域监督管理秩序。

海事行政处罚的法律规范，包括行政处罚的一般法律《行政处罚法》以及海事行政处罚方面的专门的规范。海事行政处罚方面的专门规范主要有《内河交通安全管理条例》《内河海事行政处罚规定》。此外，《船舶登记条例》《中华人民共和国船舶和海上设施检验条例》（以下简称《船舶和海上沿海检验条件》）。《危险化学品安全管理条例》等规范中也有关于海事行政处罚的有关规定。《行政处罚法》作为行政处罚的基本法律规范，虽然不能够直接用于海事行政处罚，但其基本原则与制度是海事行政处罚工作中必须遵守的。

海事行政处罚的种类。2021 年修订后的《中华人民共和国海上交通安全法》（以下简称《海上交通安全法》）规定的海事行政处罚的种类主要有扣留或吊销船员适任证书或者船舶证书、罚款。《内河交通安全管理条例》中规定的海事行政处罚的种类主要有：警告、没收违法作业的船舶、浮动设施、罚款、没收违法所得、吊销适任证书、其他适任证书。其中，罚款的最高数额是 50 万元，暂扣适任证书的期限为三个月至三十个月。

海事行政机构在适用《内河交通安全管理条例》的有关行政处罚规定时，要注意其中的裁量性处罚规定。例如，该条例第六十五条规定："违反本条例的规定，船舶未按照国务院交通主管部门的规定配备船员擅自航行，或者浮动设施未按照国务院交通部门的规定配备掌握水上交通安全技能的船员撤擅自作业的，由海事管理机构责令限期改正，对船舶、浮动设施所有人或者经营人处一万以上十万以下的罚款；逾期不改正的，责令停航或者停止作业。"这样的规定，实际上是赋予海事执法机构很大的行政处罚的自由裁量权。在海事行政处罚中，如何具体适用这一规定，公平合理地实施罚款处罚，保障海事行政相对人的合法权益，监督海事执法机构的执法活动，这些问题都需要认真解决。《内河交通安全管理条例》实施细则《内河海事行政处罚规定》作了一定的具体规定。

五、海事行政强制

海事行政强制包括海事行政强制措施和海事行政强制执行，海事行政强制是行政强制的一种体现，应当遵守 2012 年实施的《行政强制法》的基本规定。

海事行政强制在行政强制的种类与适用上不同于其他行政强制的行政执法活动，其不仅具有自身的特殊性，也应当有相应的专门规定。中华人民共和国海事局于 2004 年制定了《中华人民共和国海事行政强制实施程序暂行规定》（以下简称《海事行政强制实施程序暂行规定》）。为更好地在海事行政执法中实施《行政强制法》、规范海事行政强制行为，中华人民共和国海事局于 2012 年 7 月 27 日制定发布了《中华人民共和国海事行政强制实施程序规定》（以下简称《海事行政强制实施程序规定》），自发布之日起施行，同时废止 2004 年制定的《海事行政强制实施程序暂行规定》。

海事行政强制法律规范的内容包括海事行政强制的种类与海事行政强制的程序。

《行政强制法》规定：行政强制措施由法律设定。尚未制定法律，且属于国务院行政管理职权事项的，行政法规可以设定除本法第九条第一项、第四项和应当由法律规定的行政强制措施以外的其他行政强制措施。尚未制定法律、行政法规，且属于地方性事务的，地方性法规可以设定本法第九条第二项、第三项的行政强制措施。法律、法规以外的其他规范性文件不得设定行政强制措施。法律对行政强制措施的对象、条件、种类作了规定的,行政法规、地方性法规不得作出扩大规定。法律中未设定行政强制措施的,行政法规、地方性法规不得设定行政强制措施。但是,法律规定特定事项由行政法规规定具体管理措施的,行政法规可以设定除本法第九条第一项、第四项和应当由法律规定的行政强制措施以外的其他行政强制措施。对于海事行政强制执行的设定,也要遵守《行政强制法》的相关规定。

《内河交通安全管理条例》是海事行政执法中的常用法规,其中规定的海事行政强制措施的种类主要有:责令限期改正,责令临时停航、停止作业,禁止进港、离港,责令立即消除或者限期消除,责令驶向指定地点,强制卸载、拆除动力装置,暂扣船舶、浮动设施,暂扣适任证书或者其他适任证件,强制拆除或者恢复,强制清除,强行拖离。

本章思考题

1. 行政执法的概念与特征是什么?
2. 海事行政执法的主要特征是什么?
3. 海事行政许可有哪些类型?
4. 如何正确适用海事行政处罚的裁量权?
5. 海事行政强制的程序有哪些?

第三章 海事行政执法监督

第一节 行政执法监督概述

一、行政执法监督的内涵

监督是根据一定的行为标准来判断某种行为是否出现偏差,并通过一定的措施和办法予以纠正,使之恢复到准确的、正常的状态。行政监督有狭义和广义之分。狭义的行政监督是指行政机关内部上下级之间,以及专设的行政监察、审计机关对行政机关及其公务人员的监督。广义的行政监督泛指执政党、国家权力机关、司法机关和人民群众等多种社会力量对国家行政机关及其公务人员的监督。

行政执法监督是指负有监督职责的国家机关对于行政执法主体实施的行政执法行为是否符合行政法律规范进行监察和督促,并对违法行为予以纠正的活动。

二、行政执法监督的意义

(一)行政执法与"权力"的关系

一直以来行政是权力的代名词,行政执法是权力最形象逼真的化身。权力具有双重性,它不仅代表着责任和义务,也意味着个人的权力和地位。权力在使用的过程中,必然产生两种效果:正效应和负效应。权力的正效应指权力发挥其正常的应有的正面功能。权力的负效应指权力的拥有者假公济私、滥用权力,会对公共目标和公共利益造成危害。行政执法在日常生活中表现是纷繁具体的各种具体行政行为,其具有自由裁量性、单方意志性、直接效力性和直接强制性,且具有国家强制性,该强制性是由国家强制力来实现的,因而行政执法便具有了权力的负效应。行政主体在行政执法过程中就时刻有滥用权力的可能,行政执法活动中乱立章法、以言代行、以权压法、干扰执法、越权执法、滥施处罚、以罚代法、以罚代刑、徇私枉法、贪赃枉法、不履行法定职责等执法违法的现象仍然存在,有些现象表现得相当突出。

(二)权力必须受到制约

在我国一切权力都属于人民,人民为了治理好自己的国家,需要经过科学分工的各个国家机关来行使权力。每个行政机关的权限应经过合理配置,其权限都必须是特定的、受到限制的,权力只有受到限制才能真正保障权力的正当行使。每一个机关及其公务员都必须在法定的权限内行使权力,自觉接受来自其他国家机构及人民的监督。对行政机关有效地监督是保障依法行政的重要方式。

(三) 自由裁量权的界定

行政执法过程中最难监督之点即行政执法中自由裁量权的运用,这是最能侵犯个人、组织正当权益的存在。现代法治原则不但要求行政执法依法办事,而且行政执法根据公认的合理性原则行使自由裁量权,应当看到行政机关本身对行政效率的追求,行政管理采取首长负责制,行政活动中自由裁量的必要性给依法行政带来了困难。

(四) 加强社会监督

首先,实行行政公开,增强公众对行政执法的参与,建立一种有效的事中监督途径。其次,要加强新闻舆论的监督,新闻舆论监督是行政执法外部监督体系中的一个环节。新闻舆论不仅是民意的反应,更对民意具有强烈的导向作用,并且新闻监督本身就起着重要的作用,它的效果的发挥,既有赖于政府机关的支持和保护,也有赖于人民群众的信赖和配合。最后,要加强群众的监督,群众监督是行政执法监督的基础,只有将广大人民群众充分发动起来,才能更好地发起主要的监督作用。

三、行政执法监督的种类

根据不同的标准,可将行政执法监督分为以下几类。

(一) 国家监督和社会监督

国家监督和社会监督是根据监督主体享有监督权的属性不同进行的分类。国家监督以国家强制力为后盾,是一种有效的监督方式。社会监督又称非国家机关的监督,通常是指政党、社会团体和社会组织、新闻舆论媒体、人民群众等对行政机关及其工作人员的行政执法行为实施的监督,其主要特点是,监督权不具有"国家权力"的属性,只是一种具有法律影响力的活动。

(二) 内部监督和外部监督

内部监督和外部监督是根据监督主体与监督对象是否属于同一组织系统进行的分类。内部监督是指行政系统内部进行的监督,是行政系统的自我约束机制,是各种监督中最经常、最直接的监督。它包括上级行政机关对下级行政机关的层级监督、监察监督和审计监督等。外部监督是指由行政机关以外的国家机关、组织和个人作为监督主体对行政执法行为进行的监督。它包括权力机关的监督、司法机关的监督、社会监督。

内部监督与外部监督是紧密联系的。内部监督建立在自律的基础上,其作用的有效发挥以一定的外部监督为前提,离不开外部制约的社会环境;外部监督也离不开自我约束的作用。只有把内部监督与外部监督有机地结合起来,让二者各自发挥优势,才能达到监督的目的。

(三) 事前监督、事中监督与事后监督

事前监督、事中监督与事后监督是根据监督的不同阶段进行的分类。事前监督,是指监督主体为防患于未然,在行政执法行为开始之前依法实施的监督,是一种预防性或防范

性的监督。事中监督,是指监督主体对行政执法行为在实施过程中进行的监督,以便发现问题及时纠正,是一种追踪性的监督。事后监督,是指监督主体对行政执法行为实施完结后进行的监督,是一种补救性或惩戒性的监督。

事前监督、事中监督与事后监督是监督的三个不可分割的环节,不可偏废任何一方。将事前监督的防范性与事后监督的补救性结合起来,构筑事前监督、事中监督与事后监督密切配合的监督防线,保证行政执法过程的合法性和适当性,以达到良好的监督效果。

四、行政执法监督的任务

(一)督促国家行政机关及其工作人员依法履行法定的行政管理职权

行政管理不是简单、机械的活动,法律规范也不是自发运作的准则。现代行政管理要求管理者把具有普遍约束力的法律规范适用于复杂多样、变化无穷的社会现实问题及事务。在这一过程中,各级行政机关有责任根据法律规范的要求就法律规范如何具体执行采取相应的措施,制定具体的实施办法。建立内部工作制度、开展执法人员的培训考核、明确执法的目标责任等,都是法律、法规、规章实施工作所应注意并予以落实的事项。把执法机关是否采取了有效的措施,积极、认真地履行法定职责置于监督之下,可以有效地促进法律、法规、规章的正确贯彻实施。

(二)防止和纠正违法或者不当的行政行为

行政执法机关实施法律、法规和规章直接或间接作用于行政管理对象的基本形式,决定了各种各样的行政行为包括各种行政执法行为,只有在依法实施的前提下,才能合法、适当,公民、法人或者其他组织的合法权益才不致遭受侵犯。现存的问题是,行政执法行为出现违法与不当已是一个不容忽视的事实,因此,纠正违法行为,为公民、法人或者其他组织的合法权益遭受的损害提供有效的救济,在行政执法监督工作中居于重要位置。考察当前的行政执法工作有以下两点需要给予重视。

1. 既要监督具体行政行为,也要监督抽象行政行为

抽象行政行为被排除在行政诉讼受案范围之外,加之抽象行政行为并不是针对特定的具体人或事,使人们很少关注抽象行政行为合法与否,其结果往往是因为抽象行政行为的不合法而导致产生大量的违法执法行为。既然抽象行政行为也是行政机关的行政行为,其同样存在着是否合法的问题,因而就存在着损害公民合法权益的可能性,而且其危害性要远比具体行政执法行为范围更广、影响更大,行政执法监督工作就没有理由不将监督抽象行政行为作为一项重要的工作任务。

2. 既要监督行政机关的作为行政行为,也要监督行政机关的不作为行政行为

行政执法机关可能会因为实施某种行为而违法,构成对公民、法人或者其他组织合法权益的侵犯,需要予以监督处理。同时行政执法机关也会因为不履行法定职责和义务而构成违法或侵权(通常人们称之为行政执法机关的不作为),客观上必然会影响法律、法规、规章的实施,使行政管理权得不到及时、有效的落实,使公民、法人或其他组织的合法权益得不到有效保护。这就要求行政执法监督工作把此类问题纳入监督范围。

（三）协调行政执法机关在执法过程中出现的矛盾，提高行政管理的效率

国家行政机关在实施法律、法规、规章时，既有明确分工、各负其责的一面，也有互相配合、密切协作的一面。现实中，因执法而产生的矛盾和推诿问题也时常发生，大体上可以分为积极的执法争议和消极的执法争议。前者表现为不同行政执法机关针对同一事项或问题互相争夺管理权，或是各自都在行使管理权，重复执法，造成行政相对人利益的损害；后者表现为有关行政执法机关在某方面的管理上相互推诿，使执法出现"空档"。究其原因，既有行政执法机关对法律、法规和规章理解不同的原因，也有行政执法机关在行政执法活动中相互配合不够等因素。这些问题的存在，会影响法律、法规和规章的正确实施以及行政管理的效率。开展执法监督，就应当把协调执法矛盾作为一项重要工作，以充分发挥政府的综合、协调功能。

（四）调查研究法律、法规和规章以及其他规范性文件存在的问题，并及时加以改进

行政机关在执法工作中出现矛盾或难以实现立法预期目标，有时并不仅是执法工作本身的问题，更是法律规范或执法依据本身难以操作或者脱离现实的问题。其原因既可能是立法之初没有处理妥当而使法律规范存有缺陷，也可能是因为客观实际情况的发展变化而使法律规范无法适应实际需要。如果不及时地对法律规范进行修改或调整，仅靠规范和严肃执法行为本身，显然不能从根本上解决问题。因此，开展行政执法监督工作，注意调查研究法律规范本身所存在的问题，对法律规范的可行性和实际效果进行评价并酌情予以处理和反馈是很有必要的。

五、行政执法监督的主体

行政执法监督关系是国家机关、社会组织和个人在监督行政执法行为过程中，与行政机关及其工作人员之间形成的受行政法律规范调整的权利义务关系。在这种关系中，具有监督者法律地位的国家机关、社会组织和个人被称为监督主体，行政机关及其工作人员等被监督者称为监督对象。

依据监督主体的不同，一般把行政执法监督分为国家的行政执法监督和社会的行政执法监督。在我国的行政执法监督制度中，前者主要包括权力机关监督、行政机关监督和司法机关监督；而后者主要包括纪检监察监督、社会团体和公众监督、新闻媒介监督等。

（一）权力机关监督

人民代表大会是我国的权力机关，在国家机构中处于最高地位，其他国家机关由其产生，向其负责，受其监督。在人民代表大会制度政权组织形式下，人民代表大会是最高类型的监督主体，享有最高的和最广泛的行政执法监督职权。人民代表大会对行政执法的监督一般采用审议和听取工作报告、听取专题汇报、询问了解、执法检查、实地考察、实地视察等方式。在实践中，人民代表大会对行政执法监督比较薄弱。

（二）行政机关监督

在我国,行政机关作为监督主体主要包括上级行政机关监督和审计机关监督两种类型。

1.上级行政机关监督

上级行政机关监督是行政机关内部上下级的纵向监督,是行政机关的内部自我监督,更是一种国家机关自我约束和控制的自力性监督或自律性监督机制。通过行政隶属关系,行政机关内部可以实行自上而下、自下而上的监督。自上而下的行政监督,是上级行政机关及其工作人员按照法定职权,通过听取工作报告,督促工作进展,监察决定命令的执行,进行违纪处理、行政裁决、行政复议等方式,对下级行政机关及其工作人员的行为实施监督。自下而上的行政监督,是下级行政机关及其工作人员,按照民主集中制原则,通过反映情况和问题,提出批评和建议,进行申诉和控诉等方式,对上级行政机关及其工作人员的行为实施的监督。

2.审计机关监督

《宪法》规定,国务院和县级以上地方各级人民政府设立设计机关,《宪法》同时对审计机关的领导体制、工作制度和主要任务作了概括性规定:国务院和地方政府的审计机关设立审计长;国务院审计长是国务院组成人员;审计署在国务院总理领导下,依照法律规定独立行使审计权,不受其他行政机关、社会团体和个人的干涉;地方各级审计机关,依照法律规定独立行使审计权,对本级政府和上一级审计机关负责。根据审计法的规定,审计机关对国务院各部门和地方各级人民政府的财政收支,对国家的财政金融机构和企事业组织的财政收支,进行审计监督。

（三）司法机关监督

我国司法机关包括人民法院和人民检察院。根据《宪法》规定,人民法院依法独立行使审判权,不受行政机关、社会团体和个人干涉。作为行政执法监督主体,人民法院主要是通过行政审判实践对行政机关及其工作人员进行监督。国家先后制定了《行政诉讼法》《国家赔偿法》《行政处罚法》《行政许可法》《行政强制法》等法律,最高人民法院也相继颁发了《最高人民法院关于适用〈中华人民共和国行政诉讼法〉若干问题的解释》《最高人民法院关于审理行政赔偿案件若干问题的规定》和《最高人民法院关于行政诉讼证据若干问题的规定》等司法解释,上述行政法律规范是人民法院监督行政执法的主要依据。

人民检察院是国家的法律监督机关,人民检察院通过行使检察权,对各级国家机关及其工作人员和公民是否遵守宪法和法律实施专门监督,以保障宪法和法律的正确实施,人民检察院是我国整个国家机构体系中的重要组成部分。在行政执法监督中,人民检察院通过检察活动接受群众对行政机关及其工作人员违法执法行为的检举、控告,对人民法院已经发生法律效力的行政判决和裁定,如发现确有错误,按照审判监督程序提出抗诉,人民法院对人民检察院提出抗诉的行政案件应当进行再审。

（四）纪检监察监督

纪律检查委员会是党的机构,是专司监督检查党的机构和党员贯彻执行党的路线、方针、政策的情况,查处违纪党组织和党员的机关。党的各级纪律检查委员会按照党章规定履行职责。

监察委员会的职责是监督、调查、处置。监督是监察委员会的首要职责。

第一,监察委员会代表党和国家,依照宪法、监察法和有关法律法规,监督所有公职人员行使公权力的行为是否正确。

第二,调查公职人员涉嫌职务违法和职务犯罪,是监察委员会的一项经常性工作。

第三,对涉嫌违法违纪人员进行处置。

(五)社会团体和公众监督

在现代社会的行政管理中,对行政执法行为的监督者不仅有行政机关和政党,还有社会团体和公众。社会团体的公众监督主要表现为社会团体和公民个人对行政执法行为的监督。社会团体和公众的监督对行政权力的运行发挥着重要的支持和监督作用。他们的参与水平及监督能力反映了一个国家依法行政的实现程度。

在我国社会团体监督主要是指工会、共青团、妇联、村委会、居委会等各种社会团体对行政机关及其工作人员的行政执法行为进行的检查和督促。社会团体处于国家机关体系之外,代表特定的集团和阶层的经济、政治和社会利益。社会团体监督的方式主要有以下三种。

(1)可以由社会团体以口头或书面形式直接提出询问、要求、批评、建议等。控告和申诉一般向行政机关的上级机关、监察机关或同级国家权力机关提出。

(2)通过信访制度,对各级行政机关及其工作人员进行监督。

(3)可以向报刊、广播、电视等传统媒体反映意见,也可通过网络等现代媒介形式,进行舆论监督。

公民个人监督权是宪法赋予公民监督行政机关及其工作人员的行政执法活动的权利,是公民作为行政管理活动的相对方对抗行政机关及其工作人员违法失职行为的权利。《宪法》第四十一条规定:"中华人民共和国公民对于任何国家机关和国家工作人员,有提出批评和建议的权利;对于任何国家机关和国家工作人员的违法失职行为,有向有关国家机关提出申诉、控告或者检举的权利,但是不得捏造或者歪曲事实进行诬告陷害。"公民个人对行政执法行为的监督,内容非常广泛,任何公民对于行政机关及其工作人员的行政行为都可以提出建议;对于行政机关及其工作人员在行政执法中的错误、缺点和不当之处都可以提出批评;对于各级行政机关及其工作人员的违法失职行为都有检举的权利;因行政机关及其工作人员的违法失职行为,致使公民个人的合法权益受到侵害时,任何公民都可以向有关国家机关提出申诉和控告。对于公民的申诉、控告或检举,有关国家机关必须查清事实、负责处理。对于公民因行政机关及其工作人员的违法行政行为所遭受的损失,有要求活动行政赔偿的权利。

(六)新闻媒介监督

法治的实现要以成熟的公民社会(civil society)为基础,而公民社会的发达程度则表现为民间结社的数量与质量、新闻媒体的独立与多元以及公共领域的出现。新闻媒体在现代公共生活中的地位非常重要,它是实现社会公众知情权的最主要途径,是引发公众讨论形成公共意见的手段,也是市民社会实施法律监督进行权力约束的重要形式。

通过新闻媒体所实施的监督,具有涉及面广、透明度高、反应迅速和影响力大的特点,最能体现社会监督的广泛性、公开性、民主性、效率性的要求。在西方成熟的法治国家,新闻媒体对政治生活和法律实施的影响非常深远,它成为社会公众监督政府和公司的可靠工具,被人们称之为继立法、行政、司法之后的"第四种权力"。在我国的行政执法监督中,新闻媒介监督的地位和作用还是非常有限的,我们应正确认识新闻媒介监督,逐步完善新闻媒介法律体系,发挥新闻媒介在行政执法监督中的作用。

第二节 海事行政执法监督的概念

一、海事行政执法监督的概念

(一)海事执法监督的主要依据

海事执法监督的主要依据《中华人民共和国海事行政执法监督管理规定》(以下简称《海事行政执法监督管理规定》),其中的第一章总则、第二章一般规定、第三章监督内容,是关于海事执法监督的一般性规定。

(二)海事行政执法监督的含义

海事行政监督是海事行政法的一个重要组成部分,对深入研究和推进海事行政监督具有重要的理论意义和实践价值。海事行政监督可以防止和纠正海事行政行为的违法或不当,保护海事行政相对人的合法权益。[①] 然而,在海事法律实务中,尽管存在着与海事机构自身及有关国家机关大量的海事行政监督,如司法监督、执法监督等,但尚未形成统一的法律层面的概念。行政监督是指负有监督职责的国家机关对于行政执法主体实施的行政执法行为,是否符合行政法律规范进行监察和督促,并对违法行为予以纠正的活动。行政权的管理领域广、自由裁量度大、以国家强制力保证行使等特点,决定了它既与行政相对方切身利益密切相关,又容易被滥用,因此,制约和监督权力的核心首先是制约和监督行政权。

海事行政监督是海事行政法的一个重要组成部分。海事行政监督,是指具有法定监督权的主体依据法定的职权、范围和程序对海事机构及其公职人员行使行政权力和遵纪守法行为进行监督的活动。

(三)海事行政监督的特征

1. 监督性质

海事行政执法监督是行政机关内部的自我监督。海事行政执法监督是交通运输部执法监督的组成部分,也是海事执法机构的专门职能监督。海事行政执法监督是常规化、制度化的行政执法监督活动。

---

① 罗豪才主编《行政法学》(修订版),中国政法大学出版社,1999,第331页

2. 监督主体

行政监督的主体是具有法定监督权的主体。海事行政监督的监督主体包括广义和狭义。广义主要是指国家权力机关、监察机关、司法机关,狭义主要是指负责领导组织与实施海事执法监督工作的上级海事机构、海事机构内设监察、审计部门。

3. 监督对象

海事行政的监督对象是海事机构及其公职人员。海事行政监督的对象是各级海事管理机构及其公职人员。目前,我国海事机构包括四级,分别是交通运输部海事局(中华人民共和国海事局)、直属海事局、分支海事局、海事处。以上四级海事机构及其公职人员都是监督的对象。

4. 监督内容

行政监督的内容是行政机关及其公职人员行使职权的行为。海事行政监督的内容是海事机构及其公职人员行使职权的活动,其中主要是海事行政行为,但又不局限于海事行政行为,还包括海事行政行为之外的海事事实行为、准行政行为等其他行使海事行政职权的行为。海事机构及其公职人员的民事行为、个人非职务行为不属于监督的范围。海事行政执法监督的概念分为广义和狭义。广义是指国家和社会为了保证海事行政机关及其工作人员正确贯彻和实施法律法规,对海事行政执法活动进行的检查、督促,并对违法活动进行检举、矫正的行为的总称。狭义是指负有监督职责的海事管理机构对于海事行政执法主体实施的行政执法行为,是否符合行政法律规范进行监察和督促并对违法行为予以纠正的活动。主要包括上级海事管理机构对下级海事管理机构及其工作人员、同级海事管理机构之间不同部门履行职责的检查和督促。

二、海事行政执法监督与相关概念的区别

(一)海事行政执法监督与行政复议的区别

海事行政执法监督与行政复议有相同之处,也有不同之处。本书的行政复议,是指海事行政执法的相对人对海事机构的处理或者处罚决定不服而依法提出的申诉,由上级海事执法机构重新处理,专指海事行政复议。海事行政执法监督与行政复议的相同之处,主要为二者都是海事机构开展的监督,实施监督的机构都是海事行政机构,目的都是纠正错误执法行为。

海事行政执法监督与行政复议的主要不同是,适用的法律规范、启动的程序与处理结果不同。海事行政执法监督,适用的法律规范是交通运输部、中华人民共和国海事局的有关执法监督的规定。行政复议适用的法律规定主要是《中华人民共和国行政复议法》(以下简称《行政复议法》)。在监督程序方面,海事行政执法监督是由海事行政执法机构主动启动的,针对所属海事执法部门与人员的监督。行政复议则是由行政相对人启动的。相对人没有启动的,行政复议机构不主动开展行政复议。在处理结果方面,海事行政执法监督的处理结果主要是对有关机构与人员的内部通报批评。行政复议的处理结果是法律规定的,主要为撤销原行政决定、维持原行政决定。

(二)海事行政执法监督与海事执法督察的区别

海事行政执法监督与海事执法督察十分相似。二者的主要区别为:海事行政执法监督范围比较全面,包括海事执法督察;海事执法督察是海事行政执法监督的一种形式或者种类,也是海事行政执法监督的主要表现。但不能以海事执法督察代替海事行政执法监督。

(三)海事行政监督与海事行政检查的区别

1. 主体

海事行政监督的主体有国家权力机关、监察机关、司法机关(人民法院与人民检察院)、上级海事机构及海事机构内部监察、审计部门;海事行政检查行为的主体只能是海事机构。

2. 对象

海事行政监督的对象是海事机构及其公职人员;海事行政检查行为的对象则是海事行政相对人,如船公司、船舶或船员。监督对象的不同是二者的本质区别。海事行政检查的主体在监督海事行政法律关系中是被监督的对象。

3. 行为内容

海事行政监督主要是对海事机构行为的合法性与合理性及其公职人员遵纪守法情况的监督;海事行政检查主要是对海事行政相对人遵守法律、法规情况的监督检查。

4. 行为方式

海事行政监督主要采取监督主体审查、调查、质询、行政监察、审计、司法审查等方式;海事行政检查主要采取询问、登记、查验、鉴定等方式。

三、海事行政监督的必要性

海事机构作为我国行政执法体系的一个重要组成部分,依法行使《海上交通安全法》《内河交通安全管理条例》等法律法规所授予的行政执法权及制定海事行政规范性文件的权力。要实现海事依法行政、建设法治海事就必须加强和完善对海事行政权的监督。

(一)海事行政执法存在执法越位或缺位的风险

在我国的海事行政执法体制中,各执法主体条块分割、各自为政、职能交叉,这种混乱的执法体制被人们所诟病。在实务中,由于职权划分的模糊及存在交叉,各执法主体基于利益的驱动,存在着利益竞相管和责任相互推的情况。通过对海事行政行为的监督,可以纠正执法的越位或缺位。

(二)海事行政权力扩张导致权力滥用

社会发展及航运市场繁荣使得船舶流量不断增大,人本理念使人们对安全更为关注,面对日益复杂的航运形势和更高标准的航运服务要求,迫使海事管理的触角不断延伸。在海事立法不够完善的情况下,海事机构只能将行政规范性文件作为执法依据。然而,这种依据规范性文件的"自我授权",不符合法律保留的行政法治原则。所以,应当加强对海事行政行为的监督,确保海事行政权力的渊源合法,避免权力滥用。

(三)海事行政权力行使亟待规范

航运经济是一个国家的命脉,世界上 80%的国际贸易均靠船舶运输来完成。海事行政管理的主要对象是船东及其船舶,一旦海事机构作出错误的行政决定或行政指导,可能会给船东造成巨大的经济损失。例如,海事机构认为天气状况不符合靠泊条件,作出了禁止船舶靠泊的决定,而实际上这种认定缺乏必要的法定或科学依据;再如,海事机构执法人员禁止船舶夜间进行明火作业对货物进行系固,而禁止夜间明火作业完全没有法律依据,只是执法人员出于安全考虑的个人主观判断。这些不合理的行政管理均会给船方带来巨大的损失。

(四)海事行政权的涉外性可能导致国际责任

海事行政的相对方相当多的是外国籍船东或船舶,一旦权力行使不当,会引发消极的对外影响,甚至引发国际责任。比较典型的涉外管理事项如港口国监督(Port state control, PSC),在港口国监督检查中,如果发现船舶存在严重缺陷,可能会导致船舶被滞留,会对该船造成严重的声誉及经济损失,船东及船舶对此十分重视。如果海事机构作出的滞留措施缺少依据,那么在随后可能发生的行政复议、诉讼中处于不利境地。甚至有的国家会发出外交照会,在实践中多次出现过朝鲜籍货船因被滞留而引发的外交行为。同时根据国际法原理,如果一国船舶的合法权益被别国侵害,在穷尽当地国救济途径时,可以由船旗国向当地国要求承担国家责任。加强和完善海事行政监督,确保海事行政执法行为的规范行使,对于充分发挥海事机构在我国航运经济发展中的作用,以及保障海上运输安全具有重大意义。

第三节　海事行政监督的类型

海事行政监督的类型可以分为以下两类。

(1)海事行政管理机构系统内的监督,如上级海事行政管理机构对下级海事行政管理机构的监督(执法监督实施的日常工作由海事行政管理机构的法制部门负责)、内设监察部门的监督等。

(2)其他国家机关对海事行政主体的监督,主要是指:

①国家权力机关的监督,即全国人民代表大会及其常委会和地方各级人民代表大会及其常委会的监督;

②监察机关的监督,即全国及各级监察委员会的监督;

③司法机关的监督,包括审判机关的监督和检察机关的监督等。

其中海事行政管理机构的内部监督可以分为海事行政管理机构的层级监督,如海事行政复议、报批、备案等制度。

一、海事行政监督的内部监督

(一)海事行政内部监督的概念

海事行政内部监督是指上级海事行政机构对下级海事行政机构的法律监督以及海事行政机构内部设立的专门监督机关对海事行政机构及其公职人员所进行的监察和督促。海事行政内部监督是海事行政监督的重要组成部分,其与外部监督相比,具有广泛性、及时性、隶属性、局限性的特点。① 海事行政内部监督,从监督的内容和组织形式上可分为一般监督与专门监督。一般监督即海事执法监督,是上级海事行政机构对下级海事行政机构的监督;专门监督是指海事行政机构内设的审计部门对特定范围内的事项进行的监督。

海事系统由于其不同于其他行政部门的管理体制,使其内部监督体制具有自身的特点。全国海事系统分为两类:直属海事系统和地方海事系统。直属海事系统属于交通运输部直属机构,实施垂直管理;地方海事系统属于地方政府管理,业务受交通运输部海事局指导。在内部监督体制上,地方海事系统除受海事系统内部监督之外,还受地方政府法制、监察、审计等部门的监督。而直属海事系统只受本系统内上级机构及内设部门的监督。从监督海事行政的内容来说,在层级监督上两者基本相同,都是依据中华人民共和国海事局的执法监督规定执行;在专门监督上,两者监督体制不同,但内容基本相同。从海事行政监督的重点来看,直属海事系统的管辖区域和业务量远远大于地方海事系统,是整个海事行政监督的重点。所以,在本部分关于内部海事行政监督的论述中,特指直属海事系统内上级对下级的层级监督及海事系统内设监察、审计部门的监督。

(二)海事行政内部监督的特点

1. 海事执法监督的内容涵盖所有的海事执法业务,是对海事业务的直接监督

海事管理机构作为我国的一个行政执法部门,其社会管理功能的实现主要依靠对外行政执法来完成。作好执法工作是执法部门的主要任务和工作目标,而对执法进行监督是完成这一任务和目标的根本保障。海事执法监督是直接针对海事执法业务的监督,是保障海事法律法规正确实施,促进海事机构及其执法人员依法行政水平的重要途径。

2. 海事执法监督是上级对下级的直接监督,是最具实效性与专业性的监督

一方面,海事执法监督性质上属于层级监督,是由上级海事机构的法制部门组织的以上级海事机构的名义实施的对执法行为的监督,其专业性与实效性不言而喻。另一方面,监督的结果直接决定了被监督海事机构的业绩考评和被监督执法人员的执法资质,对于被监督机构和人员来说具有较大影响。

3. 海事执法监督是一种全方位的监督,具有事前预防、事中监督、事后纠偏的功能

与外部监督主要是事后监督不同,海事执法监督体现在事前、事中、事后三个环节全方位地对执法行为进行的监督。在海事执法监督过程中,被发现存在问题的海事管理机构或部门应当及时整改,制定纠正或预防措施;发现适用法律、法规、规章错误,违反法定程序,

---

① 应松年主编《行政法与行政诉讼法》,法律出版社,2005,第409页。

超越职权或者滥用职权等情形的,应当责令限期改正或作出撤销、变更行政执法行为或者确认行政执法行为违法的决定;对应当实施责任追究的,按照相关规定实施责任追究。

(三)海事执法监督的内容

1. 监督对象

海事执法监督依据监督对象的不同可以分为:

①对抽象海事行政行为的监督;

②对具体行政行为的监督及对执法风纪情况的监督。

2. 监督项目

依据监督项目的不同,可以分为对下列项目的监督:

①海事规范性文件的制定情况;

②法律、法规、规章、规范性文件及对我国生效的国际条约的实施情况;

③海事管理机构的行政执法主体资格;

④执法人员的行政执法资格、条件及管理情况;

⑤海事行政许可、行政确认、行政报备、行政处罚、行政强制、行政检查、行政调查、行政征收等具体海事行政执法行为的实施情况;

⑥海事行政复议以及行政应诉情况;

⑦罚缴分离制度的执行和罚没财物的管理与处置情况;

⑧上级海事管理机构作出的行政执法相关决定、命令的执行情况;

⑨海事管理机构职责分解和执法人员岗位职责落实情况;

⑩海事行政执法政务公开工作开展情况;

⑪执法风纪遵守情况等。

二、海事行政监督的外部监督

海事行政外部监督,是指海事机构以外的监督主体实施的对海事机构及其公职人员职权活动所进行的监督行为。在我国,外部监督主体主要包括权力机关、监察机关、司法机关。权力机关即全国人民代表大会和地方各级人民代表大会及其常务委员会;监察机关即国家监察委员会及地方各级监察委员会;司法机关即人民法院与人民检察院。

(一)权力机关的监督

我国的权力机关是由全国人民代表大会和地方各级人民代表大会及其常务委员会组成的。根据《宪法》的规定,行政机关由人民代表大会产生,是权力机关的执行机关,对它负责,受它监督。权力机关的监督,是指作为国家权力机关的各级人民代表大会及县级以上人民代表大会常务委员会对行政主体及其公务员行使行政权、履行行政职责的情况所进行的监督。① 我国权力机关对行政机关及其公务员的监督,是根据《宪法》的授权进行的。权力机关对行政机关及其公务员的行政行为的监督,在行政法体系中处于非常重要的地位。

---

① 叶必丰:《行政法与行政诉讼法》,中国人民大学出版社,2003,第220、221页。

权力机关是由人民选举的代表组成的,它代表人民的意愿行使对行政机关的监督权。行政机关及其公务员接受权力机关的监督,实质上是接受人民的监督,是人民主权原则的具体体现。

在海事行政监督中,权力机关对海事机构的监督主要通过间接监督的方式实现,主要体现在以下两个方面。

1. 对重大海事行政行为的监督

权力机关按照宪法和有关组织法的授权,有对行政机关及其公务员是否依法行使职权进行监督的权力。但是,权力机关对行政行为的监督一般都是宏观上的、带有全局影响作用的重大行政行为。例如,重大的海难事故调查处理、重大船舶污染事故处理等。

2. 对海事法规、规章、决定和命令的监督

《宪法》第六十七条第七款规定:"全国人民代表大会常务委员会有权撤销国务院制定的同宪法、法律相抵触的行政法规、决定和命令。"《中华人民共和国地方各级人民代表大会和地方各级人民政府组织法》第十一条第十一款规定:"县级以上地方各级人民代表大会有权撤销本级人民政府的不适当的决定和命令。"虽然各级海事管理机构尚不具备行政立法权,但是海事行政法规、规章(包括部门规章和地方政府规章)都是由海事机构起草并最终实施,权力机关通过对海事行政法规、规章及决定和命令的监督并行使相应的撤销权,对于海事机构来说十分关键。

(2)监察机关的监督

《宪法》第一百二十三条规定:"中华人民共和国各级监察委员会是国家的监察机关。"《宪法》第一百二十七条规定:"监察委员会依照法律规定独立行使监察权,不受行政机关、社会团体和个人的干涉。监察机关办理职务违法和职务犯罪案件,应当与审判机关、检察机关、执法部门互相配合,互相制约。"2018 年《中华人民共和国监察法》(以下简称《监察法》)对监察机关的监察范围和管辖、监察权限和监察程序等作了规定。2024 年《中华人民共和国监察法实施条例》(以下简称《监察法实施条件》)进一步细化了监察机关的职责、监察范围和管辖、监察权限和监察程序。

1. 地位和性质

为了深化国家监察体制改革,加强对所有行使公权力的公职人员的监督,实现国家监察全面覆盖,深入开展反腐败工作,推进国家治理体系和治理能力现代化,我国进行了国家机构改革,成立监察委员会。《监察法》第三条规定:"各级监察委员会是行使国家监察职能的专责机关,依法对所有行使公权力的公职人员进行监察,调查职务违法和职务犯罪,开展廉政建设和反腐败工作,维护宪法和法律的尊严。"《监察法》第四条规定:"监察委员会依照法律规定独立行使监察权,不受行政机关、社会团体和个人的干涉。监察机关办理职务违法和职务犯罪案件,应当与审判机关、检察机关、执法部门互相配合,互相制约。监察机关在工作中需要协助的,有关机关和单位应当根据监察机关的要求依法予以协助。"

2. 监察职责

《监察法》第十一条规定,监察委员会依照本法和有关法律规定履行监督、调查、处置职责:

(1)对公职人员开展廉政教育,对其依法履职、秉公用权、廉洁从政从业以及道德操守情况进行监督检查;

（2）对涉嫌贪污贿赂、滥用职权、玩忽职守、权力寻租、利益输送、徇私舞弊以及浪费国家资财等职务违法和职务犯罪进行调查；

（3）对违法的公职人员依法作出政务处分决定；对履行职责不力、失职失责的领导人员进行问责；对涉嫌职务犯罪的，将调查结果移送人民检察院依法审查、提起公诉；向监察对象所在单位提出监察建议。

《中华人同共和国监察法实施条例》（以下简称《监察法实施条例》）第十四条规定："监察机关依法履行监察监督职责，对公职人员政治品行、行使公权力和道德操守情况进行监督检查，督促有关机关、单位加强对所属公职人员的教育、管理、监督。"《监察法实施条例》第二十二条规定："监察机关依法履行监察调查职责，依据《监察法》《中华人民共和国公职人员政务处分法》和《中华人民共和国刑法》等规定对职务违法和职务犯罪进行调查。"《监察法实施条例》第三十四条规定："监察机关在追究违法的公职人员直接责任的同时，依法对履行职责不力、失职失责，造成严重后果或者恶劣影响的领导人员予以问责。监察机关应当组成调查组依法开展问责调查。调查结果后经集体对形成调查报告，需要进行问责的按照管理权限作出问责决定，或者向有权作出问责决定的机关单位书面提出问责建议。"《监察法实施条例》第三十五条规定："监察机关对涉嫌职务犯罪的人员，经调查认为犯罪事实清楚，证据确实、充分，需要追究刑事责任的，依法移送人民检察院审查起诉。"《监察法实施条例》第三十六条规定："监察机关根据监督、调查结果，发现监察对象所在单位在廉政建设、权力制约、监督管理、制度执行以及履行职责等方面存在问题需要整改纠正的，依法提出监察建议。"

3. 监察权限

《监察法实施条例》第五十四条规定："监察机关应当加强监督执法调查工作规范化建设，严格按规定对监察措施进行审批和监管，依照法定的范围、程序和期限采取相关措施，出具、送达法律文书。"《监察法实施条例》第五十五条规定："监察机关在初步核实中，可以依法采取谈话、询问、查询、调取、勘验检查、鉴定措施；立案后可以采取讯问、留置、冻结、搜查、查封、扣押、通缉措施。开展问责调查，根据具体情况可以依法采取相关监察措施。"

监察机关在海事行政外部监督中发挥重要作用，通过制度设计，补上过去海事行政外部监督存在的短板，实现对所有行使公权力的海事行政执法人员监察全覆盖，真正把所有公权力都关进制度笼子，体现依规治党与依法治国、党内监督与国家监察有机统一。

（三）司法机关的监督

1. 司法机关监督的概念和特征

建立一个权力、组织、行为都受法律约束的政府，必须解决三个问题，即政府的权力义务必须是法定的；政府必须依照法定程序行使权力、履行义务；建立健全监督制约机制。监督制约制度的建立健全是前两个方面的重要保障。虽然监督制约的方式、手段和渠道有许多方面，但司法监督是其中一种十分重要而且不可替代的手段。

司法机关的监督又称司法监督，就是以司法机关作为监督主体的监督，是指人民法院和人民检察院依法对行政机关及其公务人员的行政行为进行审判活动和检察监督活动。一般认为，我国的司法机关包括人民法院和人民检察院，因此，司法监督是指人民法院和人民检察院依法对海事机构及其公职人员的行政行为进行审判、检察的活动。

司法监督一方面是指司法机关对政府行政行为的合法性与否进行审查,确保政府依法行政的权力监督制度;另一方面,检察机关对国家机关工作人员渎职失职行为进行查处。由于司法权的终局性和强制性,司法监督成为制约政府权力最具权威、最为有效的形式。一个权威而有效的司法监督制度是确保政府依法行政,构建法治政府的重要保障。司法监督具有以下三个特征。

(1)监督主体是各级审判机关和检察机关

在我国依法享有司法权的是人民法院和人民检察院,它们由人民代表大会产生,并对其负责。作为监督主体的审判机关、检察机关对行政机关及其公务员所实施的监督,是基于国家对权力的配置,为防止行政机关专权和腐败而设置的权力制约措施。

(2)监督对象是海事机构及其公职人员的特定行为

人民法院和人民检察院承担着广泛的司法职能,但在海事行政监督体系中,它们所监督的对象只是特定对象的特定行为,即必须是海事机构及其公职人员行使职权的行为,而且只能是监督一部分与职权有关的行为。如在海事行政诉讼中,人民法院只能就具体行政行为的合法性进行审查,作出裁判。

(3)监督适用司法程序

人民法院与人民检察院在海事行政监督中采用专有的审判和检察手段,具体适用诉讼程序,这与权力机关监督适用的程序以及海事执法监督程序、海事行政复议程序、海事行政监察程序、海事审计监督程序相区别。

2.司法监督的形式

(1)审判监督

审判监督即审判机关的监督,是指人民法院依法对海事机构及其公职人员的海事行政行为实施的监督。审判机关的监督在不同国家有不同的称谓,大陆法系国家多称"行政诉讼",而英美法系很多国家则称为"司法审查"或"司法复审"。不同国家审判机关对行政机关监督的理念和制度都有很大的不同。以美国为代表,日本、菲律宾、墨西哥等国都以普通法院为司法审查机关,而大陆法系国家一般都由独立的行政法院系统负责审查行政案件。我国是在各级人民法院内设行政审判庭的形式专职负责行政诉讼。

审判监督具有以下特征:

①监督主体是人民法院;

②审判监督是一种事后监督,即审判监督是在海事机构及其公职人员的行为正式作出后的监督;

③审判监督是消极的、被动的监督,即不告不理,只有当事人起诉,才会进入监督程序;

④监督权是有限的,一般仅限于对具体海事行政行为的监督;

⑤监督程序是司法程序,由行政诉讼法调整。

(2)检察监督

检察监督是指检察机关通过行使检察权对海事机构及其公职人员违法犯罪的海事行政行为的监督。从世界范围看,各国检察机关的性质和职能具有较大的差异。一些大陆法系国家,如德国《行政法院法》规定检察官可以作为公益代表人参加行政诉讼以维护公共利益。而以苏联为代表的社会主义国家,基于列宁的法律监督思想建构的检察机关,普遍享有"一般监督权",即有权对所有行政机关及其公职人员发布的文件、作出行为的合法性进行监督。苏联解体后,取消了一般监督权,但 1999 年的《俄罗斯联邦检察院组织法》仍规定,当侵犯公民人权和自由的行为具有行政违法性质时,检察员应对其作出行政违法立案,或尽快把违法情况通知审理机关或公务人员。①

人民检察院是国家的法律监督机关,人民检察院通过行使检察权,对各级国家机关及其工作人员和公民是否遵守宪法和法律实施专门监督,以保障宪法和法律的正确实施,人民检察院是我国整个国家机构体系中的重要组成部分。在行政执法监督中,人民检察院通过检察活动接受群众对行政机关及其工作人员违法执法行为的检举、控告,对人民法院已经发生法律效力的行政判决和裁定,如发现确有错误,按照审判监督程序提出抗诉,人民法院对人民检察院提出抗诉的行政案件应当进行再审。

在海事行政监督中,人民检察院作为法律监督机关,通过抗诉引起海事行政诉讼再审程序,能有效地发现人民法院在海事行政诉讼审判中的错误,并纠正已发生法律效力的错误判决,从而保护海事行政相对人的合法权益以及海事机构的依法行政。

第四节 海事行政执法监督的内容

一、海事行政执法监督的宗旨与原则

(一)海事行政执法监督的宗旨

根据《海事行政执法监督管理规定》的规定,海事行政执法监督的宗旨是:为规范海事行政执法行为,促进海事管理机构及其执法人员依法行政,提高海事行政执法水平,保障相关法律、法规、规章和规范性文件的全面、正确和有效实施,落实行政执法责任。

1. 海事行政执法监督是为了促进依法行政,规范行政执法行为,提高海事行政执法水平

海事行政执法监督的本质,是通过维护海事行政机关及其工作人员的正常活动,维护海事行政机关和海事行政相对人的法律关系,维护国家和社会利益以及公民的合法权益。对依法行政的执法监督问题进行规范,是全面推进依法行政的当务之急。建立海事行政执法的监督制约机制,明确监督主体的职权范围、程序和责任,是海事依法行政的重要保障。

2. 海事行政执法监督是为了正确实施和执行法律法规、规章、规范性文件

"严格执法,依法行政"是建设社会主义法治国家的重要内容,又是建设社会主义现代化海事的主要标准。海事行政执法监督是依法规范和制约海事执法人员的权力,确保海事行政执法权力按照法律的规定去行使,是纠正执法中存在的有法不依、执法不严、违法不究,甚至徇私枉法问题的重要措施。其目的在于通过对其进行执法监督,制约海事执法人员的执法行为,迫使其按照"依法行政"的要求实施自己的执法行为,防止越权违法;对在执法过程中业已造成的不正当的行政行为进行纠正,并以此为鉴,防止类似的事情再度发生。

---

① 应松年主编《行政法与行政诉讼法》,法律出版社,2005,第407页。

3.海事行政执法监督是为了明确和落实行政执法责任

制度建设带有根本性、全局性、稳定性和长期性的特点。制度的严肃性、权威性来源于这种惩处以责任追究，这是制度具有威慑力的原因所在。建立和完善海事行政监督制度，对于在监督中发现的行政执法行为进行纠正并对违法实施行政行为、滥用行政权力等进行责任追究，可以使海事各级行政人员严格履行职责，依法实施和贯彻法律法规、规章和规范性文件，慎用党和人民赋予的权力，可以促使海事各级领导干部在履行决策权力时增强责任心，正确谨慎地使用决策权，尽量避免决策失误，减少损失。

(二)海事行政执法监督的原则

根据《海事行政执法监督管理规定》第三条规定："海事行政执法监督应当遵循客观、公正和有错必纠的原则，实行教育与惩处相结合、监督检查与改进完善相结合，保障各级海事管理机构及其执法人员严格依法行政，维护公民、法人和其他组织的合法权益。"

1.遵循客观、公正和有错必纠的原则

客观原则指的是指，海事行政执法监督应忠于客观事实，实事求是地对行政执法行为进行检查、督促，切忌主观臆断。"公正"按照《现代汉语词典》的解释，指的是公平正直，没有偏私。公正原则指的是，海事行政执法监督应体现公平、平等，对被监督主体应给予平等的机会，评价和处理应符合正当程序。

有错必纠原则指的是海事行政执法监督过程中，监督主体对监督对象行使行政职权、实施法律法规、规章、规范性文件的行政行为，发现其存在错误，应立即指明并要求其纠正的原则。这是我党实事求是，有错必纠路线方针在行政执法监督中的具体体现。

2.教育与惩处相结合的原则

教育与惩处相结合原则是海事行政执法监督机关开展工作必须遵循的一项基本原则，它是指行政执法监督机关在开展执法监督工作中不仅要严肃查处监督对象的违反行政纪律的行为，还要立足于教育，着眼于提高思想和政治素质，把惩处和防范，治标与治本有机地结合起来。

3.监督检查与改进完善相结合原则

监督检查与改进工作相结合，也是海事行政执法监督机关的一项重要工作原则。主要是指执法监督机关在开展工作中不仅要对监督对象的行政行为进行监督检查，发现监督对象工作中的缺点、错误和不足，而且要针对在监督检查中发现问题，向监督对象提出监督建议或工作建议，促使和督促其改进工作。《海事行政执法监督管理规定》第十条规定："在海事行政执法监督过程中，被发现存在问题的海事管理机构或部门应当及时整改，制定纠正或预防措施，并由相关部门进行验证。"行政执法监督工作的性质决定了监督机关必须把监督检查与改进工作结合起来，既要发现和揭露行政管理中的问题和不廉洁现象，惩处违反行政纪律的行为，还要注意研究解决行政管理中的问题和减少不廉洁现象发生的对策，提出改进工作和预防腐败现象发生的建设和措施，以达到防患于未然，改进工作，建立和健全规章制度，实现勤政廉政的目的。

4.保障依法行政，维护相对人合法权益原则

海事行政执法监督应坚持以规范行政机关依法履行法律法规赋予的职责，正确行使法律法规赋予的行政职权，依法行政为着眼点。通过对权力行使的约束和限制，保障行政相

对人的合法权益和利益。这是依法行政的首要要求,也是依法行政的最终目标。

二、海事行政执法监督的内容

(一)海事行政执法监督的主要内容

海事执法监督的主要内容,是指在海事执法监督中普遍适用于各种监督活动的一般性的监督内容。海事执法监督的具体内容,因执法监督的种类与方式的不同,而有所不同。例如,海事执法督察与海事案卷评查,都是海事行政执法监督的基本方式,但是在监督的内容上,海事执法督察的内容有"着装不符合规定",而海事执法案卷评查的内容则不包括"着装不符合规定"。

根据《海事行政执法监督管理规定》第十五条规定,海事行政执法监督的主要内容:

(1)海事规范性文件的制定情况;

(2)法律、法规、规章、规范性文件及对我国生效的国际条约的实施情况;

(3)海事管理机构的行政执法主体资格;

(4)执法人员的行政执法资格、条件及管理情况;

(5)海事行政许可、行政确认、行政报备、行政处罚、行政强制、行政检查、行政调查、行政征收等具体海事行政执法行为的实施情况;

(6)海事行政复议以及行政应诉情况;

(7)罚缴分离制度的执行和罚没财物的管理与处置情况;

(8)上级海事管理机构作出的行政执法相关决定、命令的执行情况;

(9)海事管理机构职责分解和执法人员岗位职责落实情况;

(10)海事行政执法政务公开工作开展情况;

(11)执法风纪遵守情况;

(12)其他应当监督的事项。

(二)海事执法督察的主要内容

海事执法监督的特定内容,是指在海事执法督察、海事执法案卷评查、海事执法考评的具体海事执法监督活动中,各种执法监督活动所监督的内容。执法监督的种类不同,执法监督的内容有所不同。

《海事行政执法监督管理规定》第二条规定:"本规定适用于对各级海事管理机构及其执法人员依法履责和遵守执法风纪等情况实施的监督活动。"《中华人民共和国海事局海事行政执法督察管理办法》(以下简称《海事行政执法督察管理办法》)第二条规定:"本办法适用于海事管理机构对本级或下级海事管理机构及其执法人员依法履行职责、行使职权和遵守执法风纪情况的监督以及对督察人员的管理。"

海事行政执法督察的事项主要是,监督海事规范性文件的制定情况以及法律、法规、规章、规范性文件及对我国生效的国际条约的实施情况,具体海事行政执法行为的履行情况、海事行政复议和行政应诉、海事管理机构和执法人员资格、上级机关决定、命令、政务公开、执法风纪等情况等。

(三)案卷评查的主要内容

根据《海事行政执法监督管理规定》第四十七条规定,实施海事行政执法案卷评查时,主要对具体案卷的以下内容评议与审查:

(1)执法过程中收集的证据材料是否齐全、充分,是否满足法定形式和要求;

(2)执法过程中认定事实和适用法律、法规、规章是否正确;

(3)执法程序是否合法;

(4)执法时限是否合法;

(5)执法文书格式是否正确,内容是否完整;

(6)执法案卷整理是否满足规定要求。

(四)海事执法考评的内容

根据《海事行政执法监督管理规定》第五十四条规定,各级海事管理机构对所属单位、执法部门和执法人员进行考评,应当包括下列内容:

(1)秉公执法、文明执法情况;

(2)行政许可、行政确认、行政报备情况;

(3)行政处罚实施情况;

(4)采取行政强制措施情况;

(5)行政检查、行政调查、行政征收等情况;

(6)对行政执法行为提出行政复议、行政赔偿、行政诉讼情况;

(7)其他需要考评的内容。

三、海事行政执法监督的方式

(一)海事行政执法监督方式辨析

从海事执法监督的方式上,可以把海事执法监督分为海事行政执法督察、案卷评查、执法考评和责任追究。《海事行政执法监督管理规定》第八条规定:"各级海事管理机构的法制部门按照本规定组织实施海事行政执法督察、案卷评查、执法考评和责任追究等工作。"

1. 海事行政执法监督与社会监督的不同

海事行政执法监督,是海事机构开展的内部行政执法监督,是行政机关的自身监督。社会监督是社会各界以各种方式,对行政机关的执法活动进行的广泛的监督。海事行政执法监督与社会监督,目的都是促进行政机关依法行政。

2. 海事行政执法督察、案卷评查、执法考评和责任追究的主要不同

海事行政执法督察、案卷评查、执法考评和责任追究,都属于海事机构的内部监督。

海事执法督察,是由具体海事执法督察资格的海事机构监督人员对海事执法活动的内容比较全面的监督。海事执法督察,可以为定期督察与不定期督察。海事督察的对象与事项,可以为对海事执法机构与执法人员的督察。海事执法督察,可以采取询问执法人员、案卷评查等方式。海事执法督察的结果,可以作为海事执法考评的依据。

海事案卷评查,是对海事行政处罚、海事行政许可、海事行政强制等海事行政执法案卷

进行的专项执法监督。海事案卷评查,在形式上表现为以审查海事执法案卷为主的监督。

海事执法考评,是对海事执法机构与海事执法人员进行的年度常规执法工作的综合全面的考核评价。

海事执法责任追究,是对海事执法工作中出现的由于执法人员违法行政或者主观上的故意或过失造成的错案,追究执法人员的责任。

(二)海事行政执法监督的具体方式

《海事行政执法监督管理规定》第八条规定:"各级海事管理机构的法制部门按照本规定组织实施海事行政执法督察、案卷评查、执法考评和责任追究等工作。"第九条规定:"各级海事管理机构的业务部门根据工作需要对其主管的海事行政执法工作开展职能监督。"

据此,目前我国海事行政执法监督主要采取两种形式:其一,由各级海事管理机构的法制部门组织实施的海事行政执法的专门监督;其二,由各级海事管理机构的业务部门根据工作需要对其主管的海事行政执法工作开展的职能监督。其中,专门监督主要包括四种形式:海事行政执法督察、案卷评查、执法考评和责任追究。

《海事行政执法督察管理办法》对海事行政执法督察制度进行了全面规定,其中第十条规定:"中华人民共和国海事局成立海事行政执法督察委员会,实行督察长负责制,对中华人民共和国海事局常务副局长负责并报告工作,督察长由中华人民共和国海事局分管督查工作的局领导担任。督察委员会由督查部门、业务部门、人事组织部门、纪检监察部门主要负责人组成,领导全国海事行政执法督察工作。各直属海事局和省级地方海事局参照本办法,成立相应的海事行政执法督察委员会,领导本单位的海事行政执法督察工作,督察长由本级海事管理机构行政首长担任。"

因此,目前我国海事行政管理机关成立了海事行政督察委员会作为海事行政执法监督的专门机构,负责海事行政执法督察工作。

第五节　海事行政执法监督的基本措施与程序

一、海事行政执法监督的基本措施

(一)海事执法监督的领导管理机构及其职责

海事执法监督的领导管理机构是中国海事局及其直属局以及地方各级海事机构。海事执法监督的具体实施工作由海事局的法制部门负责。《海事行政执法监督管理规定》第四条规定:"中华人民共和国海事局统一管理全国海事系统的行政执法监督工作。各级海事管理机构负责所属海事管理机构行政执法监督的实施。各级海事管理机构法制部门负责行政执法监督的组织实施。"

海事执法监督管理机构的主要职责是全面负责领导管理所属海事管理机构、部门、执法人员的执法监督工作。包括:组织实施本机构的各执法部门及执法人员的海事执法监督工作,监督检查所属下级海事机构的执法监督工作。在执法监督工作中,海事机构应当建立健全各项行政执法监督工作制度,为执法监督工作提供必要的保障,提高工作效率。《海事行政执法监督管理规定》第五条规定:"各级海事管理机构应当建立健全各项行政执法监督工作制度,充分利用信息化手段,提高工作效率。"《海事行政执法监督管理规定》第六条规定:"各级海事管理机构应当为行政执法监督活动提供必要的经费保障,配备必要的交通、通信、取证等设备和工具。"

(二)海事管理机构在执法监督中采取的措施

海事执法监督管理机构在海事执法监督管理工作中,对于发现的执法问题应当及时处理。不同的海事执法监督机构在执法监督过程中所采取的措施有所不同。

海事执法监督机构对于执法监督中发现的本机构所属部门以及执法人员存在的执法问题,应当采取及时整改、制定纠正或预防措施。《海事行政执法监督管理规定》第十条规定:"在海事行政执法监督过程中,被发现存在问题的海事管理机构或部门应当及时整改,制定纠正或预防措施,并由相关部门进行验证。"

海事执法监督机构在执法监督中发现的所属下级海事机构以及执法人员在执法过程中存在的问题,应当采取的措施有责令限期改正,或者作出撤销、变更行政执法行为或者确认行政执法行为违法,责令重新作出具体行政执法行为的决定。《海事行政执法监督管理规定》第十一条规定,各级海事管理机构在执法监督过程中发现下列情形之一的,应当责令限期改正;逾期不改的,应当作出撤销、变更行政执法行为或者确认行政执法行为违法,以及责令重新作出具体行政执法行为的决定:

(1)认定的依据不足、材料不全;

(2)适用法律、法规、规章错误;

(3)违反法定程序;

(4)超越职权或者滥用职权;

(5)行政执法行为明显不当;

(6)法律、法规、规章规定的其他情形。

对应当实施责任追究的,按照本规定实施责任追究。

二、海事行政执法监督的基本程序

(一)海事行政执法监督的基本程序

海事行政执法监督工作的基本程序,在《海事行政执法监督管理规定》中没有作一般性的规定,在具体的海事执法监督工作中有一定的规定。

海事执法监督工作的基本程序为:建立组织领导机制,确定执法监督的工作方案与分工,确定被监督的执法部门与执法人员,确定采取执法督察、案卷评查、执法考评、责任追究等具体的监督方式,对执法部门与执法人员进行实地执法监督检查,对发现的执法问题采取纠正措施,确定执法监督的结果与评价等级,总结与通报执法监督工作情况,执法监督材料的归档保管。

(二)海事执法监督组织实施工作的基本要求

在海事执法监督机构自行开展的执法监督工作中,具体组织实施工作由各级海事执法机构的法制部门负责。《海事行政执法监督管理规定》第八条规定:"各级海事管理机构的法制部门按照本规定组织实施海事行政执法督察、案卷评查、执法考评和责任追究等工作。"《海事行政执法监督管理规定》第九条规定:"各级海事管理机构的业务部门根据工作需要对其主管的海事行政执法工作开展职能监督。"

海事执法监督机构合作部门应当按照规定,作好执法监督材料的记录与归档工作。《海事行政执法监督管理规定》第十二条规定:"各级海事管理机构或部门在实施执法监督时,应将执法监督开展的具体情况记录、归档。"

(三)海事执法的政务公开以及接受社会监督的要求

海事执法工作中,应当注意按照规定作好政务公开工作,接受社会监督。《海事行政执法监督管理规定》第十三条规定:"各级海事管理机构应当按照规定实施政务公开,设立并公开举报电话、投诉信箱,接受海事行政管理相对人以及社会公众、媒体、有关单位和个人对海事管理机构的行政执法工作开展情况进行的监督。"

海事管理机构对于各种执法投诉,应当及时妥善处理。《海事行政执法监督管理规定》第十四条规定:"各级海事管理机构应当依法及时办理公民、法人或其他组织的申诉、投诉和举报,并为申诉、投诉、举报人保密。"

本章思考题

1. 行政执法监督的内涵和任务是什么?
2. 纪检监察监督与行政执法监督的关系是怎样的?
3. 如何看待社会监督的作用?
4. 海事行政执法监督的内容是什么?
5. 海事行政执法监督的基本措施和程序有哪些?

第四章 海事行政执法督察

第一节 海事行政执法督察的概念

《海事行政执法监督管理规定》明确了海事行政监督的种类包括海事行政执法督察。2012 年 2 月 22 日，中华人民共和国交通运输部海事局向各省、自治区、直辖市地方海事局、新疆生产建设兵团海事局和各直属海事局下发了《关于印发<中华人民共和国海事局海事行政执法督察管理办法>的通知》。交通运输部海事局为了进一步规范海事行政执法督察行为，保障督察顺利实施，提高海事行政执法水平，根据《海事行政执法监督管理规定》等有关规定，制定了《海事行政执法督察管理办法》，对交通运输部海事局下属各地方海事局、直属海事局的海事行政执法督察制度进行规范和管理。该《海事行政执法督察管理办法》是对《海事行政执法监督管理规定》的贯彻落实和细化，是海事行政执法督察的最直接的执法依据。

一、海事行政执法督察的含义

"督察"，从语义上说，是指仔细地进行监督、检查；从法律意义上说，是指特定的组织机构依据有关规定，为完成既定任务或达到预定目标，通过一定程序，对一定的个体或组织的活动和行为所实施的监督、检查和控制。督察的核心是保证各项活动和行为方向正确、措施得当，从而促进任务的完成和目标的实现。

概括来说，海事行政执法督察是海事行政执法督察机构在其法定职责范围内，依法运用一定的手段和采取必要的措施，对海事行政机关及其执法人员依法履行职责、行使职权和遵守纪律的情况进行的监督和检查活动。海事行政执法督察制度的建立，进一步完善了海事行政机关内部监督制约机制。

二、海事行政执法督察的特征

1. 督察主体的法定性

《海事行政执法督察管理办法》明确规定了海事行政执法督察活动的主体是各级海事机构设立的海事行政执法督察机构及其督察人员。督察主体的法定性主要体现在：一是有权进行海事督察的主体由《海事行政执法督察管理办法》明确规定，其他主体无权行使海事督察的职权；二是督察主体实施海事行政执法督察，必须以法律法规赋予的职权进行，不允许对海事活动进行非法干预；三是进行海事行政执法督察时，必须遵守法定程序。

2. 督察主体的独立性

督察主体的独立性是指督察主体与其他海事行政主体相较而言，具有相对的独立性。由于海事行政执法督察是海事行政机构内部监督制约机制，海事行政执法督察机构及其人员,也是海事行政机构的组成部分,如果其法律地位不具有独立性,很难克服"自己的左手监督自己的右手"的弊端,使得监督走形式、走过场。因此,《海事行政执法督察管理办法》明确要求,必须保持督察机构的相对独立性,切实发挥督察效能,建立相对独立的督察机构,组建专职的海事行政执法督察队伍。

3. 督察对象的双重性

督察对象是督察的客体,包括海事行政机构和海事执法人员。是对本级或下级海事行政机构或海事执法人员的监督和检查。对于不具有海事行政机构属性,或是不具有海事行政执法权的人员,则没有督察的权力。

4. 督察内容的广泛性

海事行政权在国家行政管理中具有重要的地位和作用,海事工作涉及面广,专业性和技术性强,与公民的人身权和财产权有密切的关系。海事行政权的不当行使,将会直接侵害公民的合法权益,影响到国家机关的权威和形象。《海事行政执法监督管理规定》对海事行政执法督察的内容和范围进行了规定,涵盖了抽象海事行政行为和具体海事行政执法行为的合法性、合理性以及执法风纪情况的监督和检查,覆盖面广泛。

5. 督察方式的多样性

《海事行政执法监督管理规定》规定了海事行政执法督察可以采取定期督察、专项督察以及明察暗访、巡查等不定期督察方式。《海事行政执法督察管理办法》进一步对督察措施进行了细化和明确,使得海事行政执法督察的方式多样,在实际操作中行之有效。

6. 督察结果的权威性

《海事行政执法监督管理规定》规定,在执法监督过程中,执法监督部门有权对违法履行职责、不当行使权力的执法行为,责令限期改正、撤销、变更行政执法行为或者确认行政执法行为违法,以及责令重新作出具体行政执法行为的决定。

同时,《海事行政执法督察管理办法》赋予了督察人员纠正权、责令履行权、通报权等督察职权。被督察机构、部门及其执法人员应当自觉接受督察并主动配合,按照要求及时整改。对于拒绝和妨碍督察、包庇执法人员、伪造或毁灭证据、打击报复督察人员的,追究相关领导或个人责任,督察结果纳入执法考评。以上规定表明,督察行为具有强制性,督察结果具有权威性。

7. 督察制度的系统性

海事执法督察是一个系统工程,它除了根据《行政许可法》《内河交通安全管理条例》和《海事行政执法监督管理规定》和《海事行政执法督察管理办法》等有关法律、法规和规定、规范性文件等进行督察外,还要求建立健全各项执法业务的操作规程。各项执法业务的操作规程是海事执法督察的基础,只有建立健全海事行政执法规范和运行规则,执法督察才有章可循。

三、海事行政执法督察的适用范围

《海事行政执法监督管理规定》第二条规定:"本规定适用于对各级海事管理机构及其执法人员依法履责和遵守执法风纪等情况实施的监督活动。"《海事行政执法督察管理办法》第二条进一步规定:"本办法适用于海事管理机构对本级或下级海事管理机构及其执法人员依法履行职责、行使职权和遵守执法风纪情况的监督以及对督察人员的管理。"

1. 适用级别

《海事行政执法督察管理办法》明确了海事行政执法督察的层级,海事行政执法督察部门可以对本级或下级海事管理机构及其执法人员进行监督和检查。这不仅体现了执法督察是行政机关内部的一种监督机制,上级督察部门对下级行政机构具有督察权,也体现了督察部门具有相对的独立性,可以对同级行政机构及其人员进行监督、检查和制约。

2. 适用对象

如前文所述,海事行政执法督察适用于海事行政管理机构及其执法人员。对于海事管理机构违法情况的监督和检查,由其主要负责人承担相应责任;对于执法人员违法履行职责的监督和检查,由责任人承担责任。对于不属于海事行政管理机构的单位和不具有海事行政执法权的个人,督察部门不能对其进行监督和检查。同时,督察人员也要接受监督。

3. 适用事项

《海事行政执法监督管理规定》第十五条规定了海事行政执法监督的主要内容。依据该规定,海事行政执法督察的事项主要有:

(1)海事规范性文件的制定情况;

(2)法律、法规、规章、规范性文件及对我国生效的国际条约的实施情况;

(3)海事管理机构行政执法主体资格;

(4)执法人员的行政执法资格、条件及管理情况;

(5)执法人员的行政许可、行政确认、行政报备、行政处罚、行政强制、行政检查、行政调查、行政征物等具体海事行政执法行为的实施情况;

(6)海事行政复议以及行政应拆情况;

(7)罚缴分离制度的执行和罚没财物的管理与处置情况;

(8)上级海事管理机构作出的行政执法相关次定、命令的执行情况;

(9)海事管理机构职责分解和执法人员岗位职责落实情况;

(10)海事行政执法政务公开工作开展情况;

(11)执法风纪遵守情况;

(12)其他应当监督的事项。

第二节　海事行政执法督察机构

一、海事行政执法督察机构的性质

海事督察机构是海事机关内依法设置的专门承担海事督察职责、行使海事督察权力的工作部门。作为开展监督活动的组织形式,海事督察工作能否顺利地开展,其职能作用能否发挥都取决于督察机构的有效运转。

海事督察机构是国家为了完善海事行政机关的内部监督管理机制,适应海事工作的特点而设立的内部专门监督机构。在海事系统内,督察机构是一个全新的机构,对其性质作出准确的定位,直接关系到其职权授予、人员配置、后勤保障等一系列工作的顺利开展,因此具有重要意义。

（一）海事督察机构是海事机关的内部专职监督机构

督察机构是海事机关的内设机构。根据《海事行政执法监督管理规定》和《海事行政执法督察管理办法》的规定,海事行政执法的督察机构承担着保障海事行政人员依法履行职责、行使职权和遵守风纪的职责。从根本上讲,海事督察实质上是海事机关内部的自我监督约束机制,其对海事机关和海事人员执法遵纪活动进行的监督属于海事行政监督的范畴,是海事行政机关内部行政管理的一个环节。海事督察工作的性质表明海事督察机构是海事机关内部的一个新的部门,与通航、船舶、船检、安检、征稽等部门具有同等重要地位,是海事机关的组成部分。

（二）海事督察机构是海事机关内部的独立性部门

海事督察机构是具有独立性的专门监督部门。作为监督机构,其履行职能的前提就是独立的地位。如果没有独立的地位,就意味着没有独立的职权。根据监督学的一般原理,缺乏独立监督权力的机构是无法对权力进行制约的。这就要求海事督察机构的设置一定要相对独立,不能与其他监督部门合署办公。要有独立的机构设置、专门的办公场所、专职督察人员、专司督察职责。在领导体制上,实行对本级行政首长和上级督察机构负责制,确保督察机构具有权威性,能够独立开展工作。

（三）海事督察机构是海事机关内部的综合性工作部门

海事机关内部设立通航、船舶、船检等业务部门,分别履行一项或几项的专门职能,从工作性质上看,这些部门都是业务部门。而法制、政工、纪检、监察等部门属于综合性部门。与以上部门比较,海事督察机构是综合性较强的一个部门。

首先,海事督察机构的综合性表现在督察范围的广泛性。督察机构的工作范围广,涉及海事工作和队伍建设的各个方面,不仅包括海事行政执法的实施、海事行政复议和行政诉讼情况、海事规范性文件的制定和法律法规规章的履行,还包括海事执法人员的风纪情况。

其次,海事督察机构的综合性表现在督察对象的广泛性。海事督察的对象既包括本级海事机构及其人员,也包括下级海事机构及其人员;对于海事行政相对人有海事行政违法行为的,有权要求海事执法人员予以处理,从某种程度上也是对海事行政相对人的行为的管理。

再次,海事督察机构的综合性表现在督察职权的综合性。根据《海事行政执法监督管理规定》和《海事行政执法督察管理办法》,海事督察部门承担着督促、防范、查究和总结的职能,其职能是全方位的。既要发现问题,纠正错误,又要总结经验,保障海事执法人员的合法权益。由此可见,海事督察机构的职能是综合性的,根本的任务是提高海事执法水平,保障海事行政执法工作的顺利进行。

二、海事行政执法督察机构的设立与职责

根据《海事行政执法监督管理规定》和《海事行政执法督察管理办法》的有关规定,各级海事督察机构设立和分工权限如下。

（一）国家海事局

1. 中华人民共和国海事局海事行政执法监督委员会和督察部门的设立

根据《海事行政执法督察管理办法》第十条规定第一款：中华人民共和国海事局成立海事行政执法督察委员会，实行督察长负责制向中国海事局常务副局长负责并报告工作。督察长由中华人民共和国海事局分管督察工作的局领导担任。督察委员会由督察部门、业务部门、人事组织部门、纪检监察部门主要负责人组成，领导全国海事行政执法督察工作。

中华人民共和国海事局海事行政执法督察委员会定期召开工作会议，由督察长召集。必要时，督察长可以随时召开会议，部署海事督察工作。海事局督察委员会定期向中华人民共和国海事局常务副局长汇报全国海事机关海事督察工作情况，对重大事项的督察情况随时向中华人民共和国海事局常务副局长报告。

2. 中华人民共和国海事局海事行政执法督察委员会的职权

（1）负责审议和批准全国海事系统行政执法督察工作年度计划和执行情况报告；

（2）审定全国海事机关海事督察工作的部署；

（3）发布有关海事行政执法督察工作的决定和命令；

（4）决定重大督察事项；

（5）定期听取中华人民共和国海事局督察部门的工作汇报；

（6）应当由督察委员会行使的其他职权。

3. 中华人民共和国海事局海事督察部门的职权

从职能和性质上来讲，该部门是中华人民共和国海事局海事行政执法督察委员会下设的办事机构，督察部门承担着中华人民共和国海事局海事行政执法督察委员办事机构的职能。中华人民共和国海事局海事督察部门有下列职责：

（1）负责指导协调全国海事系统的行政执法督察工作；

（2）部署全国统一的督察任务；

（3）监督各级海事督察机构履行职责的情况；

（4）制定海事督察工作的有关制度；

（5）部署全国统一的督察任务，制定督察工作方案；

（6）组织、指导全国海事督察人员的教育、培训、考试、颁发证书；

（7）履行《海事行政执法督察管理办法》和中华人民共和国海事局督察委员会赋予的其他职责。

（二）直属海事局和省级海事局成立海事行政执法督察委员会和督察部门

根据《海事行政执法督察管理办法》第十条第二款的有关规定：各直属海事局参照本办法，成立相应的海事行政执法督察委员会，领导本单位的海事行政执法督察工作，督察长由本级海事管理机构行政首长担任。

各直属海事督察委员会和省级海事督察委员会及各级督察部门有下列职责：

（1）制定年度督察计划，报本级海事管理机构负责人批准实施；

（2）将执法督察经费纳入本单位年度财务预算，确保督察活动的正常开展；

（3）负责本级海事督察工作并领导下级海事机关的督察工作；

（4）制定本地区督察工作的有关制度；

（5）具体负责组织实施执法督察活动；

（6）组织实施依法由其组织实施的海事督察人员的教育、培训、考试、颁发证书；

（7）履行《海事行政执法督察管理办法》和督察委员会赋予的其他职责。

三、海事行政执法督察机构的工作制度和工作程序

（一）工作制度

为了有效地行使海事督察职权，确保海事督察效能的发挥，依照《海事行政执法监督管理规定》《海事行政执法督察管理办法》，结合本单位、本地域的海事行政执法督察的实际情况，各直属海事局和地方各级海事局建立健全执法督察工作制度，建立健全经费保障制度，将执法督察经费纳入本单位年度财务预算；建立健全督察人员培训制度，为执法督察活动配备必要的装备，保障培训经费，并要求确保督察队伍的稳定，保证督察活动的正常开展。

（二）工作程序

海事督察的工作程序方面，应注意以下问题。

1. 督察人员的资格

根据《海事行政执法督察管理办法》的有关规定，各级海事管理机构的督查部门组织执法督察时，应当调派持有海事行政执法督察证件的人员参加，并综合考虑督察活动的规模、督察人员的专业特长以及回避制度等因素。在该办法于2012年5月1日实施后，全国海事行政执法督察活动必须由具有海事行政执法督察证，即具有海事督察资格的人员实施。因此，海事督察部门组织执法督察时，应当调动派遣具有海事行政执法督察证件的人员参加。

2. 督察人员的调派

根据《海事行政执法督察管理办法》第十六条规定，需要调派督察人员的，应当在督察方案确定后三日内，向督察人员所在单位发送书面通知。该条规定阐明了调派督察人员的程序：

（1）在时间上，应当在督察方案确定后三日内。这是强制性而不是任择性规定，法律上的"应当"，与"必须"同义，不允许有所变更，否则视为对该程序的违反。

（2）在形式要件上，调派督察人员需要向其所在单位发送书面通知书。"书面通知书"要求调派督察人员不能以其他非书面方式通知，书面通知书应当存档备查。

（3）在调派的效力上，《海事行政执法督察管理办法》第十六条第二款规定：督察人员应当服从调派，按时参加督察活动；如有特殊情况不能参加的，应当在收到通知后三日内回复。由此规定可以看出，调派督察人员的行为具有强制性，被调派的督察人员必须服从调派，按时参加督察活动。

同时，该款也规定了不能参加督察活动的例外情况，"如有特殊情况"不能参加的，"应当在三日内回复"。"特殊情况"是不能参加督察活动的情形，《海事行政执法督察管理办法》并没有明确"特殊情况"所指为何，什么情况、什么范围、何种程度为"特殊"，为自由裁量留有一定空间。但该款明确了特殊情况可以不参加督察活动的回复程序，即在收到通知书三日内，向下达海事行政执法督察活动通知书的督察机构回复，说明不能参加督察活动的情形和理由。

3. 指令督察

《海事行政执法督察管理办法》第十七条规定："上级督查部门可以指令下级督查部门对特定执法事项进行督察。下级督查部门应当按照要求及时完成督察任务,并上报督察结果。"

目前,我国海事督察领导体制采取的是双重领导制,各级海事督察机构实际上受双重领导,一方面要接受本级督察委员会及督察长的领导,另一方面也要服从上级海事督察委员会及督察长的指挥和命令。该办法规定,上级督察部门可以指令下级督察部门对特定事项进行督察,下级督察部门应当按照要求及时完成任务,并上报督察结果。因此,指令督察是上级督察机构对下级督察机构的命令和任务,下级督察机构必须按照要求及时督察,并上报督察结果。这也是督察机构的职责所在,完成上级督察机构交办的工作和任务。

4. 督察记录

督察人员在现场进行督察活动时,应严格监督工作程序,保证督察工作合法、有序、有效地进行。首先,督察人员执行督察任务时,应当如实记录督察情况。督察人员在进行执法督察时,应当就所督察的事项、情况、问题作书面记录,而且该记录活动应当遵循"实事求是,客观公正"的原则,也即"如实记录";其次,督察人员执行督察任务时,不得干扰正常的执法活动。海事督察的目的是提高海事执法水平,保证海事行政执法的顺利开展,如果因为海事督察活动而影响到正常的海事执法活动,就没有发挥海事督察应有的效能,反而起到相反的负面作用。

第三节 海事行政执法督察机构与其他海事监督机构的关系

在海事机关内部的监督体系中,除了海事督察机构,还设有纪检、监察、法制等专门监督机构。与这些监督机构相比,督察机构在职责权限、工作方式等方面有着明显区别于其他监督机构的特点。同时,作为海事机关内部监督体系的组成部分,督察机构与其他监督机构的工作又有不同程度的交叉。正确处理与其他监督机构的关系,是充分发挥海事督察功能,使各个监督机构能够履行各自职责又能够互相配合,形成监督合力的前提。

一、海事行政执法督察机构与纪检、监察机构的关系

海事督察制度确立以前,党的纪检和监察机构是海事机关内部负责监督的主要机构。海事督察制度建立后,三者的职权既有交叉重合又有区别。在海事机关内部如何正确处理与纪检监察监督的关系,是海事督察工作中首先要面对的问题。

(一)海事督察与纪检监察的区别

1. 监督基本属性不同

海事纪检监察监督,虽然也是海事机关内部的专门监督形式,但是二者又是党的纪律检查和国家专门监察的组成部分,在工作上接受国家监察机关的统一领导,因此,纪检监察机构的监督具有外部监督的性质。而海事督察机构是真正意义上的海事机关内部的专门监督机构。

2. 行使职权的法律依据不同

纪检机构依据党章以及其他党内规章制度进行监督,监察部门是各级监察机关的派驻

机构,主要依据《监察法》等法律法规来进行监督。海事督察机构依据交通部、中华人民共和国海事局关于行政执法监督的规定,以及海事督察管理办法等规范性文件进行监督。

3. 监督对象和内容各有侧重

纪检机构监督的对象主要是海事行政机关的党员,监督内容侧重于遵守党的纪律情况。监察机构监督侧重于海事机关及其执法人员职务违法和犯罪情况。而海事督察机构的监督对象更为广泛,并不局限于党员,监督内容不仅包括执法风纪情况,更主要是监督执行法律法规、规章、规范性文件,以及实施具体行政行为的情况,是对海事业务的监督。

4. 监督方式不同

海事督察机构的主要工作方式是现场监督,全方位地对执法人员的履行职责、行使权力情况的监督,采取事前、事中、事后监督的形式,是动态监督与静态监督的结合。而纪检监察机构主要侧重对违法违纪人员的事后调查处理,是一种静态监督方式。

5. 权限不同

海事督察机构享有法律法规赋予的特殊权力,如责令执行权、撤销权、变更权等。纪检机构具有对违法违纪人员的党纪处分权,监察机构有调查权、建议权,对于在海事督察中发现有违反党纪政纪及违法犯罪的执法人员应当移送纪检、监察部门处理。

(二)海事督察与纪检监察的联系

第一,纪检监察和督察是从不同侧面履行海事监督职责的职能部门,二者的职责各有侧重,缺一不可。督察机构要在自己职责范围内充分发挥自己的独特职能作用,而不是代替纪检监察部门的监督。因此,在海事督察工作中,要充分尊重纪检监察部门的工作,对于不属于自己职责范围内的事项不能包办代替,要及时移送纪检监察部门处理。

第二,纪检监察和督察虽然各自都有其职责范围、工作方式,但工作的出发点和目的是一致的。因此,督察机构应在工作中主动加强与纪检监察部门的联系和协作,与其密切配合,优势互补,形成监督的整体合力。

二、海事行政执法督察机构与海事法制机构的关系

海事机关的法制机构,从其工作职责、任务和性质上看,是履行内部执法监督职能的职能部门。督察机构与法制机构的监督对象是一致的,但二者工作范围各有分工,监督形式和权限不同。

(一)督察机构与法制机构的区别

1. 监督范围不同

法制部门主要负责对海事机关业务部门执法措施进行审核,组织开展各项执法检查,对海事行政案件进行复议和诉讼等。法制部门除上述职能外,最主要的职能是负责组织制定法规、规章和规范性文件。督察机构的监督范围是全方位的,既包括执法活动,也包括执法人员的执法风纪情况,更包括对法制部门的行政立法性行为进行监督,在这一层面上,法制部门成为督察机构的监督对象。

2. 监督方式不同

法制机构通过海事机关制定、发布的命令、决定的审核,对各类案件的复议和应诉等,

来监督海事行政执法情况,是对执法活动的静态监督。督察机构的监督侧重执法活动的全过程,体现了动态和静态监督的结合,侧重事前和事中监督。

3. 权限不同

法制机构的权限主要体现在对各类案件的审核和把关上,对定性错误、程序违法等法律适用问题进行检查和纠正。督察机构具有较为广泛的督察权。

4. 领导体制不同

法制机构实行本级海事机关领导的领导管理体制,主要工作是对本级海事机关负责。督察机构实行上级督察机构和本级海事机关的双重领导体制,工作既要接受上级督察机构的领导也要对本级海事机关行政首长负责。

(二)督察机构与法制机构的联系

第一,督察机构和法制机构都是海事机关内部的具有极强专业性的专门监督部门,二者在业务范围上具有很大的重合性,都以海事行政执法活动为主要监督内容。相较而言,法制机构的监督专业性更强,而督察机构的监督综合性更强。

第二,督察机构是海事机关新设立的内部监督机构,应注意与法制机构的密切配合,通过对法制工作的调查研究,发现执法督察中存在的问题。同时,二者在各自职责范围内,履行各自的监督职责,对于不属于督察工作范围内的问题,不要越权处理,应在各自履行职能的基础上,密切配合,有机结合,形成监督合力,提高整体监督效能。

本章思考题

1. 什么是海事行政执法督察?其适用范围有哪些?
2. 简述海事行政执法督察的含义与特征。
3. 如何评价海事行政执法督察机构的性质?
4. 海事行政执法督察机构是怎样设立的?其工作程序是什么?
5. 海事行政执法督察与其他海事监督机构的关系是什么?

第五章　海事行政执法督察主体

第一节　海事行政执法督察人员概念与级别

一、海事行政执法督察人员概念

海事行政执法督察人员是指在海事机关内部专门从事海事督察活动,负有一定督察责任、拥有相应督察职权的海事行政人员。

在任何社会活动中,人都是最关键的决定性因素。在海事督察制度中,所有的目标定位、制度设计、程序安排都需要由人来落实、实施和完成。在海事督察制度中,督察人员是一个核心和主体要素。因此,督察人员的选定、培训、组织和管理等制度,是海事督察制度的重要组成部分,对督察工作的有效开展,实现督察目标,完成督察任务具有重要意义。

二、海事行政执法督察人员级别

为了便于海事督察活动的开展,各级海事管理机关应当配备专职督察人员,并为其设置岗位和编制,组建稳定的、专职的督察队伍。《海事行政执法监督管理规定》第三十一条规定:"各级海事管理机构应当设置海事行政执法督察管理岗位,配备足够、合格的海事行政执法督察人员。"

海事行政执法督察人员实行级别制,分级管理,不同级别的督察人员其督察的范围不同。

第二节　海事行政执法督察人员的条件

一、海事行政执法督察人员的条件

督察工作是对海事行政执法工作的监督和检查,从事督察工作的人员应具备从事该工作的基本能力和品质,符合督察工作的要求和条件。《海事行政执法监督管理规定》第三十二条规定:"督察人员应当具备相关条件,通过专门培训及考试,取得海事行政执法督察证件。"《海事行政执法督察管理办法》第五条规定,督察人员应当具备下列条件。

(一)坚持原则,忠于职守,清正廉洁,不徇私情,严守纪律

(1)坚持原则,是要求督察人员在工作中要严格按照有关法律、法规、规章展开督察,不能随意解释变通国家法律法规、规章以及规范性文。在督察工作中,坚持以事实为依据,以法律为准绳,不能随意执法。

（2）忠于职守，是要求督察人员对自己的本职工作忠心耿耿，一丝不苟，认真负责。要严守岗位，不敷衍塞责，要认真履行职责，不消极应付。要有任劳任怨的工作作风和敬业精神，真正作到尽心尽职。

（3）清正廉洁，是指督察人员在工作中要作到公平公正，不以权谋私，廉洁奉公。督察人员是海事队伍中的执法者，必须作到清正廉洁，坚决按照制度的要求办事，严格执法，才能维护督察工作的权威性，保障督察工作的顺利进行。

（4）不徇私情，是指督察人员在督察工作中，不能为了个人感情而置法律法规于不顾。要严格按照督察工作的规章制度展开工作，正确处理情与法的关系，作到依法督察、依法处理。督察人员在工作中大多遇到的是同事和朋友，因此，特别要求督察工作不能因此感情用事，要铁面无私，严守原则。

（5）严守纪律，是指督察人员在工作中严格遵守海事督察工作的各项纪律。督察工作就是监督执法人员依法办事，遵守纪律。因此，督察人员在督察工作中应首先率先垂范，模范遵守国家的法律法规和海事行政机关的各项风纪要求，服从命令，听从指挥，文明语言，礼貌待人，着装规范，举止端庄。

（二）执法资格和工作经历

持有海事行政执法证，具有两个以上执法业务岗位工作经历和一定的组织管理能力；其中甲级督察人员应具有 8 年以上海事行政执法工作经历，乙级督察人员应具有 5 年以上海事行政执法工作经历。

这是督察人员应具备的海事业务能力的条件。督察人员首先应是海事行政执法人员，应具有海事行政执法证。工作所涉及的领域应尽可能广泛，以适应督察工作的需要，要求具有两个执法业务岗位工作经历。工作时间上要求甲级督察人员应有 8 年以上工作经历，乙级督察人员具有 5 年以上海事执法工作经历。以上要求都是对专业能力、工作经验的要求。此外，还要求具备一定的组织能力。

（三）具有大学本科以上学历和法律专业知识、海事业务知识

这是督察人员应具备的学历和知识背景的条件。督察人员应具有大学本科以上学历，接受过良好的教育。具有法律专业知识和海事业务知识。督察工作主要是监督执行法律法规、规章和规范性文件的情况，实施海事行政执法行为的情况，海事行政复议和行政诉讼情况等。以上监督事项，都要求要具备良好的法律素养、法律专业知识和海事业务知识。

（四）经过专门培训合格

《海事行政执法监督管理规定》第三十三条规定，督察人员分为甲、乙两级：甲级督察人员应当经中华人民共和国海事局培训、考试合格，取得海事行政执法督察证件，可监督全国海事系统的行政执法活动。乙级督察人员应当经各直属海事局或者省级地方海事局培训、考试合格，取得海事行政执法督察证件，可监督各直属海事局或者省级地方海事局及其下级海事管理机构的行政执法活动。

《海事行政执法督察管理办法》第四条规定："督察人员分甲、乙两级。甲级督察人员可以监督全国海事系统的行政执法活动；乙级督察人员可以监督所属省级辖区的海事行政执法活动。"

二、海事行政执法督察人员的管理

《海事行政执法督察管理办法》第六条规定："符合甲级督察人员条件的,由各直属海事局或省级地方海事局推荐,经中华人民共和国海事局培训、考试合格,颁发甲级督察人员证件。符合乙级督察人员条件的,由有关海事局或者有关海事局部门推荐,经各直属海事局或者省级地方海事局培训、考试合格,颁发乙级督察人员证件,并报中华人民共和国海事局备案。"

《海事行政执法督察管理办法》第七条规定："督察人员调离执法岗位或暂时不适合从事督察工作时,其督察证件由所在单位的督察部门收存,并报备中华人民共和国海事局。"

第三节　海事行政执法督察人员的考核与奖励

一、对海事行政执法督察人员考核

为了督促海事督察人员切实履行督察职责,正确行使督察权力,提高督察效能,有必要对督察人员建立考核制度。《海事行政执法督察管理办法》第九条规定："各级海事管理机构应当建立健全督察人员考核制度,建立督察人员管理档案,如实记录督察人员的相关情况,作为考核依据。"

(一)考核内容

考核内容主要考核督察人员的德、勤、绩、能、廉五个方面。

(1)德。在德方面,督察人员是否具有较高的政治思想素质和良好的职业道德品质,是从事督察工作的思想政治基础,也是我党任用干部和考核干部的重要方面。

(2)能。在能方面,重点考核督察人员是否胜任本职工作,具备相关的业务知识和工作能力。

(3)勤。在勤方面,主要指督察人员的工作态度和办事效率。体现了督察人员的事业心和责任感。

(4)绩。在绩方面,考核督察人员的工作实绩,包括工作的数量、质量、效益和贡献,在规定时间是否按质按量或超额完成任务,领导和群众的认可度和好评度如何。

(5)廉。在廉方面,重点考核督察人员是否严格遵守有关廉洁自律的规定,是否存在不廉洁的问题等。

(二)考核办法

科学的考核办法,可以客观、公正、全面、准确地对督察人员作出评价。考核要设定好考核要素,建立严密、科学的考核体系,同时排除人为因素干扰,确保考核工作的客观公正。督察人员考核可以采取如下办法。

1. 领导考核和群众评议相结合

领导考核和群众评议相结合是民主集中制原则在考核制度中具体运用,增加考核的透明度,防止考核中长官意志。由于督察人员在督察工作中可能"得罪人",由领导单独考核可以保护督察人员,激发督察人员的工作积极性。但这种作法存在片面性。因此,领导考核和群众评议相结合,可以吸收二者的优点,克服二者的不足,收到更好的考核效果。

2. 平时考核和定期考核相结合

《海事行政执法督察管理办法》第三十九条规定:"各级海事管理机构应当每年对执法督察情况进行总结,纳入本单位年度依法行政工作报告,报上一级海事管理机构备案。"这里所指的应当是年终的定期考核。除了年终考核外,也应对平时工作情况进行写实性记载,给予综合性评价。平时考核和定期考核是辩证统一的关系,缺一不可,只有把二者结合起来,才能保证考核的全面性。

3. 定性考核与定量考核相结合

定性考核是指运用综合评估的办法,对督察人员的表现和工作成绩作出定性评价。定量考核,是指对各项考核内容进行要素分解,并给每个要素确定等级和标准,运用具体的量化指标对督察人员各方面情况进行全面的分析测评。《海事行政执法督察管理办法》第三十九条第二款规定:"各直属海事局或者省级地方海事局应当每年将督察人员的工作进行考核,并将考核情况汇总,填写《海事行政执法督察人员考核汇总表》,上报中华人民共和国海事局。"

4. 目标管理岗位责任制考核与年度考核相结合

目标管理岗位责任制考核,主要是设立目标管理责任,并进行目标分解,加以量化,形成评价的考核方法。年度考核,主要结合国家公务员年度考核对督察人员进行考核。二者在原则、内容、方式上都有相同或相近之处。

二、对海事行政执法督察人员的激励

激励是管理学和组织行为学的基本范畴。所谓激励,是指组织通过有效操作某些方法,满足组织成员的各种需要,激发、引导、保持和控制组织成员的行为,从而使组织成员能自觉自愿地为实现组织目标而付出更大努力的行为过程。对督察人员的工作,非常有必要采取激励措施,运用各种有效手段,激发其工作积极性、主动性和创造性。

《海事行政执法督察管理办法》第四十条规定:"对海事行政执法督察工作成绩突出的督察人员,各单位、部门应当给予表彰和奖励。"该条规定,体现了精神激励和物质激励相结合的原则。"给予表彰",是给予督察人员的荣誉,是对督察人员在精神层面的激励,满足其荣誉感、自我价值实现和认可的需求;"给予奖励",是给予督察人员一定的物质奖励,包括奖金、提职、晋升等物质性的奖励。激励是世界上最伟大的管理原则,受到激励的事会作得更好。采取激励措施时,一方面应注意"及时公正",另一方面也应注意奖惩结合。奖惩结合应以奖励为主,惩罚为辅,这样才能收到好的激励效果。

三、海事行政执法督察人员回避制度

督察人员回避制度,是指为防止督察人员因某种亲情关系或其他可能影响公正执法的情况,不能秉公执法,甚至徇私枉法,而对其任职和执行公务加以限制的制度。实行督察人员回避制度的目的,在于保持海事队伍的清正廉洁和执法的公正性。

（一）回避的分类

根据《中华人民共和国公务员法》（以下简称《公务员法》）的有关规定，督察人员回避分为以下两种类型。

1. 任职回避

《公务员法》第七十四条规定："公务员之间有夫妻关系、直系血亲关系、三代以内旁系血亲关系以及近姻亲关系的，不得在同一机关双方直接隶属于同一领导人员的职位或者有直接上下级领导关系的职位工作，也不得在其中一方担任领导职务的机关从事组织、人事、纪检、监察、审计和财务工作。"公务员不得在其配偶、子女及其配偶经营的企业、营利性组织的行业监管或者主管部门担任领导成员。因地域或者工作性质特殊，需要交通执行任职回避的，由省级以上公务员主管部门规定。

（1）任职回避的范围根据《公务员法》的相关规定，督察人员回避的亲属范围

①夫妻关系；

②直系血亲关系，包括祖父母、外祖父母、父母、子女、孙子女、外孙子女；

③三代以内旁系血亲关系，包括伯叔姑舅姨、兄弟姐妹、堂兄弟姐妹、表兄弟姐妹、侄子女、甥子女；

④近姻亲关系，包括配偶的父母、配偶的兄弟姐妹及其配偶、子女的配偶、子女的配偶的父母、三代以内旁系血亲的配偶。

（2）任职回避的法律后果

比照《公务员法》的相关规定，督察人员之间具有上述回避的情形，不得在同一机关担任双方直接隶属于同一领导人员的职务或有直接上下级领导关系的职务，也不得在其中一方担任领导职务的机关从事督察工作。

2. 公务回避

（1）公务回避的情形

依据《公务员法》第七十六条规定，督察人员执行公务时，有下列情形之一的，应当回避：

①涉及本人利害关系的；

②涉及与本人有夫妻关系、直系血亲关系、三代以内旁系血亲关系以及近亲关系人员；

③其他可能影响公正执行公务的。

（2）公务回避的法律后果

督察人员遇有上述情形之一的，在执行督察活动时应当回避，尚未参加督察活动的，不能参与督察活动；已经参加督察活动的，退出督察活动。

（二）回避的申请

《公务员法》第七十七条规定"公务员有应当回避情形的，本人应当申请回避；利害关系人有权申请公务员回避。其他人员可以向机关提供公务员需要回避的情况。机关根据公务员本人或者利害关系人的申请，经审查后作出是否回避的决定，也可以不经申请直接作出回避决定。"

据此，督察人员申请回避的程序有以下两种。

（1）本人申请

督察人员在录用、晋升、调配或者在执行督察事务时，如果存在前述规定的任职回避和公务回避的法定情形，应当主动向有关部门申请回避；

（2）利害关系人有权申请督察人员回避

利害关系人一般认为是权益可能受到行政行为影响的直接当事人。

（三）督察人员不履行回避义务的法律责任

督察人员在任职之前，应当如实向主管部门报告应当回避的亲属关系。对于隐瞒不报的，予以批评教育并调整工作；应回避的督察人员，如果无正当理由拒不服从组织合理安排的，应采取行政措施予以调整。督察人员在从事督察活动时应主动报告应回避的关系。对隐瞒不报的，予以批评教育。其中，因没有履行回避义务而影响督察监督活动且造成恶劣影响或损失的，应给予相应的行政处分。

四、督察人员的教育培训制度

督察人员的教育培训，是海事机关教育体系的一个重要组成部分。对督察人员的教育培训，既要遵循海事机关教育培训的一般规律，也应针对督察工作的特殊性质和任务，建立具有督察特色的教育培训制度。目前，海事督察机构是新建机构，海事督察人员队伍是一支年轻的队伍，对海事督察人员的教育培训尚在探索之中，认真探讨构建具有督察特色的教育培训制度，具有非常重要的理论和现实意义。

（一）督察人员教育培训的必要性

1. 教育培训是督察人员任职的法定条件

《公务员法》规定，公务员任职前应进行岗前培训。《海事行政执法监督管理员规定》《海事行政执法督察管理办法》都明确规定，督察人员必须进行任职前的培训，经过考试合格后，颁发海事行政执法督察证件，才能持证上岗，履行职责。因此，督察人员的培训是必经程序。

2. 督察工作特点和性质决定了必须加强教育培训

海事督察人员是"管海事人员的海事人员"，担负着监督海事行政执法机构及其行政执法人员履行职责、行使权力和遵守风纪的重任。要求督察人员必须具备较高的综合素质和工作能力，需要在工作过程中不断加强学习，逐步提高，才能胜任督察工作。

3. 督察队伍现状决定了必须加强教育培训

目前，海事督察制度刚刚确立，在许多方面存在无法适应督察工作要求的问题，客观上要求我们必须进行系统的培训学习。首先，由于督察人员从事督察工作时间短，缺少督察工作经验；其次，从目前来看，督察人员都是从各个业务部门抽调出来的，这些人员虽然长期从事本部门业务工作，但对跨部门的业务并不熟悉，对督察业务本身了解不多，不能完全适应海事督察综合性、专业性都很强的工作特点的要求。最后，我国海事督察队伍也存在提高整体素质的迫切问题。因此，加强督察人员的教育培训是必由之路。

4. 教育培训是海事督察工作未来长远发展的需要

海事工作处于社会发展的前沿，随着社会发展，不断涌现出新问题、新情况，海事督察人员面对实践中出现的新问题、新情况，需要不断提高自己的理论水平和业务能力，加强对法律法规等的学习和了解,更新督察方法和手段,以面对未来海事督察工作的挑战。因此,海事督察人员的教育培训应当作为一项制度长期坚持下去,逐步纳入海事教育培训体系和整体规划中,将督察教育培训作为督察队伍建设和海事事业未来发展的重要任务。

(二)督察人员教育培训的原则

1.政治与业务并举

督察人员的教育培训不但要培训业务知识,提高督察人员的专业知识和技能,而且要将督察人员的政治思想素质和职业道德品质的培养放在教育培训的首要位置,在具体培训时应将政治理论和职业道德与业务培训结合起来,培养立党为公、执政为民的具有良好职业道德的海事督察人员。

2.理论联系实际

督察工作实践性非常强,这就要求在督察人员培训中坚持理论联系实际的原则,一方面加强理论学习,提高督察人员的理论修养和政策水平。另一方面,培养督察人员联系督察实际工作,善于将实践中的问题和经验加以总结概括,指导其联系实际工作,研究新情况、新问题,避免进行抽象的理论说教。

3.讲求实效

对督察人员的培训,必须讲求实效,保证培训质量,注重实际效果,避免形式主义。首先,在思想认识上,培训的组织者和督察人员两方面都应认识到督察人员培训的意义是提高自身工作能力,更新专业知识的必经途径和有效手段。其次,在培训中,应制定科学可行的培训计划,并严格管理,科学考核,将考核结果与业绩考评结合起来,增强学习的主动性和积极性。

(三)督察人员教育培训的类型

根据《海事行政执法监督管理规定》《海事行政执法督察管理办法》的有关规定和精神,海事督察人员的培训主要分为以下两类。

1.任职前的培训

《海事行政执法监督管理规定》《海事行政执法督察管理办法》都要求海事督察人员上岗前必须经过任职培训,考试合格后,经有关部门颁发证书后,才能持证上岗。因此,这一类的培训是专为选拔海事督察人员而组织的考前培训。

2.业务培训

《海事行政执法监督管理规定》《海事行政执法督察管理办法》要求各级海事管理机构建立健全海事督察人员培训制度,将督察人员的业务培训经常化、制度化。《海事行政执法督察管理办法》第八条规定:"中华人民共和国海事局、各直属海事局和省级地方海事局应当根据工作需要,适时组织督察人员的知识更新和业务培训。"该类培训可以是定期或不定期组织,可以是全面的业务培训,也可以是专项培训。

以上两种不同类型的督察人员教育培训由于出发点和目的不同,因此,培训的组织、内容、考核方式也存在不同,各有侧重点。

本章思考题

1. 什么是海事行政执法督察人员？
2. 海事行政执法督察人员的任用条件有哪些？
3. 如何对海事行政执法督察人员进行考核？
4. 海事行政执法督察人员的回避制度是如何规定的？
5. 怎样加强对海事行政执法人员的管理？

第六章　海事行政执法督察客体

第一节　规范性文件制定

一、规范性文件制定的督察概述

一般来说,规范性文件的制定是一种行政权力的行使,"有权力必有制约",以确保权力在既定的范围内和预定的轨道上运行,以防止权力的滥用和越轨。对规范性文件的监控就是对规范性文件制定活动的一种法律制约机制。为了防止行政主体滥用规范性文件制定权,促使其合法有效地实施规范性文件的制定活动,使规范性文件发挥其应有的广泛作用,必须建立健全对规范性文件的监督机制。对规范性文件的监督机制主要包括行政监督(即规范性文件行政审查)、立法监督和司法监督。规范性文件的审查,是指行政系统内部的上级行政主体基于行政隶属关系对下级行政主体制定的规范性文件所实施的一种经常性的监督和控制,也就是行政系统的内部监督。

海事规范性文件,是指海事管理机构为执行海事法律、法规、规章和国际海事公约的规定,以及履行法定职责,按照法定权限制定,涉及行政相对人权利和义务,具有普遍约束力并能够反复适用的规章以下的文件。

海事规范性文件的制定,是海事行政管理机关为了执行法律、法规、规章,实施海事行政管理,依照法定权限和法定程序向社会发布的规范海事行政管理机关以及公民、法人和其他组织的具有普遍约束力的政令。海事规范性文件是抽象性行政行为。对海事规范性文件制定的督察是海事行政系统的内部监督方式。

按照行政机关层级管理的原理,海事规范性文件的督察只能对本级及下级海事管理机关制定的规范性文件进行督察,不能越级对上级海事管理机关制定的规范性文件进行督察。海事规范性文件的制定,是具有行政立法性质的抽象性行政行为。规范性文件的制定应当符合《立法法》《交通法规制定程序规定》《中华人民共和国海事局海事法规制定工作程序规定》(以下简称《海事法规制定工作程序规定》)、《中华人民共和国海事局海事规范性文件制定程序规定》(以下简称《海事规范性文件制定程序规定》)等法律法规、规范性文件的规定。

二、规范性文件制定的督察制度

目前,规范性文件的审查一般分为前置审查和备案审查、复议审查。规范性文件前置审查是规范性文件制定环节的法律审核,是由相应的法制机构进行审核把关的一种事前控制方式。备案审查是规范性文件制定以后报送上级行政机关备案,接受监督,由上级行政机关法制机构进行审查的一种事后监督手段。经审查,对合法的行政规范予以承认,不合法、不规范的则予以撤销或改变。《行政复议法》规定了对具体行政行为的行政复议申请可认同为复议审查。

三、规范性文件制定的督察内容

根据《海事行政执法监督管理规定》第十六条规定,对海事规范性文件制定情况的监督,主要包括以下内容。

(一)制定主体是否超越职责、权限

我国目前立法尚未明确规范性文件制定主体及其权限,在学术界存在比较大的争议和分歧,各地的实际作法也是多种多样,并不统一。我国规范性文件制定主体主要是行政机关,包括以下五个方面:一是地方各级人民政府;二是县级以上人民政府所属工作部门、省以下实行垂直管理的部门;三是县级以上人民政府依法设立的派出机关;四是法律、法规授权实施公共管理的组织可以在职权范围内制定行政规范性文件;五是经本级人民政府同意后,县级以上人民政府办公室(厅)可以作为规范性文件的制定主体。县级以上人民政府所属工作部门内设机构或者派出机构、省以下实行垂直管理部门的内设机构或者派出机构以及不具有行政管理职能的机构不得作为行政规范性文件制定主体。

根据《海事规范性文件制定程序规定》第八条规定:交通运输部直属海事局、省级地方海事局可以为实施海事法律、法规、规章或者上级规范性文件而制定辖区海事监管事项规定。其他各级海事管理机构和各级海事管理机构的内设部门不得发布海事规范性文件。

(二)内容是否符合上位法的规定

就法的效力位阶而言,法可分为三类,即上位法,下位法和同位法。在我国的法律体系中,上位法高于下位法,后者不得与前者相抵触。同位法之间则具备同等效力,在各自的权限范围内施行。根据《立法法》的精神和有关规定,规范性文件制定的内容不得与我国现行宪法、法律、行政法规、规章相抵触。因此,海事规范性文件的制定不得违反宪法、法律、行政法规和规章,应依照宪法、法律、行政法规、规章制定。

同类型的立法根据其立法主体的地位确立法律位阶关系。同为规范性文件,依据其制定机关的地位来确定其效力等级。海事行政机关制定的规范性文件,其效力等级按照制定机关的等级确定效力,中华人民共和国海事局制定的规范性文件效力最高,上级海事管理机关制定的规范性文件高于下级海事管理机关的规范性文件。下级的规范性文件不能与上级规范性文件相抵触。

1.可以制定海事规范性文件的事项

根据《海事规范性文件制定程序规定》第十一条规定,海事规范性文件可以涉及下列海事监管事项:

(1)对海事法律、法规和规章进行明确、细化,没有新增行政相对人权利和义务的;

(2)法律、法规、规章和上级规范性文件中规定的海事管理事项,需要作出具体说明和细化的;

(3)海事行政许可、行政确认、行政强制、行政处罚以及非行政许可类审批等事项的程序性规定;

（4）国际海事条约对我国生效后的实施性公告；

（5）其他海事监管事项。

2. 海事规范性文件不得设定的事项

根据《海事规范性文件制定程序规定》第十二条，海事规范性文件不得设定下列内容：

（1）行政许可、行政处罚、行政强制措施、行政事业性收费；

（2）超越海事管理机构法定职权范围的事项；

（3）违法限制行政相对人权利或增设行政相对人义务的；

（4）与法律、法规、规章和上级海事规范性文件相抵触的管理要求；

（5）违法授予海事管理机构权力或免除海事管理机构责任的；

（6）其他不得由规范性文件设定的事项。

同时，《海事规范性文件制定程序规定》还规定，法律、法规、规章和上级海事规范性文件已经明确的海事管理事项，本级海事规范性文件原则上不再作重复规定。

（三）制定程序是否合法

《海事规范性文件制定程序规定》适用于中华人民共和国海事局规范性文件的制定程序，直属海事局和地方海事局参照执行，其第五条规定：中华人民共和国海事局的业务部门负责职责范围内海事规范性文件的起草、报批、发布和评估工作；法规部门主要负责海事规范性文件的合法性审查和由其组织起草的海事规范性文件的报批、发布和评估等工作。交通运输部直属海事局和省级地方海事局参照前款规定的职责分工，对海事规范性文件进行管理。

1. 起草

《海事规范性文件制定程序规定》第十三条规定：海事规范性文件主要内容仅涉及单个业务部门的，由该业务部门作为起草部门；主要内容涉及两个或者两个以上业务部门的，由其商定一个部门作为主要起草部门；主要内容涉及海事行政许可、行政处罚、行政强制以及其他非行政许可类审批等事项的执法程序或者综合性管理要求的，法规部门作为主要起草部门。海事规范性文件主要内容涉及起草部门以外部门职责的，有关部门应当予以配合。

2. 审查

海事规范性文件草案起草完毕后，起草部门应当办理中华人民共和国海事局局文，并提供下列送审材料，以会签的方式送法规部门审核；海事规范性文件涉及局内其他部门职责的，在送审前送有关部门会签：

（1）海事规范性文件草案；

（2）海事规范性文件草案的起草说明（包括制定海事规范性文件的目的和依据，与有关海事法律、法规和规章的关系，主要内容和重大分歧意见的协调处理情况等）；

（3）其他有关材料。

法规部门主要审查海事规范性文件的合法性。法规部门收到海事规范性文件草案后进行审查时，涉及重大、疑难问题的，可以召开由有关单位、专家参加的座谈、论证会，听取意见，研究论证。

审查时有不同意见的，法规部门应当与起草部门进行协调；起草部门对法规部门提出的审查意见认可的，应当按照审查意见进行修改；经协调后仍不能达成一致意见的，由分管起草部门的副局长商常务副局长决定。

3. 发布

《海事规范性文件制定程序规定》第十六条规定：海事规范性文件审查后，由主要起草部门提交分管副局长核签，并经常务副局长签署后向社会发布。

《海事规范性文件制定程序规定》第十七条规定：应当以交通运输部名义发布的海事规范性文件，经常务副局长核签后，由起草部门会同法规部门按照《交通运输部规范性文件合法性审查办法》的要求，办文提交交通运输部政策法规司进行合法性审查。

（四）是否按规定备案、评估

《海事规范性文件制定程序规定》第十八条规定："交通运输部直属海事局、省级地方海事局发布海事规范性文件后，应当在 20 个工作日内将海事规范性文件正式文本 5 份向交通运输部海事局备案。"

《海事规范性文件制定程序规定》第十九条规定："海事规范性文件颁布施行后，海事行政管理相对人反映较大或者海事管理机构认为必要的，颁布海事规范性文件的海事管理机构应当组织专家，从合法性、合理性、可操作性等方面对海事规范性文件进行评估。"

经过评估，认为需要修订、废止的，按照本规定制定程序，重新起草、审查和发布；认为需要制定法律、法规或者规章的，按照《中华人民共和国海事局海事法规制定工作程序规定》办理。

（五）各级海事管理机构承担或者参加制定、修订地方性海事法规、规章的，是否事先报备中华人民共和国海事局

《海事法规制订工作程序规定》第四十九条规定，由直属各级海事局为主或参与起草的地方性法规、规章，应当及时向中华人民共和国海事局的法制部门备案。该规定第六十四条规定，地方海事机构制定地方性海事法规、规章，可以参照本规定的规程执行。

地方海事管理机构应当遵守本章第五十三条的备案规定，将所在省（自治区、直辖市）或较大城市的地方性海事法规、规章和相关的法规、规章，报中华人民共和国海事局备案。

第二节　法律、法规、规章、规范性文件及
对我国生效的国际条约实施情况

依照《海事行政执法监督管理规定》第十七条的规定："对法律、法规、规章、规范性文件及对我国生效的国际条约实施情况的监督主要包括宣传贯彻、执行、后评估及定期清理等情况。"

一、宣传贯彻情况

各级海事管理机关应当适时组织对海事法律法规、规章、规范性文件以及国际条约的学习、宣传。对新颁布的法律、法规、规章及规范性文件在颁布后的一定期限内，负责组织实

施的局法制机构应制订学习宣传方案,组织有关行政执法人员进行学习、培训和普法宣传。

海事执法机构及其执法人员应采取多种形式宣传贯彻海事法律法规、规章、规范性文件以及国际条约。例如,可以向港航企业单位、船公司、船员及过往旅客发放海事法律宣传资料,召开宣贯会、举办培训班、知识讲座、集中学习讨论、开展知识测验、开辟宣传栏、张贴宣传横幅等形式进行海事普法宣传。

积极配合国家局、省局和市局为宣传重要的海事法律、法规、规章、规范性文件和国际条约而规定的宣传日、宣传周或宣传月活动,以及考试考核,由负责法制工作的机构具体组织实施,经费上予以充分保证。

各级海事执法机构及其执法人员应按照职责范围经常性地组织实施对行政管理、行政执法相对人员的法律、法规及规章的宣传教育。同时,鼓励海事行政执法人员利用业余时间参加各类专业证书、法律、法规及公务员制度的培训、学习。

二、定期报告实施情况

依据《法律、法规、规章和规范性文件实施情况年度报告制度》,交通法律、法规、规章和规范性文件实施一年后的二个月内,负责实施的海事管理部门应当向上一级海事管理部门报告该项法律、法规、规章和规范性文件的实施情况。报告的主要内容应包括:法律、法规、规章和规范性文件颁布后学习、宣传情况;实施中取得的效果;为实施法律、法规和规章而制定的配套文件情况;执行中存在的问题和建议。

省级海事管理机关和直属海事管理机关应当将报告材料一式三份向中华人民共和国海事局主管业务部门报告。各级海事管理机关应按时作出报告,对逾期不报的,上一级海事管理机关可建议其所属机关或直接对负有责任的主管人员予以行政处分并责令补报。

三、后评估

依据《中华人民共和国海事局海事法规和规范性文件后评估办法》(以下简称《海事法规和规范性文件后评估办法》),中华人民共和国海事局负责海事法规和以中华人民共和国海事局名义发布的规范性文件的后评估工作。各直属和省级地方海事管理机构负责所辖区域地方性海事法规、规章和以本机构名义发布的规范性文件的后评估工作。中华人民共和国海事局认为必要时,可以指令直属和省级地方海事管理机构负责对特定海事法规和规范性文件进行后评估。

(一)海事法规后评估情形

《海事法规和规范性文件后评估办法》第九条规定,海事法规已实施 5 年以上,且有下列情形之一的,应当进行海事法规后评估:

(1)履行国际公约的要求或上位法发生变化;

(2)已严重不适应经济、社会发展要求,需要作出重大修改;

(3)与经济社会发展和公众利益密切相关、社会关注度高,其他国家机关或行政相对人所属的行业协会建议或要求评估的;

(4)海事管理机关认为应该评估的其他情形。

（二）海事规范性文件后评估情形

《海事法规和规范性文件后评估办法》第十条规定，海事规范性文件已实施 2 年以上，且有下列情形之一的，应当进行后评估：

（1）上位法发生变化；

（2）实施过程中行政相对人或执法人员提出较多意见；

（3）规范性文件清理中认为有必要修改；

（4）海事管理机构认为应该评估的其他情形。

海事法规和规范性文件后评估工作应当自评估工作组成立后 3 个月内完成，内容复杂、争议较大的可以延长 1 个月。海事法规和规范性文件后评估报告经评估机关法制部门审查后，由具体承担评估的部门向评估机关局长办公会议报告。

四、法律法规的清理

作为海事管理依据的法律规范，特别是规范性文件，数量较多，迫切需要对海事法律、行政法规、部门规章和海事规范性文件进行全面、系统的清理，并形成长效的立、改、废管理机制。部海事局负责对法律、行政法规、部委规章和部海事局制定的规范性文件进行清理，并负责清理工作全过程的组织工作。各省级地方海事局、各直属海事局，各分支海事局和地市级地方海事局，除按照部海事局的要求开展相关工作外，负责对有关海事工作的地方性法规、地方政府规章、各级地方人民政府及其工作部门（包括各级地方海事机构）以及各直属海事局系统发布的相关文件进行清理。

第三节 海事执法主体的督察

一、海事执法机构的主体资格督察

依据《海事行政执法监督管理规定》第十八条规定，对海事管理机构的行政执法主体资格的监督，主要包括以下内容。

（一）是否具有合法的行政执法主体资格

行政主体，是指享有行政权，能以自己的名义行使国家行政职权并能独立承担因此产生的相应法律责任的组织。判断行政主体资格有三个标准：一是独立的拥有并行使行政权力；二是能够以自己的名义对外采取行政行为；三是承担由其采取的行政活动而产生的法律责任。如作诉讼被告、复议被申请人、赔偿义务机关等。这其中最终确立的标准是责，有权有名未必都是行政机关，有责则一定是行政机关。具体说来，各级海事行政管理机关、依照法律法规或规章授权的组织和个人具有行政执法主体资格。

实践中应注意：对于依照海事行政机关的委托，行使海事行政执法职能的组织或机构，不具有行政主体资格，其在海事行政执法中产生的法律责任和法律后果归于委托海事行政机关。

《行政处罚法》第二十条规定："行政机关依照法律、法规或者规章的规定，可以在其法定权限内委托符合本法第二十一条规定条件的组织实施行政处罚。行政机关不得委托其他组织或者个人实施行政处罚。委托书应当载明委托的具体事项、权限、期限等内容委托行政机关和受托组织应当将委托书向社会公布。委托行政机关对受委托的组织实施行政处罚的行为应当负责监督,并对该行为的后果承担法律责任。受委托组织在委托范围内,以委托行政机关名义实施行政处罚;不得再委托其他任何组织或者个人实施行政处罚。"

(二)是否按照上级分级管理要求在权限内办理海事行政执法业务

各级海事管理机关应当依照有关的组织法,在海事行政机关各层级内,按照上级分级管理的职责和权限,办理海事行政执法业务,不得越级办理海事业务。

(三)海事管理机构所属内设机构、办事机构是否违规以其自身名义对外开展海事行政执法业务

各级海事行政机关的办公机构、办事机构、未经授权的内设机构、派出机构以及未经授权的议事协调机构都不具有行政主体的资格,不能以自己的名义对外开展海事行政执法业务,必须以各级海事行政行政机关的名义对外开展业务,其所产生的法律后果由各级海事行政机关承担。

二、海事执法人员的资格督察

(一)海事执法人员的资格

依照《海事行政执法监督管理规定》第十九条规定,对执法人员行政执法资格、条件及管理情况的监督,主要包括以下内容。

1. 是否依照中华人民共和国海事局海事行政执法证件管理要求对执法人员实行培训、考试、资格审定、持证上岗和跟踪考核

(1)一般规定

依据《交通运输行政执法证件管理规定》,交通运输行政执法证件是取得交通运输行政执法资格的合法凭证,是依法从事公路路政、道路运政、水路运政、航道行政、港口行政、交通建设工程质量安全监督、海事行政、交通综合行政执法等交通运输行政执法工作的身份证明。《交通运输行政执法证件管理规定》第二条第二款规定:"交通运输行政执法证件包括《交通运输行政执法证》和《海事行政执法证》。从事海事执法工作的人员应当持有《海事行政执法证》,从事其他交通运输执法工作的人员应当持有《交通运输行政执法证》。"

交通运输部负责全国交通运输行政执法证件管理工作。县级以上地方交通运输主管部门负责本地区交通运输行政执法证件管理工作。交通运输部海事局负责《海事行政执法证》管理工作。长江航务管理局、长江口航道管理局在职责范围内负责《交通运输行政执法证》管理工作。县级以上交通运输主管部门、交通运输部海事局、长江航务管理局、长江口航道管理局的法制机构负责实施交通运输行政执法证件管理工作。

(2)培训与考试

第一,培训与考试的条件。

申领交通运输行政执法证件应当参加交通运输行政执法人员资格培训,经交通运输行

政执法人员资格考试合格。《交通运输行政执法证件管理规定》第七条规定,参加交通运输行政执法人员资格培训与考试,应当具备以下条件:

①十八周岁以上,身体健康;

②具有国民教育序列大专以上学历;

③具有交通运输行政执法机构正式编制并拟从事交通运输行政执法工作;

④品行良好,遵纪守法;

⑤法律、行政法规和规章规定的其他条件。

已经持有《交通行政执法证》但不符合前款规定的第(二)项、第(三)项条件的人员,可以通过申请参加交通运输行政执法人员资格培训和考试,取得《交通运输行政执法证》。

《交通运输行政执法证件管理规定》第八条规定,对于曾因犯罪受过刑事处罚的、曾被开除公职的人员不得申请参加交通运输行政执法人员资格培训和考试。该条规定表明,曾受过刑事处罚、曾被开除公职的人员没有参加行政执法人员培训考试的资格,不能取得行政执法证书,从事行政执法活动。

《交通运输行政执法证件管理规定》第九条规定,符合下列条件之一的人员申请交通运输行政执法资格,经省级交通运输行政执法主管部门、交通运输部海事局、长江航务管理局、长江口航道管理局审核合格,可免予参加交通运输行政执法人员资格培训和考试:

①在法制管理或交通运输行政执法岗位工作 15 年以上,且具有大学本科以上学历;

②在法制管理或基层执法岗位工作 10 年以上,且具有法学专业本科以上学历。

第二,培训与考试的程序。

根据《交通运输行政执法证件管理规定》第十条规定,申请参加交通运输行政执法人员资格培训和考试的,应当向其所属主管部门提交下列申请材料:

①交通运输行政执法人员资格培训和考试申请表,注明申请人基本情况及拟申请参加资格培训和考试的相应执法门类等主要内容;

②居民身份证原件及复印件;

③学历证书原件及复印件;

④人员编制证明材料;

⑤所在单位的推荐函。

根据《交通运输行政执法证件管理规定》第十一条规定,主管部门收到申请材料后,应当按照本规定第七条、第八条规定的条件进行审查。

县级以上交通运输主管部门设立业务管理机构的,由业务管理机构对所提交的相应执法门类的申请材料提出初步审查意见。

主管部门审查合格的,由其主要负责人签署审查意见并加盖本机关公章后,通过执法人员与执法证件管理系统逐级报送至省级交通运输主管部门或者交通运输部海事局、长江航务管理局、长江口航道管理局。

第三,培训与考试的组织。

交通运输部负责组织编制全国交通运输行政执法人员培训规划、各执法门类的培训大纲和教材。交通运输部和省级交通运输主管部门、交通运输部海事局、长江航务管理局、长江口航道管理局根据教学设备设施、教学人员力量等情况组织选择交通运输行政执法人员资格培训机构。交通运输行政执法人员资格培训教学人员应当是参加交通运输部组织的培训并经考试合格的人员,或者经省级以上交通运输主管部门、交通运输部海事局、长江航务管理局、长江口航道管理局认可的法学专家、具有丰富执法经验和较高法制理论水平的专业人员。

交通运输行政执法人员培训由交通运输部和省级交通运输主管部门、交通运输部海事局、长江航务管理局、长江口航道管理局在各自的职责范围内负责实施。交通运输行政执法人员资格培训的内容,应当包括基本法律知识、相关交通运输法规、职业道德规范、现场执法实务和军训,其中面授课时数不少于60个学时。

《交通运输行政执法证件管理规定》第六条规定:申领交通运输行政执法证件应当参加交通运输行政执法人员资格培训,经交通运输行政执法人员资格考试合格。

《交通运输行政执法证件管理规定》第十九条规定,交通运输行政执法人员资格考试包括以下内容:

①法律基础知识,包括宪法、立法法、行政许可法、行政处罚法、行政复议法、行政诉讼法、国家赔偿法等;

②专业法律知识,包括有关交通运输的法律、行政法规和交通运输部规章,以及与交通运输密切相关的法律、行政法规;

③行政执法基础理论和专业知识,包括交通运输行政执法人员道德规范、执法程序规范、执法风纪、执法禁令、执法忌语、执法文书等;

④交通运输部规定的其他相关知识。

2. 是否存在未取得海事行政执法证件从事行政执法活动的情形

《交通运输行政执法证件管理规定》第五条规定:"交通运输行政执法人员在执行公务时,应当出示交通运输行政执法证件。未取得交通运输行政执法证件的,一律不得从事交通运输行政执法工作。"《交通运输行政执法证件管理规定》第二十二条规定:"持证人应当按照其所持交通运输行政执法证件中注明的执法门类在法定职责和辖区范围内从事交通运输行政执法工作。"

未取得海事行政执法证件的情形主要包括两种:一是自始未取得海事行政执法证件,包括上述未经考试培训的人员、经考试培训后不合格的人员以及不具有参加考试培训资格的人员。二是经发证机关对取得行政执法证件的人员考核不合格而丧失海事行政执法证件的情形。

《交通运输行政执法证件管理规定》第二十七条规定:"发证机关应当结合实际每年组织对本地区、本系统交通运输行政执法人员进行执法工作考核。"《交通运输行政执法证件管理规定》第三十条规定:"发证机关每年应当根据年度考核结果对交通运输行政执法证件进行年审。……未经发证机关年度审验的交通运输行政执法证件自行失效。"

(1)执法证件的暂扣

《交通运输行政执法证件管理规定》第三十一条规定,交通运输行政执法人员有下列情形之一的,由发证机关作出暂扣其交通运输行政执法证件的决定,并由其所在单位收缴其证件:

①年度考核等次为不合格的;

②无故不参加岗位培训或考核的;

③涂改交通运输行政执法证件或者将交通运输行政执法证件转借他人的;

④其他应当暂扣交通运输行政执法证件的情形,因前款被暂扣交通运输行政执法证件

的,在暂扣期间不得从事交通运输行政执法活动。

(2)执法证件的吊销

《交通运输行政执法证件管理规定》第三十三条规定,交通运输行政执法人员有下列情形之一的,由发证机关作出吊销其交通运输行政执法证件的决定,并由其所在县级以上交通运输主管部门或者海事管理机构收缴其证件:

①受到刑事处罚、劳动教养、行政拘留或者开除处分的;

②利用交通运输行政执法权牟取私利、从事违法活动的;

③利用职务收受贿赂、以权谋私等行为受到行政记大过以上处分的;

④以欺诈、贿赂等不正当手段取得交通运输行政执法证件的;

⑤因违法执法导致行政执法行为经行政诉讼败诉、行政复议被撤销、变更,并引起国家赔偿,造成严重后果的;

⑥违反执法人员工作纪律,造成严重不良社会影响的;

⑦连续两年考核等次为不合格的;

⑧违反交通运输行政执法禁令,情节严重的;

⑨其他应当吊销交通运输行政执法证件的情形。

《交通运输行政执法证件管理规定》第三十四条规定:"被吊销交通运输行政执法证件的,不得重新申领交通运输行政执法证件。"

3. 是否定期对执法人员进行法律知识、执法技能的教育培训

4. 是否按照规定配备执法人员

依照《海事行政执法监督管理规定》第二十九条之规定,对海事执法队伍执法风纪遵守情况的监督,主要包括以下内容:

(1)着装、仪容、风纪、举止、执法用语是否符合规范;

(2)办公场所是否整洁;

(3)是否遵守执法人员纪律要求。

(一)着装、仪容、风纪、举止、执法用语

《全国海事系统"文明执法示范窗口"规范》对文明执法提出了以下比较明确的要求。

(1)执法人员应进一步转变执法理念,严格执法、热情服务,爱民、亲民、为民,以让群众满意作为执法工作的出发点,认真落实便民、利民措施。

(2)执法人员执法时应按标准着装,风纪严整,举止大方得体,作到示证执法。

(3)设外执法时应遵守外事纪律。

(4)执法人员不得在海事执法场所或执法工作时间内饮酒或酒后执法。

严格规范交通行政执法人员的执法行为,进一步严明执法纪律,坚决杜绝和严肃查处违法违纪行为,不断提高执法水平,对于建设一支素质优良、行为规范、纪律严明、作风过硬的交通行政执法队伍具有重要意义。

(二)办公场所执法环境和条件

(1)办公场所和设施满足工作基本需要,按照经济、效能原则,配备办公、交通、通信等设备。配备满足工作需要的有效法规资料。

（2）办公场所内、外部及相关设施上依照规定合理设置醒目美观的中华人民共和国海事局和"中国海事"标识。

（3）办公场所合理、规范设置管辖区域示意图以及单位名牌、部门标牌、岗位名牌。

（4）设置引导办事人员到办事地点的醒目标识。夜间值班窗口设置灯光指引标识。

（5）办公场所应秩序井然，清洁卫生。

（6）采用方便行政相对人查询和便于及时更新的形式实施政务公开，公布法制宣传和信息服务等内容。

（7）执法人员柜台（办公桌）上应放置岗位名牌。岗位名牌内容包括：岗位名称、海事标志、执法证号码、照片、监督电话。

（8）提供方便行政相对人办理业务过程中使用的休息、饮水、笔墨及其他有关用具。

（三）海事执法人员纪律要求

1.《海事行政执法人员守则》的主要内容及具体要求

（1）政治坚定，热爱祖国海事事业。作到服务人民，奉献社会，保障水上交通安全，保护水域环境，维护国家权益。

（2）忠诚法律，树立海事法制观念。作到依法行政，不枉不纵，执法行为合法、公正、合理、适当，法律法规有效实施。

（3）恪尽职守，维护海事管理秩序。作到管理严格，服务周到，正确果断处理险情，竭诚保护船舶、人命财产安全。

（4）行为规范，体现海事文明。作到示证执法，风纪严整，执法文书填写严谨，言谈举止文明礼貌。

（5）接受监督，实行海事政务公开。作到方便群众，讲求效率，向社会提高真实可信的承诺，尊重船舶船员的合法权利。

（6）顾全大局，发扬海事协作精神。作到遵章守纪，政令畅通，请示报告及时，主动搞好辖区内外的协调配合。

（7）廉洁自律，执行海事廉政规定。作到秉公执法，反腐拒贿，正确行使手中权力，不为自己设定法外权利和免除法定义务。

（8）努力学习，提高海事执法水平。作到积极探索，勇于创新，熟练掌握法律业务知识和执法技能，为海事事业多作贡献。

2.海事行政执法人员八项纪律

（1）严禁海事执法人员及其家属接受可能影响执法公务的吃请和娱乐、旅游活动。非工作需要，执法人员不准着海事制服或使用带有执法标志的车辆出入营业性餐饮、娱乐场所。

（2）严禁各级海事管理机构违反规定擅自收取规费或代征、协征其他规费、费用。严禁海事执法人员利用职务之便要求行政管理相对人报销应由个人负担的各种费用或索要、收受钱物、有价证券、支付凭证等。

（3）严禁海事执法人员私自借用行政管理相对人的车辆、通信工具或其他设备。

（4）严禁海事执法人员利用工作之便要求船舶无偿运送个人物品、搭载乘客。

（5）严禁海事执法人员通过中介、代理、入股等形式从事与执法活动有关或可能影响执行公务的经商活动。

（6）严禁各级海事机构或海事执法人员非法倒卖违法船舶载运的货物，为单位或个人谋取非法利益。

（7）严禁在海事执法场所或在执法工作时间内饮酒或酒后执法。

（8）严禁海事执法人员赌博。

对违反上述规定者，一经查实，要给予组织处理，情节较轻的暂扣行政执法证1~3个月，其间不得从事执法工作。情节较重造成不良后果的，吊销行政执法证、调离执法岗位；情节严重并造成严重后果或恶劣影响的，予以辞退或者开除。

发生执法人员违反上述规定的单位，要对其所在单位直接领导、主要领导按照党风廉政建设责任制要求和有关纪律给予相应处理。执法人员违反上述规定被省级以上媒体曝光造成恶劣影响，经查实后，要对所在单位直接领导、主要领导予以警告、记过直至撤职；情节恶劣、后果严重的，要对上一级单位分管领导、主要领导予以警告、记过直至撤职。对违反上述纪律的行为，隐瞒不报、压案不查、包庇袒护的，一经发现，从严追究有关领导责任。

第四节 具体海事行政执法行为的督察

具体海事行政执法行为是指，海事行政执法主体在海事行政管理活动中按照法定职权和程序对海事行政管理相对人所采取的直接影响其权利和义务，并对其权利和义务的行使和履行进行监督的具体行政行为。依照《海事行政执法监督管理规定》，具体海事行政执法行为包括海事行政许可、行政确认、行政报备、行政处罚、行政强制、行政检查、行政调查、行政征收等。

一、对海事行政许可的督察

《行政许可法》第二条规定："本法所称行政许可，是指行政机关根据公民、法人或者其他组织的申请，经依法审查，准予其从事特定活动的行为。"为了实施海事行政许可，原交通部于2006年4月1日起实施了《中华人民共和国海事行政许可条件规定》。该规定定义海事行政许可是指，依据水上交通安全、防污染等海事管理的法律、行政法规、国务院决定的设定，由海事管理机构实施或者由交通部实施、海事管理机构具体办理的行政许可。海事行政许可按照行政许可的性质、功能和适用条件划分为普通许可、认可、核准、登记四类。

依照《行政许可法》《海事行政执法监督管理规定》第二十条之规定以及其他法律法规规范性文件的规定，对海事行政许可的监督，主要包括以下内容。

（一）项目设立是否合法

项目设立是否合法是指，当事人申请许可的事项是否符合《行政许可法》的相关规定。《行政许可法》第四条规定：设定和实施行政许可，应当依照法定的权限、范围、条件和程序。

《行政许可法》第十一条规定了设定行政许可应遵循的基本原则。行政许可的设定应当"遵循经济和社会发展规律，有利于发挥公民、法人或者其他组织的积极性、主动性，维护公共利益和社会秩序，促进经济、社会和生态环境协调发展。"

1. 可以设定行政许可的事项

依据《行政许可法》第十二条的规定,下列事项可以设定行政许可:

(1)直接涉及国家安全、公共安全、经济宏观调控、生态环境保护以及直接关系人身健康、生命财产安全等特定活动,需要按照法定条件予以批准的事项;

(2)有限自然资源开发利用、公共资源配置以及直接关系公共利益的特定行业的市场准入等,需要赋予特定权利的事项;

(3)提供公众服务并且直接关系公共利益的职业、行业,需要确定具备特殊信誉、特殊条件或者特殊技能等资格、资质的事项;

(4)直接关系公共安全、人身健康、生命财产安全的重要设备、设施、产品、物品,需要按照技术标准、技术规范,通过检验、检测、检疫等方式进行审定的事项;

(5)企业或者其他组织的设立等,需要确定主体资格的事项;

(6)法律、行政法规规定可以设定行政许可的其他事项。

以上事项并不是强制设定行政许可的事项,《行政许可法》第十三条规定,本法第十二条所列事项,通过下列方式能够予以规范的,可以不设行政许可:

(1)公民、法人或者其他组织能够自主决定的;

(2)市场竞争机制能够有效调节的;

(3)行业组织或者中介机构能够自律管理的;

(4)行政机关采用事后监督等其他行政管理方式能够解决的。

2. 行政法规、地方性法规、规章设定行政许可的情形

对于可以设定行政许可,在设定行政许可的层级上,《行政许可法》第十四条规定:"本法第十二条所列事项,法律可以设定行政许可。尚未制定法律的,行政法规可以设定行政许可。必要时,国务院可以采用发布决定的方式设定行政许可。实施后,除临时性行政许可事项外,国务院应当及时提请全国人民代表大会及其常务委员会制定法律,或者自行制定行政法规。"

《行政许可法》第十五条同时规定:"本法第十二条所列事项,尚未制定法律、行政法规的,地方性法规可以设定行政许可;尚未制定法律、行政法规和地方性法规的,因行政管理的需要,确需立即实施行政许可的,省、自治区、直辖市人民政府规章可以设定临时性的行政许可。临时性的行政许可实施满一年需要继续实施的,应当提请本级人民代表大会及其常务委员会制定地方性法规。"

3. 地方性法规、省自治区、直辖市人民政府规章设定行政许可的限制

地方性法规和省、自治区、直辖市人民政府规章,不得设定应当由国家统一确定的公民、法人或者其他组织的资格、资质的行政许可;不得设定企业或者其他组织的设立登记及其前置性行政许可。其设定的行政许可,不得限制其他地区的个人或者企业到本地区从事生产经营和提供服务,不得限制其他地区的商品进入本地区市场。

4. 实施行政许可的具体规定

《行政许可法》第十六条规定:"行政法规可以在法律设定的行政许可事项范围内,对实施该行政许可作出具体规定。地方性法规可以在法律、行政法规设定的行政许可事项范围内,对实施该行政许可作出具体规定。规章可以在上位法设定的行政许可事项范围内,对实施该行政许可作出具体规定。法规、规章对实施上位法设定的行政许可作出的具体规

定,不得增设行政许可;对行政许可条件作出的具体规定,不得增设违反上位法的其他条件。"

5. 规范性文件不得设定行政许可

《行政许可法》第十七条规定:除第十四条、第十五条规定的外,其他规范性文件一律不得设定行政许可。

(二)是否符合海事行政许可条件

《海事行政许可条件规定》详细规定了通航管理领域、船舶管理领域、防止船舶污染和船载危险货物管理以及其他海事行政管理领域的行政许可的条件。申请及审查、决定海事行政许可所依照的海事行政许可条件,是对海事行政许可督察的重要内容。

1. 海事行政许可条件的法定性

《海事行政许可条件规定》第三条规定:"海事管理机构在审查、决定海事行政许可时,不得擅自增加、减少或者变更海事行政许可条件。不符合本规定相应条件的,不得作出准予的海事行政许可决定。"

2. 海事许可条件的公开性

《海事行政许可条件规定》第四条规定:"海事行政许可条件应当按照《交通行政许可实施程序规定》予以公示。申请人要求对海事行政许可条件予以说明的,海事管理机构应当予以说明。"

海事行政许可条件公开性的要求,为行政相对人提供了明确的申请指引,对于不明确的条件海事管理机关应当向海事行政相对人说明。

《海事行政许可条件规定》第五条进一步规定:"国家海事管理机构应当根据海事行政许可条件,统一明确申请人应当提交的材料。有关海事管理机构应当将材料目录予以公示。申请人申请海事行政许可时,应当按照规定提交申请书和相关的材料,并对所提交材料的真实性和有效性负责。"该条款的规定,同样体现了公开性的要求,使行政相对人提交材料目录公示,接受公众对于具体海事行政许可行为的监督。

(三)执行程序是否合法

《交通行政许可实施程序规定》第四条规定:"实施交通行政许可,应当遵循公开、公平、公正、便民、高效的原则。"该条例第五条规定,实施机关应当按照《行政许可法》的有关规定,将交通行政许可的事项、交通行政许可的依据、交通行政许可的实施主体、受委托行政机关和受委托实施行政许可的内容、交通行政许可统一受现的机构等有关内容予以公示。已实行电子政务的实施机关应当公布网站网址。海事行政许可程序分为一般程序和特殊程序。

1. 一般程序

海事行政许可的一般程序包括许可的申请、受理、审查与决定程序。

(1)申请程序

①海事行政许可的申请方式

海事行政许可申请人可以到海事管理机构办公场所提出申请,也可以信函、电报、电传、传真、电子数据交换和电子邮件提出申请,还可以委托代理人提出申请。

②申请人应当如实反映有关情况，提供有关材料

《海事行政许可条件规定》第五条第二款规定："申请人申请海事行政许可时，应当按照规定提交申请书和相关的材料，并对所提交材料的真实性和有效性负责。"

申请人提交原件(相关证书)有困难或提交原件会给申请人带来不便，可在申请时一并提交复印件，复印件上应有申请人关于复印件与原件一致性的声明。经海事管理机构核对原件无误后，在复印件上加盖"与原件核对无误"章，受理员姓名和日期，将原件退回申请人。申请人委托他人申请的，应提交委托书和委托人、被委托人的身份证明。

申请变更海事行政许可、延续海事行政许可期限的，申请人可以仅就发生变更的事项或者情况提交相关的材料；已提交过的材料情况未发生变化的可以不再提交。

③海事管理机构应当公开有关申请规定，提供申请书格式文本

a.海事管理机构应当公示有关许可事项的规定；

b.海事管理机构应当答复申请人提出的疑问并作出说明；

c.海事管理机构应当提供申请书格式文本，可以为其示范填写；

d.海事管理机构不得要求申请人提交与其申请的许可事项无关的材料。

（2）受理程序

①审查

海事管理机构应对申请人提交的海事行政许可申请材料目录和格式进行形式审查。主要审查下列事项：

a.申请事项是否属于海事管理机构管辖范围；

b.申请事项是否属于依法需要取得许可的事项；

c.申请人是否按照法律、法规和规章的规定提交了符合规定数量和种类的申请材料；

d.申请人提供的许可申请材料是否符合规定的格式要求；

e.其他事项，如申请人的申请资格、申请材料是否有明显错误等内容。

②审查后的处理

海事管理机构受理申请人的申请海事行政许可后，经审查视情况作出以下处理。

a.决定予以受理。依法属于海事管理机构职权范围且申请事项依法需要取得许可的，申请材料齐全，符合法定形式，海事管理机构应当予以受理。

海事管理机构受理申请后，对非当场行政许可的，应即时填写《海事业务审批单》，连同有关材料转交相关审核员进行审查；当场可以作出行政许可决定的，由受理员直接作出决定。受理员应将行政许可申请、行政审批申请和行政报备受理情况在《海事行政许可类办理登记簿》中予以登记。

b.更正或补正。依法属于海事管理机构职权范围且申请事项依法需要取得许可的，如申请人提交的材料可以在当场更正的错误的，海事管理机构应当允许申请人当场更正；如果申请人提交的申请材料不齐全或者不符合法定形式的，且申请人不能当场更正的，海事管理机构应当一次性告知申请人需要补正的全部内容，并签发《海事行政许可(审批、报备)补正通知书》加盖受理专用章，送达申请人。

c.决定不予受理。对于不属于海事管理机构管辖或者依法不需取得许可的申请事项，应当当场作出不予受理的决定，签发《海事行政许可(审批、报备)不予受理通知书》，加盖受理专用章，送达申请人。

（3）审查与决定程序

海事行政许可审查程序是指海事管理机构对已经受理的许可申请材料的实质内容进行核查的过程。海事行政许可的审查程序是海事机构作出许可决定的必经环节。海事行政许可的审查依据具体海事业务项目程序与标准规定执行。审核员接受有关材料后，应按照要求进行审核，在初审意见栏填写审核意见（不同意的说明理由），按规定应报送复审人（二审）或审批人审核的，应及时报送。复审人（二审）或审批人接受有关材料后，应按照要求进行复审，在复审意见栏填写审核意见（不同意的说明理由），按照规定应报送审批人的，应及时报送。审批人接受有关材料后，应按照具体要求进行审核，在审批人意见栏填写审批意见（不同意的说明理由）。对法律、法规、规章规定实施海事行政许可前应当举行听证的事项，海事管理机构应按照听证程序要求组织听证。对法律、法规、规章规定实施海事行政许可前应当进行现场核查的事项，审核员应进行核查或指定核查。

根据审查的具体情况，作出是否给予申请人申请事项海事行政许可的决定。海事行政许可的审查与决定程序依据具体海事业务项目程序与标准规定执行，可以作出以下决定。（具体可参照《海事行政执法政务公开指南》。）

①决定准予海事行政许可

对符合法定条件的申请事项，应当当场或在规定期限内依法作出准予行政许可的书面决定，制作《海事行政许可（审批）决定书》。作出准予许可决定依法需要颁发有关许可证件的，海事管理机构应当在法定期限内颁发、送达许可证件。

②决定不准予海事行政许可

对不符合法定条件不予批准的申请事项，应当当场或在规定期限内依法作出不予批准行政许可的书面决定，制作《不予海事行政许可（审批）决定书》。

海事管理机构作出的准予行政许可决定，应当予以公开，公众有权查阅。海事管理机构作出不予许可的决定应当说明理由，告知申请人救济权。

2. 特别程序

特别程序是海事行政许可的特别规定，对一般许可程序的补充。海事机构实施许可时，有特别程序的，适用特别程序，没有特别程序的适用一般程序。特别程序主要有以下内容。

（1）认可程序，即实施赋予公民、法人或其他组织特定资格、资质等海事许可应遵循的特别程序。认可程序的核心是海事机构根据考核或考试结果作出许可决定。

（2）核准程序，是指海事管理机构对某些事项是否达到特定技术标准、技术规范进行审定等许可应遵循的特别程序。核准程序的核心是海事机构依据对设备、设施、产品进行检验、检测的结果作出许可决定。许可应当已经公布依据的技术标准、技术规范作出。

（3）登记程序，海事机构只对申请人提供的材料进行形式审查，符合法定形式，海事机构就应当予以登记。

（四）使用文书是否规范

依据《行政许可法》，行政许可文书主要有：《受理行政许可申请决定书》《收取行政许可申请材料凭证》《行政许可申请材料补正告知书》《延长行政许可批准事先告知书》《准予/延续/变更批准时限告知书》《不予批准/延续/变更行政许可决定书》《撤销行政许可决定书》《注销行政许可决定书》等。

海事许可实施机构,在依程序进行许可时,应当在法定的环节和程序上制作并向申请人下达相应的文书,文书制作应规范、符合程序要件。

(五)办结时限是否符合规定

海事许可实施机构在实施许可时,应当在法定期限内完成相应许可行为。

《交通行政许可实施程序规定》第十五条规定:"除当场作出交通行政许可决定外,实施机关应当自受理申请之日起20日内作出交通行政许可决定。20日不能作出决定的,经实施机关批准,可以延长10日,并应当向申请人送达《延长交通行政许可期限通知书》,将延长期限的理由告知申请人。但是,法律、法规别有规定的,以其规定。"该条例第十八条规定:"实施机关在作出准予或者不予许可决定后,应当在10日内向申请人送达决定书。"第十九条规定,实施机关作出准予交通行政许可决定的,应当在作出决定之日起10日内,向申请人颁发加盖实施机关印章的行政许可证件,包括:交通行政许可批准文件或者证明文件、许可证、执照或者其他许可证书,资格证、资质证、合格证书或其他许可证件,法律、法规、规章规定的其他行政许可证件。

海事行政许可类审批期限及提交材料,海事行政许可类审批条件、法律依据、审批期限及提交材料等,依据《海事行政执法政府公开指南》。

二、对海事行政处罚的督察

行政处罚是指特定的行政主体依法对违反行政管理秩序而尚未构成犯罪的行政相对人所给予的行政制裁。海事行政处罚是海事行政机构对违反海事行政法律规范,但尚未构成犯罪的海事行政相对人予以海事行政制裁的一种具体海事行政执法行为。

依照《行政处罚法》《海事行政执法监督管理规定》第二十一条之规定,对海事行政处罚的监督,主要包括以下内容:

(1)实施海事行政处罚是否有法律、法规依据;

(2)认定事实是否清楚,证据是否确凿;

(3)实施程序和使用文书是否合法、规范;

(4)海事行政处罚决定是否适当。

(一)实施海事行政处罚的依据

1. 实施海事行政处罚主要依据的法律、法规

《行政处罚法》第十条规定:"法律可以设定各种行政处罚。限制人身自由的行政处罚,只能由法律设定。"《行政处罚法》第十一条规定:"行政法规可以设定除限制人身自由以外的行政处罚。"法律对违法行为已经作出行政处罚规定,行政法规需要作出具体规定的,必须在法律规定的给予行政处罚的行为、种类和幅度的范围内规定。

实施海事行政处罚主要依据的法律法规有《行政处罚法》《海上交通安全法》《海洋环境保护法》《公民出入境管理法》《国旗法》等法律,《海事行政处罚规定》《内河海事行政处罚规定》《船舶登记条例》《船舶与海上设施检验条例》《内河交通安全管理条例》《危险化学品安全管理条例》《防止拆船污染环境管理条例》《海上交通事故调查处理条例》《海上航行

警告和航行通告管理规定》《航标条例》等法规。

2. 实施海事行政处罚主要依据的地方性法规

《行政处罚法》第十二条规定："地方性法规可以设定除限制人身自由、吊销企业营业执照以外的行政处罚。法律、行政法规对违法行为已经作出行政处罚规定，地方性法规需要作出具体规定的，必须在法律、行政法规规定的给予行政处罚的行为、种类和幅度的范围内规定。"

依据我国《行政处罚法》的相关规定，海事行政处罚可以依据地方性法规。地方性法规可以设定除限制人身自由、吊销企业营业执照以外的行政处罚。对于法律、法规对违法行为已经作出行政处罚规定，地方性法规可以视情况需要，在法律、行政法规规定的给予行政处罚的行为、种类和幅度的范围内作出具体规定。

3. 实施海事行政处罚主要依据的规章

《行政处罚法》第十三条规定："国务院部门规章可以在法律、行政法规规定的给予行政处罚的行为、种类和幅度的范围内作出具体规定。尚未制定法律、行政法规的，国务院部门规章对违反行政管理秩序的行为，可以设定警告或者一定数量罚款的行政处罚。罚款的限额由国务院规定。"

依照上述规定，规章可以在法律法规规定的给与行政处罚的行为、种类和幅度的范围内作出具体规定；在法律、行政法规尚未作出具体行政处罚规定时，对违反行政管理秩序的行为设定警告或一定数量罚款的行政处罚。海事行政处罚可以依据规章规定的具体行政处罚的行为、种类和幅度进行处罚，并可以依据规章设定的警告和罚款进行具体海事行政处罚。

在司法适用方面，人民法院依照法律法规审理行政案件，对于行政规章可以参照，规章并不是法院审理案件的直接依据。

4. 规范性文件的依据问题

法律、法规、规章以外的规范性文件能否作为认定违法和作为海事行政处罚的依据？依据《行政处罚法》第十六条规定："除法律、法规、规章外，其他规范性文件不得设定行政处罚。"据此，根据"处罚法定"原则，规范性文件不得设定行政处罚，亦不得对法律、法规和规章所设定的行政处罚作出具体规定，即不得对法律、法规和规章所设定的行政处罚的行为、种类和幅度作出具体规定。

在具体海事行政处罚时，不宜单独以规范性文件为依据来认定海事行政违法行为和进行处罚。规范性文件可以作为执行法律、法规和规章的措施，并且不得与上位法相冲突和抵触。

(二)海事行政处罚的构成要件

海事行政处罚是以海事行政相对人实施了海事行政违法行为为前提，而海事违法行为的认定需要具备以下构成要件。

1. 海事行政违法行为的主体

海事行政违法行为的主体是实施了违反海事行政法律规范，依法应受到海事行政处罚的相对人，即《海上海事行政处罚规定》当事人，主要有船舶(设施)所有人、经营(管理)人等。

2. 海事行政违法行为的客体

海事行政违法行为的客体是海事行政法律规范所保护的水上交通安全和防止船舶污染水域的秩序。包括以下方面：

(1)违反船舶所有人、经营人和船舶安全营运管理秩序；

(2)违反船舶、海上设施检验管理秩序；

(3)违反海上船舶登记管理秩序；

(4)违反海上船员管理秩序；

(5)违反海上航行、停泊和作业管理秩序；

(5)违反海上危险货物载运安全监督管理秩序；

(6)违反海上通航安全保障管理秩序；

(7)违反海上危险货物载运安全监督管理秩序；

(8)违反海难救助管理秩序；

(9)违反海上打捞管理秩序；

(10)违反海上船舶污染沿海水域环境监督管理秩序；

(11)违反海上交通事故调查处理秩序。

《内河海事行政处罚规定》也规定了相应的保护秩序。

3. 海事行政违法行为的主观方面

海事行政违法行为的主观方面，是指行为人对自己实施的海事行政违法行为在主观上是否存在过错。传统民事责任的归责原则，过错责任是一般原则，无过错责任是补充。在环境污染责任方面，一些国际条约和国内法已经将原来的过错责任修订为无过错责任，以加强环境保护的力度。在行政责任的归责原则上，目前尚没有无过错责任的立法例，仍以过错责任为基本原则。

4. 海事行政违法行为的客观方面

海事行政违法行为的客观方面，是行为人实施了违反海事行政法律规范的违法行为。一般来说，海事行政违法行为的客观方面只要求违法行为客观存在，而不要求这种行为所产生的危害后果，只要行为人实施了海事行政违法行为，都应认定为海事行政违法行为。危害后果可以作为处罚裁量时考虑的因素。

对以上违法行为的构成要件的认定需要事实清楚，证据确凿；各个构成要件的性质、情形、条件清楚、明确；同时有充分确实的证据证明违法事实符合法律法规、规章预先设定的事项，且违法行为系行为人所为，二者存在因果关系。

(三)海事行政处罚的证据

证据是用来证明案件事实的材料。海事行政处罚的证据是海事机构认定海事案件违法事实并对其定性处理的基础，也是海事管理机构对海事违法行为进行海事行政处罚的基础。

《交通行政处罚规定》第十五条规定：交通管理部门必须对案件情况进行全面、客观、公正地调查、收集证据；必要时，依照法律、法规的规定，可以进行检查。

1. 书证

书证是以文字、符号、图形所记载或表示的内容来证明案件事实的书面文件或其他资料。海事行政处罚所采信的书证主要反映船舶及其、设备的性能与技术状况,船舶航行、停泊的动态和作业状况,以及事故发生经过等内容。书证往往能够在案件中起到最为直接的证明作用,是海事行政处罚运用最广、作用最大的证据种类。

海事行政处罚中常见的书证主要包括:航海日志、轮机日志、海图、手册、照片等。

2. 物证

物证是以自己的存在、形态、质量等外部特征和物质属性来证明案件事实的物品或痕迹。物证与书证的主要区别是:书证是用记载的内容和含义来证明案件事实,而物证使用物体自身的外形、特征和质量来证明案件事实。物证相对于书证较为直接简单,在形式上和手续上一般无特别要求。

海事行政处罚中常见的物证主要有:事故现场的船舶、机器、机械部件、材料的样本或照片。

海事行政处罚中对书证和物证的收集应当是原物、原件。收集原物、原件确有困难的,可以拍摄、复制足以反映原物、原件内容或外形的照片、录像、复制件,并且可以指定或委托有关单位或个人对原物、原件予以妥善保管。值得注意的是,有时会出现证据形式竞合的情形。例如,某人伪造了账簿,如果需要依靠笔迹来鉴定真伪,该账簿就是物证;如果需要依靠其记载的内容来分辨真伪,该账簿就成为书证;如果既需要依靠笔迹又需要依靠其记载的内容来证明真伪,则该证据就产生了物证与书证并存的竞合现象。

3. 视听资料

视听资料是指以录音带、录像带、光盘、计算机及其他可试听的科技设备存储的用以证明案件事实的电子音像信息。此处采用的是广义的视听资料概念,包括了借助计算机或其他类似设备生成、记录、存储或传递的,或是在计算机或其他类似设备生成、记录、存储或传递的有关数据。

海事管理机构应当对收集的电子数据或录音、录像等视听资料的复制件进行证据转换,电子数据能转换为纸质资料的应当及时打印,录音资料应当附有声音内容的文字记录,并由有关单位或个人确认后盖章或签字。

海事行政处罚中常见的视听资料有:对违法嫌疑人制作笔录时的同步录音录像资料;将企业账册的大量数据导入的光盘等;海事行政相对人提交的其他电子数据等。

4. 证人证言

证人证言是当事人以外的第三人就其了解的案件情况向海事管理机构所作的如实陈述。证人证言只能由自然人提供,单位不能出具。无行为能力人和限制行为能力人,与当事人有利害关系的人也可以成为证人,但同案的违法嫌疑人不能互为证人。证人因年迈体弱、行动不便、路途遥远、交通不便、自然灾害等不可抗力或其他意外事件无法亲自表达证言的,可以向海事管理机构提交书面证言。海事行政处罚中常见的证人证言有:询问笔录或证人书面证言等。

5. 当事人陈述

当事人陈述是指当事人就案件事实向海事管理机构作出的叙述和承认。当事人是亲历案件实施全过程或部分过程的主体,其具有比其他人更了解案件全貌的基础,因此其陈述有真实的成分,但同时又带有利己的因素,有否认违法的关键事实或避重就轻的特性。因此,海事管理机构应当就其陈述联系其他案件证据判断其真伪。海事行政处罚中常见的当事人陈述有:询问笔录、当事人供述等。

6.鉴定结论

鉴定结论是指由海事管理机构委托专门机构、专家或由海事管理机构自行指定内部机构、专家就案件中的专门性问题进行化验、分析、鉴别及判断,从而得出的书面结论。

海事行政处罚中常见的鉴定结论有:船级社、检验检疫、技术监督、公安消防等检验或鉴定部门进行检验或鉴定并作出的检验或鉴定结论性意见。

7.现场勘验笔录

现场勘验笔录是海事行政执法人员对于案件有关的现场、物品进行勘测、调查、检验时,对勘验过程和结果所作的客观记录。这类证据与损失估价结合可以在简单海事案件中起到鉴定报告的作用,及时协商解决案件。复杂争议较大的海事案件的勘验笔录作为鉴定报告的参考依据,也能在一定程度上证明损害事实情况。海事行政处罚中常见的勘验笔录有:现场勘察、检验船舶、码头等情况的现场记录等。

(四)海事行政处罚证据的收集与审查

1.证据的收集

(1)程序要求

《交通行政处罚程序规定》第十六条规定,案件调查人员调查、收集证据,应当遵守下列规定:

(一)不得少于两人;

(二)询问证人和当事人,应当个别进行并告知其作伪证的法律责任;制作《询问笔录》须经被询问人阅核后,由询问人和被询问人签名或者盖章,被询问人拒绝签名或者盖章,由询问人在询问笔录上注明情况;

(三)对与案件有关的物品或者现场进行勘验检查的,应当通知当事人到场,制作《勘验检查笔录》,当事人拒不到场的,可以请在场的其他人员见证;

(四)对需要采取抽样调查的,应当制作《抽样取证凭证》,需要妥善保管的应当妥善保管,需要退回的应当退回;

(五)对涉及专门性问题的,应当指派或者聘请有专业知识和技术能力的部门和人员进行鉴定,并制作《鉴定意见书》;

(六)证据可能灭失或者以后难以取得的情况下,经交通管理部门负责人批准,可以先行登记保存,制作《证据登记保存清单》,并应当在七日内作出处理决定。

《交通行政处罚程序规定》第十九条规定:"案件调查人员在初步调查结束后,认为案件事实基本清楚,主要证据齐全,应当制作《交通违法行为调查报告》,提出处理意见,报送交通管理部门负责人审查。"

(2)回避制度

《交通行政处罚程序规定》第十七条规定,案件调查人员有下列情况之一的,应当回避,当事人也有权向交通管理部门申请要求回避:

(一)是本案的当事人或者其近亲属;

(二)本人或者其近亲属与本案有利害关系;

(三)与本案当事人有其他关系,可能影响案件的公正处理的。

《交通行政处罚程序规定》第十八条规定:案件调查人员的回避,由交通管理部门负责人决定。回避决定作出之前,案件调查人员不得擅自停止对案件的调查处理。

2. 证据的审查

(1)形式审查

证据必须具有形式合法要件,只有法律确定的证据形式才有证据能力,不属于法定证据形式的证据种类,不能作为证据来运用。前述依据我国相关法律法规规定,海事行政处罚证据种类包括书证、物证、视听资料、证人证言、当事人陈述、鉴定结论、勘验笔录等七种。其中,视听资料包括电子数据(证据)。

①书证的审查。书证应为原件,也可以是与原件核对无误的复印件、照片、节录本。如果是有关部门保管的书证原件的复制品、影印件或抄录件,应当注明出处。并经该保管部门核对无异后加盖印章。对于报表、图纸、会计账册等书证,应附有说明材料。有关查问、询问笔录,应当有执法人员与当事人、被询问人、翻译人的签章。

②物证的审查。物证应为原物,如果原物系数量较多的种类物,可以是其中一部分,也可以是与原物核对无误的复制件或证明原物的照片、录像等。

③视听资料的审查。录音、录像资料或电子数据应作为原始载体,如不能满足也可以是复制件,但应注明制作方法、制作时间、制作人及证明对象等。声音资料还应有文字记录。

④证人证言的审查。证人证言应写明证人的姓名、年龄、性别、职业、住址等情况,附有居民身份证的证件复印件并注明日期且备证人签章。

⑤鉴定结论的审查。鉴定结论应当载明委托人和委托鉴定的事项,向鉴定部门提交的相关材料、鉴定的依据和适用的科学技术手段,鉴定部门和鉴定人资格的说明,并且应当有鉴定人的签字、鉴定部门的盖章。

⑥勘验笔录的审查。检查、查验记录由办案人员、当事人或其代理人签字或盖章。当事人或其代理人不在现场或拒绝签字或盖章的,办案人员应当在检查、查验记录上注明,并且由见证人签字或盖章。

⑦境外证据的审查。境外证据应当说明来源,经所在国公证机关证明,并经中国驻该国使领馆认证,或履行中华人民共和国与证据所在国订立的有关条约中规定的证明手续。对于在港、澳、台地区内形成的证据,也应当具有按照有关规定办理的证明手续。

⑧涉及国家秘密、商业秘密或个人隐私的证据审查。涉及国家秘密商业秘密或个人隐私的证据,应作出明确标注,并附有书面证明材料。《最高人民法院关于民事诉讼证据的若干规定》第四十八条规定:"涉及国家秘密、商业秘密和个人隐私或者法律规定的其他应当保密的证据,不得在开庭时公开质证。"

(2)实体审查

海事管理机构作出的处罚应当对全案所有证据进行逐一审查并对全部证据进行综合审查,运用逻辑推理和生活经验,进行全面、客观和公正的分析判断,确定证据材料与案件事实之间的证明关系,排除不具有关联性的证据材料,准确认定案件事实。对证据的实体审查判断的包括基本内容以下。

①证据合法性审查。合法性审查包括证据形式的合法性、证据取得程序的合法性。

②证据的真实性审查。即审查证据形成的原因。发现证据的客观环境,证据是否为原

件、原物,复制件、复制品与原件、原物是否相符。提供证据的人或证人与当事人是否具有利害关系等。

③证据关联性的审查。即审查每一个证据与案件事实哪一个情节相关联而起到了证明作用;证据相互之间是否相关,表现是否一致,有无矛盾;全案是否形成证据链,是否达到相应的证明标准。

3. 证据规则

(1)证据排除规则

下列证据材料属于非法证据,不能作为定案依据:

①严重违反法定程序收集的证据材料;

②以偷拍、偷录、窃听等手段获取侵害他人合法权益的证据材料;

③以利诱、欺诈、胁迫、暴力等不正当手段获取的证据材料;

④当事人无正当理由超出举证期限提供的证据材料;

⑤在中华人民共和国领域以外或在中华人民共和国香港特别行政区、澳门特别行政区和台湾地区形成的未办理法定证明手续的证据材料;

⑥当事人无正当理由拒不提供原件、原物,又无其他证据印证,且对方当事人不予认可的证据的复制件或复制品;

⑦被当事人或他人进行技术处理而无法辨明真伪的证据材料;

⑧不能正确表达意志的证人提供的证言;

⑨以违反法律禁止性规定或侵犯他人合法权益的方法取得的证据,不能作为认定案件事实的依据;

⑩鉴定人不具备鉴定资格或鉴定程序严重违法或鉴定结论错误,不明确或内容不完整。

(2)证据优位规则

证明同一事实的数个证据,其证明效力一般可以按照下列情形分别认定:

①国家机关以及其他职能部门依职权制作的公文书优于其他书证;

②鉴定结论、现场笔录、勘验笔录、档案材料以及经过公证或登记的书证优于其他书证、视听资料和证人证言;

③原件、原物优于复制件、复制品;

④法定鉴定部门的鉴定结论优于其他鉴定部门的鉴定结论;

⑤法庭主持勘验所制作的勘验笔录优于其他部门主持勘验所制作的勘验笔录;

⑥原始证据优于传来证据;

⑦其他证人证言优于与当事人有亲属关系或其他密切关系的证人提供的证人证言;

⑧出庭作证的证人证言优于未出庭作证的证人证言;

⑨数个种类不同、内容一致的证据优于一个孤立的证据。

(3)证据补强规则

下列证据不能单独作为定案证据:

①未成年人所作的与其年龄和智力状况不相适应的证言;

②与一方当事人有亲属关系或其他密切关系的证人所作的对该当事人有利的证言,或与一方当事人有不利关系的证人所作的对该当事人不利的证言;

③应当出庭作证而无正当理由不出庭作证的证人证言;

④难以识别是否经过修改的视听资料;

⑤无法与原件、原物核对的复制件或复制品;

⑥经一方当事人或他人改动,对方当事人不予认可的证据材料;

⑦其他不能单独作为定案依据的证据材料。

(4)行政认知规则

下列事实海事管理机构可以直接认定:

①众所周知的事实;

②自然规律及定理;

③按照法律规定推定的事实;

④已经依法证明的事实;

⑤根据日常生活经验法则推定的事实;除前述第②项以外,当事人有相反证据足以推翻的除外。

(四)海事行政处罚实施程序

1.海事行政处罚的管辖

海事行政处罚的管辖分为地域管辖、级别管辖和指定管辖三种。

(1)地域管辖

地域管辖是以违法行为发生地的行政机关管辖为一般管辖的原则。即违法行为发生在何处,就应当由当地有行政处罚权的海事行政管理机构管辖。违法行为发生地包括行为实施地、发现地以及结果地。《海上海事行政处罚规定》第八十四条规定:海事行政处罚案件由海事行政违法行为发生地的海事管理机构管辖,法律、行政法规和本规定另有规定的除外。本条前款所称海事行政违法行为发生地,包括海事行政违法行为的初始发生地、过程经过地和结果发生地。

(2)级别管辖

级别管辖是指由哪一级海事管理机构管辖。

《海上海事行政处罚规定》第八十五条规定,各级海事局所属的海事处管辖本辖区内的下列海事行政处罚案件:

①对自然人处以警告、1 000 元以下罚款、扣留船员职务证书 3 个月至 6 个月的海事行政处罚;

②对法人或其他组织处以警告、1 万元以下罚款的海事行政处罚。各级海事局管辖本辖区内的所有海事行政处罚案件。

(3)指定管辖

指定管辖是指两个以上海事行政管理机构对同一违法行为均有行政处罚权,海事行政管理机构就管辖权发生争议时,报请他们共同上一级行政机关,由上一级行政机关确定由哪一海事行政管理机构管辖的制度。

《海上海事行政处罚规定》第八十六条规定:"对海事行政处罚案件管辖发生争议的,报请共同的上一级海事管理机构指定管辖。下级海事管理机构对其管辖的海事行政处罚案件,认为需要由上级海事管理机构办理的,可以报请上级海事管理机构决定。"

海事管理机构对不属于其管辖的海事行政处罚案件,应当移送有管辖权的海事管理机构;受移送的海事管理机构如果认为移送不当,应当报请共同的上一级海事管理机构指定管辖。

上级海事管理机构自收到解决海事行政处罚案件管辖争议或报请移送的海事行政处罚案件管辖的请示之日起7日内作出管辖决定。

2.海事行政处罚的程序

(1)简易程序

简易程序是指海事行政执法人员对符合法定条件的行政处罚事项,当场作出行政处罚决定的处罚程序。

①海事行政处罚简易程序的特点

a.适用简易程序查办案件,办案人员不得少于2人。

b.简易程序的适用条件是违法事实确凿、情节较为轻微、处罚依据明确的违法违章行为。

c.简易程序的实施,无须经过立案或审批程序。

d.适用简易程序,可以当场作出行政处罚决定。

e.简易程序的实施,必须遵循法定程序,不得剥夺当事人依法享有的法定权利。

②海事行政处罚简易程序的适用条件

适用简易程序的条件,《行政处罚法》第五十一条规定:"违法事实确凿并有法定依据,对公民处以二百元以下、对法人或其他组织处以三千元以下罚款或者警告的行政处罚的,可以当场作出行政处罚决定。"《海上海事行政处罚规定》第八十九条规定:"海事行政违法事律实确凿,并有法定依据的,对自然人处以警告式处以50元以下罚款,对法人或其他组织处以警告或1 000元以下的海事行政处罚的,可以当场作出海事行政处罚决定。"

a.简易程序仅限于处罚数额较小或者警告的海事行政处罚。除此以外的海事行政处罚,因为较为严厉及案件复杂,对当事人影响较大或者重大,而不适用简易程序。

b.违法事实确凿。违法事实确凿包括:有充分的证据证明违法事实的存在,程序违法符合法律、法规、行政规章预先设定的事项,有确实充分的证据证明违法事实系当事人所为。

c.有法定依据。对当事人作出的海事行政处罚不仅有法律、法规或规章依据,而且依据明确、具体。如果当场无法确定法律依据或者法律依据不明确的,也不适用简易程序。

③简易程序的实施。

a.执法人员表明身份。当场作出行政处罚决定的,执法人员应当向当事人出示执法证件,表明其身份。

b.确认违法事实,并说明处罚理由和依据。当场作出海事行政处罚,如果违法事实清楚、情节简单,当事人对违法事实无异议,执法人员可当场处罚,并说明处罚的事实根据和法律依据。

c.告知当事人依法享有的权利,当事人当场进行申辩的,执法人员应当记入笔录。

d.制作《海事当场行政处罚决定书》,当场交付当事人填写,并要求其在决定书副本上签字或盖章。执法人员当场作出行政处罚决定的,应当填写预定格式、统一编有号码的《海事当场行政处罚决定书》,行政处罚决定书应当载明法定事项并由执法人员签名或者盖章。

执法人员按照法定的格式,要求当事人填写《海事当场行政处罚决定书》,应当当场交付当事人,并要求当事人在海事行政处罚决定书副本上签字。

e.备案。海事行政执法人员当场作出行政处罚决定的,应当在3日内将海事行政处罚决定书副本报所属海事管理机构备案。当事人对当场处罚决定不服的,可以依法申请行政复议或者提起行政诉讼。申请行政复议或提起行政诉讼是《行政处罚法》第五十二条规定的对简易程序的法律救济程序。

（2）一般程序

一般程序是海事行政处罚的基本程序,除适用简易程序外,其他案件均应适用一般程序。因此,一般程序具有适用范围广、程序较为严格复杂等特点。一般程序也是听证程序的前提程序,听证程序召开前,一般须经过一般程序的调查、证据搜集、当事人申辩等程序,听证程序也被视为是一般程序的特殊程序。

一般程序主要有以下步骤。

①立案

《海上海事行政处罚规定》第九十二条规定:"除依法可以当场作出的海事行政处罚外,海事管理机构对自然人、法人或其他组织有依法应当处以海事行政处罚的海事行政违法行为的,除适用简易程序当场作出海事行政处罚外,应当自发现之日起7日内填写海事行政处罚立案呈批表,报本海事管理机构负责人批准,但海上海事行政处罚规定另有规定的,从其规定。发生海上交通事故应当处以海事行政处罚的,应当自海上交通事故调查完结之日起7日内填写海事行政处罚立案呈批表,报本海事管理机构负责人批准。"

②调查

调查是海事行政管理机构依法搜集海事行政违法案件的各种证据以查清有关违法事实的活动。依前所述,海事执法人员在调查时,调查人员为2人以上,应着装并向当事人出示执法证件。与案件有利害关系的执法人员应当回避。在调查中,执法人员有权询问当事人和证人。调查人员应当全面客观、公正地搜集各种证据。在没有取得足以证明应予处罚的违法事实存在的充分而确凿的证据以前,不能实施处罚。

③审核

海事行政处罚案件调查结束后,应当制作海事行政处罚案件调查报告,连同海事行政违法案件立案呈批表和证据材料,移送本海事管理机构负责法制工作的内设机构进行预审。

海事管理机构负责法制工作的内设机构预审后,应当根据规定提出书面意见,报本海事管理机构负责人审查。根据《海上海事行政处罚规定》第一百零六条规定:海事管理机构负责人审查完毕后,应当根据《行政处罚法》第三十八条的规定作出行政处罚决定、不予行政处罚决定、举行听证、移送其他有关机关处理的决定。对自然人罚款或没收非法所得数额超过1万元,对法人或其他组织罚款或没收非法所得数额超过3万元,以及撤销船舶检验资格、没收船舶、没收或吊销船舶登记证书、吊销船员职务证书、吊销海员出境证件的海事行政处罚,海事管理机构的负责人应当集体讨论决定。

④作出行政处罚决定,告知权利和说明理由,当事人陈述和申辩

a.制作决定书并送达。海事管理机构负责人对海事违法行为调查报告审查后,认为应当处以行政处罚的,应当制作海事违法行为通知书送达当事人,告知拟处以的行政处罚的

事实、理由和证据,并告知当事人有权在收到该通知书之日起 3 日内进行陈述和申辩,对依法应当听证的告知当事人有权在收到该通知书之日起 3 日内提出听证要求。

b. 当事人的陈述和申辩。海事管理机构应当充分听取行政相对人的陈述和申辩,并对当事人提出的事实、理由和证据进行复核;当事人提出的事实、理由或证据成立的,海事管理机构应当采纳;当事人要求组织听证的,海事管理机构应当按照规定组织听证。当事人逾期未提出陈述、申辩或要求组织听证的,视为放弃其陈述、申辩权利和要求举行听证的权利。

c. 行政处罚决定书的送达。海事管理机构作出海事行政处罚决定,应当制作海事行政处罚决定书,并加盖本海事管理机构的印章。海事行政处罚决定书应当在海事管理机构宣告后当场交付当事人,并将告知情况记录在送达回证中,由当事人在送达回证上签名或盖章;当事人不在场的,应当在 7 日内依法采取其他送达方式送达当事人。

⑤海事行政处罚的办案期限。海事行政处罚案件应当自立案之日起 2 个月内办理完毕。因特殊需要,经海事管理机构负责人批准可以延长办案期间,但最长不得延长至 3 个月。如 3 个月内仍不能办理完毕,经上一级海事管理机构批准可再延长办案期间,但最长不得延长至 6 个月。

(3)海事行政处罚的听证程序

①适用条件

a. 拟给予当事人海事行政处罚的种类或者罚款数额,符合法律、法规或规章所设定的需要听证的范围和标准。《海上海事行政处罚规定》第一百一十二条规定:"在作出较大数额罚款、吊销证书的额海事行政处罚决定之前,海事管理机构应当告知当事人有要求举行听证的权利;当事人要求听证的,海市管理机构应当组织听证。本条前款所称'较大数额罚款',是指对自然人处以 1 万元以上罚款,对法人或其他组织处以 10 万元以上罚款。由地方海事管理机构处以罚款的,也可以按照省、自治区、直辖市人民代表大会常务委员会或人民政府规定的标准确定'较大数额罚款'。"

b. 当事人提出举行听证的要求。《海上海事行政处罚规定》第一百一十二条第二款规定,"当事人要求听证的海事管理机构应当组织听证。当事人逾期未提出陈述、申辩或逾期未要求组织听证的,视为放弃有关权利。"

②申请与通知

a. 对当事人有听证权利的海事行政处罚事项,当事人要求听证的,可以在听证告知文书的送达回证上签署意见,也可以在收到行政处罚听证告知文书后的 3 日内,以书面或者口头形式提出听证要求。

b. 对于当事人依法提出听证申请的,实施海事行政处罚的机构应当将听证举行的时间、地点,在举行听证 7 日前通知当事人。

③听证过程

a. 海事管理机构的听证人员包括听证主持人、听证员、书记员。听证主持人由海事管理机构负责人指定本海事管理机构负责法制工作机构的非本案调查人员担任。听证员由海事管理机构负责人指定 1~2 名本海事管理机构的非本案调查人员担任,协助听证主持人组织听证。书记员由海事管理机构负责人指定本海事管理机构非本案调查人员担任,负责听证笔录的制作和其他事务。

b. 当事人可以委托代理人参加听证会。当事人委托代理人参加听证会的,应当向海事管理机构提交当事人签署的授权委托书。

c. 延期听证。当事人有下列情形之一的,主持人可以决定延期举行听证:当事人因不可抗拒的事由无法到场的;当事人临时申请回避的;其他应当延期的情形。

d. 中止听证。有下列情形之一的,主持人可以宣布中止听证:证据需要再重新鉴定、勘验的;当事人或其代理人提出新的事实、理由和证据,需要由本案调查人员调查核实的;作为听证申请人的法人或其他组织突然解散,尚未确定权利义务承受人的;当事人因不可抗拒的事由,不能继续参加听证的;听证过程中,当事人或其代理人违反听证纪律致使听证无法进行的;其他应当中止听证的情形。中止听证应当在听证笔录中写明情况,由主持人签名。

④听证报告

听证会举行完毕,听证主持人应当在 5 个工作日内写出听证报告,连同听证笔录一并上报本机关负责人进行审核;行政处罚实施机关应当依据听证,根据《行政处罚法》第三十八条的规定,作出是否给予行政处罚的决定。

(五)海事行政处罚的法律文书

行政处罚法律文书是根据有关行政法律规范的要求,遵循一定的程序和方式制定的具有特定形式并适用于海事行政处罚程序的法律文书。主要有以下内容。

(1)调查阶段

《询问笔录》《勘验笔录》《现场笔录》《海事行政处罚证据登记保存清单》等;

(2)审理和执行阶段

《当场海事行政处罚决定书》《海事违法行为调查报告》《海事违法行为通知书》《海事行政处罚决定书》《海事行政文书送达回证》《听证会通知书》。

(六)海事行政处罚的裁量

依照《海上海事行政处罚规定》和《内河海事行政处罚规定》的有关规定,海事行政处罚的适用应在自由裁量的范围内,合理考量处罚的种类、幅度等。

(1)海事管理机构实施海事行政处罚时,应当责令当事人改正或限期改正海事行政违法行为。

(2)对有两个或两个以上海事行政违法行为的同一当事人,应当分别处以海事行政处罚,合并执行。

对有共同海事行政违法行为的当事人,应当分别处以海事行政处罚。

对当事人的同一个海事行政违法行为,不得处以两次以上罚款的海事行政处罚。

(3)海事行政处罚的轻重,应当与海事行政违法行为和承担的海事行政法律责任相适应。海事违法行为轻微并及时纠正,没有造成危害后果的,不予海事行政处罚。

有海事行政违法行为的中国籍船舶和船员在境外已经受到海事行政处罚的,不得重复给予海事行政处罚。

(4)依据《海上海事行政处罚规定》第十二条规定,海事行政违法行为的当事人有下列情形之一的,应当从重处以海事行政处罚:

①造成较为严重后果或情节恶劣；

②一年内因同一海事行政违法行为受过海事行政处罚；

③胁迫、诱骗他人实施海事行政违法行为；

④伪造、隐匿、销毁海事行政违法行为证据；

⑤拒绝接受或阻挠海事管理机构实施监督管理；

⑥法律、行政法规规定应当从重处以海事行政处罚的其他情形。

三、对海事行政强制的督察

海事行政强制，是指海事行政管理机构依法实施的行政强制措施和行政强制执行。是行政强制的一个特定领域。

（一）海事行政强制的种类

依据《行政强制法》第二条的规定：本法所称行政强制，包括行政强制措施和行政强制执行。

行政强制措施，是指行政机关在行政管理过程中，为制止违法行为、防止证据损毁、避免危害发生、控制危险扩大等情形，依法对公民的人身自由实施暂时性限制，或者对公民、法人或者其他组织的财物实施暂时性控制的行为。

行政强制执行，是指行政机关或者行政机关申请人民法院，对不履行行政决定的公民、法人或者其他组织，依法强制履行义务的行为。行政强制，包括行政强制措施和行政强制执行行政强制：行政强制措施和行政强制执行。

海事行政强制的种类包括海事行政强制措施和海事行政强制执行两种类型。《行政强制法》第九条规定了行政强制措施的种类：

（1）限制公民人身自由；

（2）查封场所、设施或者财物；

（3）扣押财物；

（4）冻结存款、汇款；

（5）其他行政强制措施。

《行政强制法》第十二条规定了行政强制执行的方式：

（1）加处罚款或者滞纳金；

（2）划拨存款、汇款；

（3）拍卖或者依法处理查封、扣押的场所、设施或者财物；

（4）排除妨碍、恢复原状；

（5）代履行；

（6）其他强制执行方式。

（二）海事行政强制的设定

依据《行政强制法》，行政强制的设定和实施，应当适当。采用非强制手段可以达到行政管理目的的，不得设定和实施行政强制。实施行政强制，应当坚持教育与强制相结合。

《行政强制法》第十条规定：行政强制措施由法律设定。尚未制定法律，且属于国务院行政管理职权事项的,行政法规可以设定除本法第九条第一项、第四项和应当由法律规定的行政强制措施以外的其他行政强制措施。

尚未制定法律、行政法规,且属于地方性事务的,地方性法规可以设定本法第九条第二项、第三项的行政强制措施。

法律、法规以外的其他规范性文件不得设定行政强制措施。

行政强制执行的设定与行政强制措施相同。因此,海事行政强制的设定应当符合《行政强制法》的规定,海事行政强制措施和海事行政强制执行符合法律、法规、规章所设定的范围、条件和标准。海事规范性文件不得设定海事行政强制的事项。

(三)海事行政强制程序

1. 一般程序

《行政强制法》和《海事行政强制实施程序规定》作出规定的,海事管理机构实施海事行政强制措施应当遵守。对于海事行政强制的调查程序、对违法事实的证据搜集、审查和判断等程序,适用海事行政处罚的相关内容。

(1)实施海事行政强制海事管理机构采取海事行政强制措施前,海事执法人员应当制作《海事行政强制审批表》,报海事管理机构负责人批准;经批准同意采取海事行政强制措施的,海事执法人员应当制作《海事行政强制措施决定书》。

(2)由两名以上海事行政执法人员实施,出示海事执法证件。

(3)通知当事人到场。

(4)当场告知当事人采取海事行政强制措施的理由、依据以及当事人依法享有的权利、救济途径当场送达《海事行政强制措施决定书》。当事人不到场的,应当邀请与当事人以及案件无利害关系的见证人到场。

(5)听取当事人的陈述和申辩。当事人进行陈述和申辩的,应当充分听取当事人的意见,对当事人提出的事实、理由和证据进行复核;当事人提出的事实、理由或者证据成立的,海事管理机构应当采纳。

(6)制作现场笔录。实施海事行政强制措施时,应当制作《海事行政强制现场笔录》,记录送达、当事人陈述申辩和海事行政强制措施实施的情况,并由当事人和海事执法人员签名(盖章)。

(7)现场笔录由当事人和海事行政执法人员签名或者盖章,当事人拒绝的,在笔录中予以注明。

(8)当事人不到场的,邀请见证人到场,由见证人和行政执法人员在现场笔录上签名或者盖章。

(9)法律、法规规定的其他程序。

2. 特殊程序

依据法律规定实施限制公民人身自由的行政强制措施,除应当履行上述一般程序的规定外,还应当遵守下列规定:

(1)当场告知或者实施行政强制措施后立即通知当事人家属实施行政强制措施的行政机关、地点和期限;

(2)在紧急情况下当场实施行政强制措施的,在返回行政机关后,立即向行政机关负责

人报告并补办批准手续;

（3）法律规定的其他程序。

3. 简易程序

（1）适用条件

海事行政强制措施的简易程序是指，海事行政强制措施实施时遇有紧急情况，需要实施海事行政强制措施，无须经审批当场采取海事行政强制措施的程序。

适用海事行政强制措施简易程序的条件有以下两方面:

①实施海事行政强制措施时遇有紧急情况;

②需要当场作出海事行政强制措施的决定。

（2）适用情形

《海事行政强制实施程序规定》第十五条规定:因情况紧急，有下列情形之一，可以按照本节规定当场实施海事行政强制措施:

①造成或者可能造成水上交通安全或者水域污染事故的，属于突发事件的除外;

②造成或者可能造成违法行为证据灭失的;

③其他可能对人身、财产、社会公共利益造成影响的紧急情况。

（3）适用程序

《海事行政强制实施程序规定》第十六条规定:"当场实施海事行政强制措施的，海事执法人员应当当场告知当事人采取行政强制措施的理由、依据以及当事人依法享有的权利、救济途径，制作《海事行政强制现场笔录》，并在（返回岸上后）二十四小时内制作《海事行政强制审批表》，补办批准手续。

海事管理机构负责人认为不应当采取海事行政强制措施的，应当立即解除。"

4. 查封、扣押程序

依据《行政强制法》和《海事行政强制实施程序规定》，查封、扣押程序应遵循下列要求。

（1）海事管理机构采取查封、扣押措施的，应当制作《海事行政强制措施决定书》和查封、扣押清单。查封、扣押清单应当由执法人员、当事人或者见证人签字（盖章），并详细载明查封、扣押的时间和地点，查封、扣押的船舶、货物、设施的基本信息、数量及状况等事项。

（2）海事管理机构采取查封、扣押措施后，应当及时查清事实，在三十日内作出处理决定。情况复杂，需要延长期限的，应当填写《海事行政强制审批表》，报海事管理机构负责人批准，但是延长期限最长不得超过三十日。

（3）对查封、扣押的船舶、设施、货物等作出以下处理前，海事管理机构应当制作并送达《查封/扣押告知书》。

①延长查封、扣押期限的;

②进行检测、检验、检疫或者技术鉴定的;

③依法没收或者销毁的。

（4）依据《海事行政强制实施程序规定》第十四规定:"按《行政强制法》第二十八条规定，解除查封、扣押的，海事管理机构应当及时制作《解除查封/扣押决定书》和退还物品清单，经海事管理机构负责人批准后送达当事人。"

（5）退还物品清单应当由执法人员、当事人或者见证人签字（盖章），并载明退还时间、地点，退还查封、扣押的船舶、货物、设施等财物的基本信息、数量及状况等事项。

5. 海事行政强制执行

海事行政强制执行主要有以下两种情况。

（1）申请法院强制执行

当事人在法定期限内不申请行政复议或者提起行政诉讼的，又不履行行政决定的，没有行政强制执行权的行政机关可以自期限届满之日起3个月内，依照规定申请人民法院强制执行。

行政机关申请人民法院强制执行前，应当催告当事人履行义务。催告书送达10日后当事人仍未履行义务的，行政机关可以向所在地的有管辖权的人民法院申请强制执行；执行对象是不动产的，向不动产所在地的有管辖权的人民法院申请强制执行。

因情况紧急，为保障公共安全，行政机关可以申请人民法院立即执行。经人民法院院长批准，人民法院应当自作出执行裁定之日起5日内执行。

①申请法院强制执行的条件。《海事行政强制实施程序规定》第二十七条，海事管理机构向人民法院申请强制执行，应当符合以下条件：

a. 海事管理机构没有行政强制执行权；

b. 行政决定已生效并具有可执行的内容；

c. 当事人在法定期限内不申请行政复议或者提起行政诉讼，又不履行行政决定；

d. 当事人是行政决定所确定的义务人；

e. 海事管理机构自法定期限届满之日起三个月内提出书面申请。

②申请法院强制执行的程序。

a. 拟申请人民法院强制执行，海事执法人员应当制作《海事行政强制审批表》，报海事管理机构负责人批准。

b. 经海事管理机构负责人批准后，海事管理机构应当制作《催告通知书》，并送达当事人。

c. 《催告通知书》送达十日后当事人仍未履行义务的，海事管理机构可以制作《海事行政强制执行申请书》，并按照《行政强制法》第五十五条规定提供材料，向有管辖权的人民法院申请强制执行。

d. 向人民法院申请强制执行的案件，海事执法人员应当将海事行政决定、《海事行政强制审批表》《催告通知书》及《海事行政强制执行申请书》等相关申请材料报海事管理机构法制部门审核。经海事管理机构法制部门审核后，《海事行政强制执行申请书》应当由海事管理机构负责人签名，加盖海事管理机构印章，并注明日期。

e. 海事管理机构对人民法院不予受理或者不予执行的裁定有异议的，可以自收到裁定之日起十五日内向上一级人民法院申请复议。

（2）代履行

行政机关依法作出要求当事人履行排除妨碍、恢复原状等义务的行政决定，当事人逾期不履行，经催告仍不履行，其后果已经或者将危害交通安全、造成环境污染或者破坏自然资源的，行政机关可以代履行，或者委托没有利害关系的第三人代履行。代履行不得采用暴力、胁迫以及其他非法方式。

代履行的费用按照成本合理确定，由当事人承担。但是，法律另有规定的除外。

《海事行政强制实施程序规定》第十七条规定：海事管理机构依法作出要求当事人履行

排除妨碍、恢复原状等义务的行政决定,当事人逾期不履行,经催告仍不履行,其后果已经或者将危害水上交通安全、造成水域污染或者破坏自然资源的,海事管理机构可以代履行,或者委托没有利害关系的第三人代履行。

①海事行政强制代履行一般程序。

a.海事管理机构催告当事人履行排除妨碍、恢复原状等义务的行政决定时,应当制作《催告通知书》。

b.对违法船舶、设施等需要强制拆除的,海事管理机构在实施代履行前,除按前款规定催告外,还应当同时以适当方式予以公告,限期当事人自行拆除。

c.当事人收到《催告通知书》后有权进行陈述和申辩。海事管理机构应当充分听取当事人的意见,对当事人提出的事实、理由和证据,应当进行记录、复核。当事人提出的事实、理由或者证据成立的,应当予以采纳。

d.经催告,当事人在规定的期限内履行其应当承担义务的,海事管理机构不再实施代履行。

e.经催告,当事人逾期仍不履行行政决定,且无正当理由的,海事管理机构应当报海事管理机构负责人批准后,制作《海事行政强制代履行决定书》,送达当事人。

f.代履行三日前,海事管理机构应当制作《催告通知书》并送达当事人,催告当事人履行;当事人履行的,停止代履行。

g.代履行时,海事管理机构应当通知当事人到场,并派海事执法人员到场监督。当事人不到场的,邀请见证人到场。

h.代履行实施完毕后,海事执法人员应当制作《海事行政强制现场笔录》,记载代履行情况,交当事人或者见证人、代履行人签名(盖章)。当事人拒绝签名(盖章)的,在笔录中予以注明。

i.实施代履行时,有符合《行政强制法》规定的中止或者终结情形的,海事管理机构应当及时中止或者终结,制作《海事行政强制中止执行决定书》或者《海事行政强制终结执行决定书》,送达当事人。

j.海事行政强制代履行简易程序

《海事行政强制实施程序规定》第二十五条规定了海事行政强制代履行适用的简易程序,即需要立即清除水上、水下碍航物或者污染物的,海事管理机构可以按以下简易程序实施代履行:

(a)制作《海事行政强制代履行决定书》;

(b)当事人在场的,责令当事人立即予以清除;

(c)当事人不能立即清除或者不在场的,立即实施代履行;

(d)代履行实施完毕后,制作《海事行政强制现场笔录》。

当事人不在场的,应当事后立即通知当事人。

(四)海事行政强制法律文书

关于印发《海事行政强制实施程序规定》的通知附件《海事行政强制文书制作与填写说明》,对海事行政强制法律文书的制作和填写作了非常详细的规定和说明。

包括《海事行政强制审批表》《海事行政强制措施决定书》《海事行政强制现场笔录》

《解除查封/扣押决定书》《查封/扣押告知书》《海事行政强制代履行决定书》《催告通知书》《海事行政强制中止执行决定书》《海事行政强制终结执行决定书》《海事行政强制执行申请书》《海事行政强制文书送达回证》等。

海事行政强制文书制作和填写应当符合法律法规和规章对法律文书的格式要求,并应符合部海事局《海事行政强制文书制作与填写说明》中的具体操作规范。

四、对其他海事行政行为的督察

(一) 对海事行政许可、行政确认、行政报备、行政处罚、行政强制以外的其他具体海事行政执法行为的监督

依照《海事行政执法监督管理规定》第二十二条规定,对海事行政许可、行政确认、行政报备、行政处罚、行政强制以外的其他具体海事行政执法行为的监督,主要包括以下内容:

(1)项目设立是否合法;

(2)执法程序是否合法;

(3)有办结时限要求的,是否按时限办结;

(4)是否收取有关费用,收费许可证是否有效,收费依据和单据是否合法;

(5)重大具体海事行政执法行为的实施是否按照规定程序进行审核、批准和备案;

(6)需作出行政决定的,事实认定是否充分、确凿,法律适用是否准确,行政决定是否适当,法律文书是否规范;

(7)实施过程中的其他行为是否合法、合理。

(二) 对海事管理机构及其执法人员就罚缴分离制度执行情况的监督

依照《海事行政执法监督管理规定》第二十四条规定,对海事管理机构及其执法人员就罚缴分离制度执行情况的监督,主要包括以下内容:

(1)作出罚款决定的海事管理机构是否与收缴罚款的机构分离,是否存在自行收缴罚款的情形;

(2)依照《行政处罚法》的规定可以当场收缴罚款的,是否有当事人提出的证据,是否向当事人出具财政部门统一制发的罚款收据;

(3)执法人员当场收缴的罚款,是否在收缴罚款之日起二日内交至所属海事管理机构;在水上当场收缴的罚款,是否在抵岸之日起二日内交至所属海事管理机构;海事管理机构是否在二日内将罚款缴付指定的银行。

(三) 对海事管理机构及其执法人员依法没收财物的管理与处置情况的监督

依照《海事行政执法监督管理规定》第二十五条规定,对海事管理机构及其执法人员依法没收财物的管理与处置情况的监督,主要包括以下内容:

(1)是否向当事人出具财政部门统一制发的罚没票据;

(2)是否对没收的财物建立登记、验收、保管、交接、注销制度,是否对没收的贵重物品拍照存档;

(3)是否按规定将没收物品清单、有关图像资料以及处理结果上报;

（4）是否按照规定对没收的物品进行处理；

（5）是否存在擅自处理没收物品的情形；

（6）是否在规定时间内将没收物品的变价款上缴。

（四）对上级海事管理机构作出的行政执法相关决定、命令执行情况的监督

依照《海事行政执法监督管理规定》第二十六条规定，对上级海事管理机构作出的行政执法相关决定、命令执行情况的监督，主要包括以下内容：

（1）是否按要求及时、全面地执行上级海事管理机构作出的决定、命令；

（2）对要求将执行情况上报或反馈的，是否按照要求及时上报或反馈。

（五）对海事管理机构职责分解和执法人员岗位职责落实情况的监督

依照《海事行政执法监督管理规定》第二十七条规定，对海事管理机构职责分解和执法人员岗位职责落实情况的监督，主要包括以下内容：

（1）是否按照法律、法规、规章的规定以及上级确定的行政管理职能，以文件的形式明确所属执法机构或部门的执法职责、权限、管辖区域和相互关系；

（2）是否按照海事执法工作的性质合理设置执法岗位，对执法权力分解，明确岗位职责、人员资质、工作标准，确定相应的执法责任；

（3）是否采取适宜的方式将各项执法职责落实到相应的执法人员，明确具体的职权范围、应当履行的义务、执法行为的具体要求，以及应当承担的责任种类。

（六）对海事行政复议和行政应诉的督察

依照《海事行政执法监督管理规定》第二十三条规定，对海事行政复议和行政应诉的督察，对海事行政复议和行政应诉的监督主要包括以下内容：

（1）是否配设相应的行政复议、行政应诉人员；

（2）是否定期开展行政复议、行政应诉的知识更新培训；

（3）是否按照有关法律法规规定的要求和程序作出行政复议决定；

（4）行政应诉人员是否按照法律法规规定的要求和程序应诉。

（七）对行政征收、征用督察

对行政征收督察主要包括：

（1）是否制定行政征收制度；

（2）行政征收的依据是否符合法律、法规规定；

（3）行政征收行为是否超越职权；

（4）行政征收程序是否合法、规范；

（5）行政征收标准是否合法、公开。

对行政征用督察主要包括：

（1）是否制定行政征用制定；

（2）行政征用是否合法。

（八）对海事行政不作为行为的督察

不作为是指行政机关及其公务人员对于应当履行的法定职责不积极、推诿、拖延等情形。放弃职权、不及时履行法定职责的行政失职行为,属于行政违法范畴,这种消极的不作为式的行政违法应当受到监督与责任追究。

海事执法中的行政不作为在实际工作中常常表现为以下几种情况:海事执法人员接到船舶违章的举报不认真查处,该检查的不检查,该核实的不核实,应依法处罚时不处罚,应重罚时不重罚等。对这类不行为的督察主要应当注重以下几点:

（1）查阅举报电话登记情况,对接受到举报的违章行为是否采取了有效的报告、检查、处理和反馈,并记录详细;

（2）检查行政处罚情况,对重大违法行为,是否按照过罚相当的原则进行了公平公正的行政处罚;

（3）对工作指标进行督察,是否按照相关工作标准有效开展了检查和核查工作;

（4）查阅值班记录或者工作记录,是否按照检查的频次要求和重点开展了陆域检查和水上巡航,对接到的险情救助和事故报告是否给予了适当的处理并记录。

五、对海事政务公开的督察

推进行政权力公开透明运行,重点公开行政机关在实施行政许可、行政处罚、行政收费、行政征收等执法活动中履行职责情况,积极探索执法投诉和执法结果公开制度。加大行政审批公开力度。继续清理、调整和减少行政审批事项。没有法律法规依据,行政机关不得设置或变相设置行政许可事项和非行政许可审批事项。进一步减少审批事项,优化工作流程,公开办理程序,强化过程监控,建立行政审批事项的动态管理制度。深入实施政府信息公开条例。各级行政机关要严格执行《中华人民共和国政府信息公开条例》,主动、及时、准确公开财政预算决算、重大建设项目批准和实施、社会公益事业建设等领域的政府信息。统筹推进政务服务体系建设,强化监督保障措施。

（一）海事政务公开督察的内容

依照《海事行政执法监督管理规定》第二十八条规定,对海事行政执法政务公开工作开展情况的监督,主要包括以下内容:

（1）是否按照政务公开的规定,及时编制、修订本单位的政务公开指南,公开有关事项;

（2）是否按照规定设置海事管理机构政务中心（大厅）;

（3）是否按照政务公开评价考核规定开展考核工作。

《海事行政执法监督管理规定》第十三条规定:"各级海事管理机构应当按照规定实施政务公开,设立并公开举报电话、投诉信箱,接受海事行政管理相对人以及社会公众、媒体、有关单位和个人对海事管理机构的行政执法工作开展情况进行的监督。"

（二）海事政务公开的事项和方式

《海事行政执法政务公开目录》《海事行政执法政务公开指南》对海事行政执法政务公开的事项、内容和公开方式作了明确的要求,并提供了具体海事行政执法应公开的法律依据、程序、文件材料等。

1.本级海事管理机构基本情况

本级海事管理机构名称、部门设置、管辖范围、管理职责、投诉举报和搜救应急联系方式、执法人员证照、执法车船编号、廉政承诺、海事行政执法人员守则、海事执法人员"八项纪律"、对外服务承诺。

公开方式:政务中心(大厅)设置的触摸屏、电子显示屏、政务公开栏、告示牌等。可同时通过海事门户网站等其他方式公开。

2.海事行政执法相关依据

(1)海事行政执法相关的国际公约、法律、法规、规章、规范性文件,相关技术法规和标准目录。

公开方式:

①海事门户网站;

②政务中心(大厅)设置的触摸屏、电子显示屏、政务公开栏、告示牌、办事卡片、便民手册、法规汇编等相关出版物;

③新闻媒体。

(2)海事规费征收项目、依据和标准

政务中心(大厅)设置的触摸屏、电子显示屏、政务公开栏。可同时通过海事门户网站等其他方式公开。

3.海事行政许可、行政确认、行政报备和其他许可类审批事项

(1)本级海事管理机构受理的海事行政许可、行政确认、行政报备和其他许可类审批事项、依据、条件、数量、程序、受理部门、办理期限和办理结果以及需要提交的全部材料目录和申请书示范文本。

公开方式:政务中心(大厅)设置的触摸屏、电子显示屏、政务公开栏、办事卡片、便民手册、政务公开指南。可同时通过海事门户网站等其他方式公开。

(2)以下海事行政许可事项的办理情况应向社会公众主动公开。

通航水域岸线安全使用许可,通航水域水上水下施工作业许可,通航水域禁航区、航道(路)、交通管制区、锚地和安全作业区划定审批,在港口水域内进行采掘、爆破等活动的许可,通航水域内沉船沉物打捞作业审批,水上拖带大型设施和移动式平台许可,航标管理机关以外的单位设置、撤除沿海航标审批,船舶液体危险货物水上过驳作业许可,污染清除作业资质审批,船员服务机构资质审批,船员培训机构资质审批,中国法人或者其他组织申请成立验船机构,境外验船机构申请在华设立验船机构等。

公开方式:

①海事门户网站;

②新闻媒体;

③海(江)岸电台、甚高频无线电话、短信平台;

④政务中心(大厅)设置的触摸屏、电子显示屏;

⑤执法人员在履行公务时直接向申请人告知相关事项。

(3)其他受理事项的办理情况应向申请人主动公开,对其他公民、法人或者组织依申请公开。

公开方式：

①海事门户网站；

②政务中心(大厅)设置的触摸屏、电子显示屏；

③短信平台；

④执法人员在履行公务时直接向申请人告知相关事项。

(4)本级海事管理机构依法对被许可人从事行政许可事项的监督检查记录。

公开方式：依申请查阅。

4.海事行政处罚(强制)、复议、听证

(1)海事行政处罚的项目、依据、标准、程序、监督部门。

公开方式：

①海事门户网站；

②政务中心(大厅)设置的触摸屏、电子显示屏、政务公开栏、法规汇编等相关出版物。

(2)本级海事管理机构作出海事行政处罚(强制)的决定、证据、依据等材料。

公开方式：依申请查阅。

(3)行政复议渠道。

公开方式：

①政务中心(大厅)设置的触摸屏、电子显示屏、政务公开栏、办事卡片、便民手册；

②海事门户网站。

(4)行政复议被申请人提出的书面答复、作出具体行政行为的证据、依据和其他有关材料(涉及国家秘密、商业秘密、个人隐私的除外)。

公开方式：应行政复议申请人、第三人、其他相关单位和个人申请查阅。

(5)听证的时间、地点等相关信息

公开方式：

①听证会通知书；

②新闻媒体；

③海事门户网站。

5.其他海事行政执法相关信息

(1)水上突发公共事件的预案、预警信息及应对与处置情况。

(2)水上交通事故调查材料。

(3)其他海事行政执法信息。

公开方式：

①海事门户网站；

②新闻媒体；

③新闻发布会；

④便于公众及时获取信息的有效方式；

⑤政务中心(大厅)、码头等处设置的触摸屏、政务公开栏、办事卡片、便民手册、信息简报、航行通(警)告等方式。

《海事行政执法政务公开指南》《海事行政执法政务公开目录》同时要求各级海事管理机构可根据自身特点，按照相关规定的要求，调整公开内容、方式。各相关执法部门作为海事行政执法政务公开的实施部门,按照本目录的要求公开和维护各自产生的信息。对公开方式的指引,各级海事管理机构应任选一种或几种方式进行公开,并可根据本单位实际情况选择其他有效的公开方式。

本章思考题

1.海事行政执法督察主体依法行使的督察权有哪些内容?督察对象享有哪些救济权?

2.对海事规范性文件制定的督察内容主要有哪些?

3.海事执法人员任职资格和条件是什么?

4.海事行政许可督察的主要事项包括哪些?督察的程序应注意什么问题?

5.海事行政处罚(强制)的调查程序遵循的原则、程序有哪些?

第七章　海事行政执法督察程序

海事行政执法督察的方法是指海事行政督察机构和督察人员开展督察工作时所采取的各种工作方式和手段的总称。督察工作方法是督察人员实现督察工作目标必须借助的桥梁和手段,解决怎样进行海事行政执法督察的问题,即通过何种方式、方法、手段、措施实现海事行政执法督察的目的。工作方法的有效性直接决定着督察职能作用能否顺利实现。

第一节　督察主体的督察权和督察对象的异议权

一、海事行政执法督察权

海事行政执法督察权,是指海事行政执法督察主体在依法执行职务时所具有的权力,具有以下四个其特征:

(1)在行使权力的主体方面,只能是海事督察部门及其督察人员;

(2)在赋予权力的目的上,保证正常海事督察工作的开展;

(3)在督察权力的来源上,依据的是《交通行政执法监督规定》《海事行政执法监督管理规定》《海事行政执法督察管理办法》等法规、规章和规范性文件;

(4)督察权力的本质,是一种职务权力,只有在担任督察职务并在履行督察职责时才能行使督察权力。

(一)调派权和指令权

1. 调派权

依据《海事行政执法督察管理办法》第十五条的规定:“各级海事机构的督察部门组织执法督察时,应当调派持有海事行政执法监督证件的人员参加,并综合考虑督察活动的规模、督察人员的专业特长以及回避制度等因素。”《海事行政执法督察管理办法》第十六条规定:“需要调派督察人员的,应当在督察方案确定后三日内,向督察人员所在单位发送书面通知。”

2. 指令权

上级督察机构指令海事管理机构的督察部门就特定执法事项进行督察,不仅是一项法定的权力,也体现出督察机构上下级之间的隶属关系。下级督察机构接到上级督察机构的指令后,应该按照要求,对特定执法事项进行督察,按时完成任务。《海事行政执法督察管理办法》第十七条规定:“上级督察部门可以指令下级督察部门对特定执法事项进行督察。下级督察部门应当按照要求及时完成督察任务,并上报督察结果。”

(二)现场处置权

《海事行政执法督察管理办法》规定了两种督察人员在现场可以采取措施的情形。

1. 执法不规范

《海事行政执法督察管理办法》第二十二条规定,督察人员在执行督察任务时,如发现执法人员有下列情形的,应当要求其立即纠正:

(1)未取得海事行政执法证执法;

(2)着装不符合规定;

(3)不遵守执法风纪。

2. 执法不作为

《海事行政执法督察管理办法》第二十四条规定:"督察人员在督察活动中发现执法人员不作为的,应当要求其立即履行或限期履行。"

当督察人员在执行督察任务时,发现执法人员遇有上述两种情况中的法定情形的,有权要求其当场予以纠正。现场处置权体现了该项权力行使的急迫性、必要性,以及执法人员立即纠正错误或立即履行作为义务的可行性。

(三)撤销、变更、确认的决定权以及限期整改、重新作出具体行政行为的责令权

《海事行政执法监督管理规定》第十一条规定,各级海事管理机构在执法监督过程中发现下列情形之一的,应当责令限期改正;逾期不改的,应当作出撤销、变更行政执法行为或者确认行政执法行为违法,以及责令重新作出具体行政执法行为的决定:

(1)认定的依据不足、材料不全;

(2)适用法律、法规、规章错误;

(3)违反法定程序;

(4)超越职权或者滥用职权;

(5)行政执法行为明显不当;

(6)法律、法规、规章规定的其他情形。

(四)调查权

《海事行政执法监督管理规定》第三十六条规定:督察人员在执行督察任务时,可以采取以下措施:

(1)就有关督察事项询问执法人员;

(2)查阅、复制与督察事项相关的执法文书及资料;

(3)以音频、视频、照相等方式获取与督察事项有关的证据和信息材料。

其中,询问权是指就有关督查事项询问执法人员的权力;调阅资料权是指查阅、复制与督查事项有关的执法文书及资料的权力;搜集证据权是指以视听资料等方式获取和搜集证据材料的权力,都属于督察人员在进行督察活动时为了检查和监督执法情况而行使的调查权。

(五)建议权

督察建议权是督察人员在执行督察职责,开展督察活动时,认为执法人员有执法过错和错案,按照相关规定应当追究责任,向其所在海事管理机构提出责任追究的意见的权力。

《海事行政执法督察管理办法》第三十四条规定:对执法督察中发现的问题,依据《海事行政执法过错和错案责任追究暂行规定》的有关要求应当追究责任的,督察部门应当提出追究意见,填写《海事行政执法督察责任追究建议表》,按照规定报批后实施。

对督察人员提出的建议,相关人员应当在规定的时间内纠正和履行,无正当理由拒不采纳督察建议的,追究有关领导和个人的责任。《海事行政执法督察管理办法》第三十一条规定,被督察部门及其执法人员有下列情形之一的,予以通报批评,并追究相关领导或者个人的责任:

(1)妨碍或拒绝执法督察;

(2)拒绝执行督察处理意见;

(3)隐瞒事实真相,伪造或者隐匿、毁灭证据;

(4)包庇执法人员;

(5)打击、报复举报、投诉人和督察人员。

(六)移送处理权

移送处理权是海事督察人员在执行督察职责时,发现执法人员的违法违纪行为,认为需要移送其他部门或司法机关处理而进行移送的权力。

(1)对于违反纪律的海事执法人员,认为需要给予党纪处分或者行政处分的,由海事督察机构提出建议,依照《中国共产党党章》《中国共产党纪律处分条例》和《监察法》等有关规定,分别移送党的纪律检察机关或者监察机关处理。《海事行政执法督察管理办法》第三十四条第二款规定:涉及其他部门职能管理范围内的,督察部门应当移交其他部门处理。

(2)对于执法督察中发现执法人员涉嫌违法的,应当移送司法机关处理。《海事行政执法督察管理办法》第三十五条规定:督察中发现的问题,涉嫌违法的,应当按照有关规定移送司法机关。依照《海事行政执法过错和错案责任追究暂行规定》第三十六条规定:"海事行政执法过错和错案的调查处理由行政执法人员所在的海事局负责。具体的调查、责任界定和处理建议由法律部门负责。调查可以由法制部门独立完成,也可组织有关部门或人员组成调查组进行调查。参加调查的人员不少于两人。调查人员与本案有直接利害关系的应当回避。"

二、督察对象的异议权

(一)督察对象异议权的概念

督察对象异议权,是指受到海事督察人员督察的海事行政执法机构或执法人员,对督察部门或督察人员所作的督察结果有异议的,在法定的期限内向督察部门提出反馈的权利。督察对象的异议权既是督察对象获得救济的权利,也是对监督主体的监督权。在三大诉讼法和一些实体法中,为了保证各方权利和利益,在程序上都规定了异议权,如诉讼制度中的管辖权异议、公司法中债权人对公司清偿、合并等的异议权等。异议权制度的设立一方面保护了当事人的合法权利和利益,另一方面有助于从制度上实现对公权力的监督,是实现对监督制度制衡的有效手段,也是实现程序正义的必然要求。

（二）监督对象异议权的内容

监督对象异议权限于实体方面。《海事行政执法督察管理办法》第三十条第一款规定："被督察对象对督察结果有异议的，可以在五个工作日内向督察部门反馈。"

依据该条规定，督察对象只能对"督察结果"有权提出异议，而督察结果是实体结论。也就是说，督察对象不能对督察部门或督察人员实施督察行为的程序提出异议。

（三）监督对象异议权的处理

《海事行政执法督察管理办法》第三十条第二款规定："督察部门对提出的异议，应当进行复核，并在五个工作日内予以答复。"对于督察对象提出的异议，作出督察结果的督察部门应当进行复核，重新审核和评估督察材料、督察的事实、证据材料和适用的法律依据。复核结果应当在五日内作出，并给予回复。对于复核后，维持原督察结果的，被督察的海事行政机关或执法人员应当服从督察，执行督察决定或命令；对于复核后改变原督察结果的，应按照改变后的督察决定或命令执行。

第二节　海事行政执法督察的基本要求

一、现场督察的基本要求

（一）成立执法督察组

《海事行政执法督察管理办法》第十九条规定："开展执法督察时，实行组长负责制。组长由本级海事管理机构分管督察工作领导担任。"根据该条规定，海事行政执法督察实施具体督察活动时，以督察组作为活动单位对外开展督察工作。督察组实行组长负责制，组长由本级海事管理机构分管督察工作领导担任。

督察组长根据督察目的和任务的需要，确定督察组成员。督察组成员需要调派的，须向其所在的海事管理机构下发《调派通知书》。被调派的督察人员应服从调派，按时保障到位，参加督察工作。《海事行政执法督察管理办法》第二十条规定："督察人员应当服从督察组长的工作分工，督察活动结束后，由督察组长根据督察人员的实际表现填写《督察人员考核表》，报督察活动组织单位或部门。"

《海事行政执法督察管理办法》第二十一条规定："督察人员执行现场督察任务时不得少于两人，按照规定着海事制服并出示督察证件。"可见，督察人员在作现场督察时适用的程序要求有二：两人以上执法制度和表明身份制度。

（二）两人以上执法制度

所谓的两人以上执法制度，是指为保证执法过程的客观、公正，《海事行政执法监督管理规定》《海事行政执法督察管理办法》规定，海事执法督察人员在实施现场督察行为过程中不得少于两人的制度。该制度要求现场询问当事人，需要有两名督察人员在场，询问笔录需要两名询问人员的签名记录。

一般程序要求在进行调查或检查活动时行政执法人员不得少于两人。需要明确的是：两人以上执法制度主要适用于实质性、主体性的调查取证活动，至于送达有关法律文书、通知当事人接受询问等执法环节则不必如此要求。

(三)表明身份制度

所谓的表明身份，是指海事行政执法督察人员在开展海事执法督察活动过程中，应当按照规定着海事制服，并及时向被督察的海事管理机构或海事行政执法人员出示海事行政执法督察证件、表明自身身份及有权从事该项活动的行为。

督察人员在实施督察活动时，必须向被督察对象表明身份，被督察的海事管理机关或海事行政执法人员也有权要求其表明身份。表明身份是向督察对象说明其正在行使职权的性质，其所实施的行为是海事执法督察行为，被督察的海事管理机关及其海事执法人员有义务予以协助与配合。否则，海事管理机关及其海事行政执法人员则无义务予以协助和配合，或有权拒绝执行该督察人员所作出的督察行为。

表明身份制度具体包括两项内容：第一，督察人员执行现场督察任务，应当按照规定着海事制服；第二，督察人员在现场督察活动中，应当向被督察的海事管理机关和海事执法人员明确海事执法身份、出示海事执法督察证件。

二、各类督察的调查措施

执法督察的调查措施，是督察人员在现场督察活动中，为了实现对海事管理机关及其海事执法人员执行法律法规和遵守纪律等情况的有效监督而采取的查明事实和情况的手段和方法。《海事行政执法监督管理规定》第三十七条规定："被督察机构、部门及其执法人员应当自觉接受督察并主动配合。"

《海事行政执法督察管理办法》第二十一条规定，督察人员执行现场督察任务时不得少于两人，按照规定着海事制服并出示督察证件，可采取以下措施。

(一)就有关督察事项询问执法人员

询问笔录属调查笔录的一种，是督察人员在办案过程中，为收集、核实案件事实真相和有关证据，依照法定程序向海事行政执法人员、见证人、知情人了解案情时所作的记录。询问笔录是海事监督执法过程中，最常用的法律文书，也是最基本的证据之一。

1. 询问前充分准备

询问前准备，应围绕违法事实展开。如果是重大或复杂的案件，督察人员可以召开准备会，确定询问人、记录人、询问内容、询问的切入点以及可能遇到的问题，拟定询问提纲，以免询问时遗漏。

督察执法人员在对海事执法人员进行询问前的准备主要分为案情准备、心理准备和物证准备。案情准备即要求执法人员在进行询问前，必须要认真地了解已经掌握的情况和被询问人的基本情况，这有利于在询问过程中有的放矢，突出重点。

2. 严格按程序进行

督察人员执行现场督察，询问执法人员时应当两人在场，并向被询问人表明执法身份。询问内容必须客观、全面、不能有个人偏见。一个案件如果有数个当事人，应当及时并分别进行询问。询问要与其他调查工作相结合,边询问、边调查,互相印证。询问时要切实保障当事人的申辩权利。

严格询问笔录记录程序。《海上海事行政处罚规定》规定,询问笔录或检查笔录经被询问人、被检查人确认无误后,由被询问人、被检查人签名或盖章。拒绝签名或盖章的,调查人员应在笔录上注明情况。

对涉及国家机密、商业秘密和个人隐私的,海事管理机构和调查人员、检查人员应当为其保守秘密。

(二) 查阅、复制与督察事项相关的执法文书及资料

通过对被督察对象提供的、与督察事项相关的文件、案卷、笔录、台账等文字材料,或监控系统的图像资料等进行查看、审阅、复制、收集而获取信息,是督察工作中的一种重要手段和措施。这一方法主要应用于明察活动中。例如,在对重大海事执法活动进行现场督察时,查看被督察对象的有关工作部署、预案等文件,检查其整体工作的落实情况,查阅其审批记录、基础台账、监控设备录制的原始图像资料等。《海上海事行政处罚规定》第九十七条规定:"收集海事行政处罚案件的书证、物证和视听资料,应当是原件、原物。收集原件、原物确有困难的,可由提交证据的自然人、法人或其他组织在复制品、照片等物件上签名或盖章,并注明"与原件(物)相同"字样。"该规定第九十八条规定:"调查人员、检查人员查阅、调取与海事行政处罚案件有关资料,可以对有关内容进行摘录或复制,并注明来源。"

1. 督察措施为查阅、复制

在对督察事项相关文件进行调查时,依照《海事行政执法督察管理办法》的规定,采取的措施为查阅和复制。因此,督察人员并无获取文件原件的权力。

2. 与督察事项相关

督察人员在对被督察的海事行政管理机关及其执法人员的文件进行查阅和复制时,只能查阅和复制与督察事项相关的有关文件,对于不属于该项督察事项的文件,督察人员无权查阅和复制。

3. 查阅复制的是执法文书及资料

海事行政执法文书是指海事行政机关在行使海事行政执法职权时依法制作的对行政相对人具有拘束力的公用文书。广义的海事执法文书包括实施各种具体行政行为时制作的执法文书和海事行政复议制作的各种法律文书。"资料"指除了执法文书以外的其他海事行政管理机关及其执法人员在执行职务时留存的文件、记录、台账等。

(三) 以音频、视频、照相等方式获取与督察事项有关的证据和信息材料

督察人员在现场督察过程中,可以通过使用音频、视频和照相等方法,调查搜集获取与督察事项有关的证据。使用音频、视频和照相等方法形成的证据是我国法律规定的法定证据形式,被称为视听资料。其与书证、物证、证人证言、当事人陈述、勘验笔录、鉴定结论等同为法定证据。随着科学技术的发展,视听资料这种证据形式被越来越多地应用到民事、行政和刑事领域,作为证明客观事实的证明材料。音像取证的方法被广泛应用于执行现场督察任务的明察、暗访工作中。

第三节 定期督察要求与程序

为了适应海事行政执法监督工作的需要,提高海事行政执法监督对保障海事行政执法工作的效能,交通运输部海事局颁布了一系列规章和规范性文件,要求各级海事管理机构定期或不定期组织开展海事行政执法督察。以开展督察活动的频次或期间是否固定为标准,可以将海事行政执法督察分为定期督察和不定期督察。定期督察是指海事行政执法督察机构及其督察人员依照法定要求在固定的频次或节点开展的海事督察活动。不定期督察是指海事行政执法督察机构及其督察人员依照职权不定期地开展针对海事行政管理机关及其执法人员的督察活动。定期督察和不定期督察都是督察机构及其督察人员为适应海事行政执法监督的实际情况和不同需要而开展的督察活动,这是相同点。二者的区别表现在督察活动的频次、目标和任务、实施督察活动的方法和程序有所不同。

一、定期督察的频次和时间节点要求

根据海事行政执法业务实际情况和海事行政执法督察的需要,《海事行政执法监督管理规定》第四十条规定,各级海事管理机构开展定期海事行政执法督察,应当满足以下频次:

(1)中华人民共和国海事局每两年至少组织 1 次全国海事系统的执法督察;

(2)各直属海事局或省级地方海事局每年至少组织 1 次对所属海事管理机构的执法督察,并覆盖本规定第十五条的内容;

(3)直属海事局或省级地方海事局所属的海事管理机构每年至少组织 2 次对所属单位、执法部门的执法督察,并覆盖本规定第十五条的内容。

《海事行政执法督察管理办法》第二十七条进一步明确指出,定期督察的频次要求按照《中华人民共和国海事局海事行政执法监督管理规定》有关规定执行,一般在半年度、年度的时间节点开展。

二、定期督察的内容

依照《海事行政执法监督管理规定》第四十条之有关规定,各直属海事局或省级地方海事局组织的执法督察,各直属海事局或省级地方海事局所属的海事管理机构对所属单位、执法部门的执法督察,应当覆盖监督规定第十五条的内容。

《海事行政执法督察管理办法》对《海事行政执法监督管理规定》第四十条的规定作了变通性规定。该办法第三十三条规定:"直属海事局或省级地方海事局以及所属的海事管理机构每年开展的定期督察应当覆盖所属部门和单位以及全部海事行政执法业务。"按照该办法,直属海事局或省级地方海事局以及所属的海事管理机构每年开展的定期督察覆盖所属部门和单位,督察内容以被督察对象的海事业务为准。

《海事行政执法督察管理办法》第二十七条第二款规定,定期督察的主要内容按照《中华人民共和国海事局海事行政执法监督管理规定》中的规定执行,并应以表格的形式明确督察的具体项目,具体海事执法行为的督察比例应满足一定的数量要求,并在督察方案中明确督察比例或数量。

三、定期督察的程序

依照《海事行政执法监督管理规定》第四十一条、《海事行政执法督察管理办法》第二十八条规定,实施定期督察或专项督察时海事管理机构,应当遵守以下程序:

(1)制定方案

督察方案应明确被督察对象、督察内容、督察方式、督察比例或数量、督察人员、督察组长和时间安排,填写《海事行政执法督察方案表》;

(2)报批公布

督察方案应报海事管理机构负责人批准后公布;

(3)开展督察

督察人员按照方案实施执法督察,填写《海事行政执法督察记录表》,由被督察部门的负责人签字确认;

(4)情况反馈

督察组长负责组织汇总督察情况,填写《海事行政执法督察反馈表》,交被督察部门的负责人签字确认;

(5)编写通报

督察部门应当根据督察情况编写《督察通报》,准确描述督察内容、存在问题、整改要求和督察建议,经海事管理机构负责人批准后予以通报,并报上一级海事管理机构备案;

(6)整理归档

督察活动结束后,督察组应当及时将督察中的相关材料交督察工作主管部门整理归档。

第四节　不定期督察方式与程序

一、不定期督察的方式与方法

依照《海事行政执法督察管理办法》第二十九条规定,不定期督察可以采取巡查、抽查、随访或暗访等方式。

以暗访形式开展督察时,应当制定督察方案,经海事管理机构负责人同意后实施。暗访时,督察人员应当采取录音、摄像等手段对重点督察过程进行记录。

(一)巡查

巡查的基本解释是,来往各处查看。本书解释为巡逻稽查。作为不定期督察活动的一种督察方式,督察巡查改变了以往听汇报、阅简报的监督方式,破除了被监督者的刻意准备,将工作情况"原生态"地呈现出来,是海事行政机关按照行政体制和工作机制改革的要求,探索建立完善的督察工作制度。这种形式的督察,能够使督察部门及其督察人员更加全面地了解被督察的海事行政管理机关及其执法人员的实际工作情况,及时指出工作中的不足和问题,督促整改,从而保证依法行政的全面贯彻和落实。

(二)抽查

抽查从字面上理解,是指选择性的检查;抽取其中的一部分进行检查。《产品质量监督抽查管理办法》对监督抽查的定义为:指质量技术监督部门为监督产品质量,依法组织对在中华人民共和国境内生产、销售的产品进行有计划的随机抽样、检验,并对抽查结果公布和处理的活动。海事督察活动中的抽查,指的是不对被督察对象的海事行政执法活动进行全面的监督和检查,而是采取随机选取督察内容的某个事项或者某个具体海事行政执法行为进行监督和检查,其抽查的结果可以作为全面督察的重要指标使用。不定期督察中的抽查,对深入彻底地了解和掌握海事执法情况,查明案件事实,具有重要的作用。

(三)随访

随访,是指督察人员对已经被督察的海事行政管理机关或其行政执法人员,再次进行的跟踪监督和检查。督察人员在不定期督察活动中,可以采取随访的方式,对已经被督察的海事行政管理机关或海事行政执法人员进行跟踪监督和检查,了解其对督察结果的执行情况、执法问题的整改情况,以及目前还存在的问题。通过随访,督察人员针对该被督察对象可以再次作出新的督察意见和建议。

(四)暗访

暗访,是指督察人员对被督察的海事行政管理机关或其行政执法人员进行的不公开的监督和检查。暗访可以获得更多真实的第一手资料,通过音像手段,可以更好地再现事件发生的情况,获取有力的现场证据。经常性的暗访,能够起到震慑作用,增强执法人员依法执行公务的主动性和自觉性。暗访还可以排除外部干扰,是不定期督察的一种有效的督察方式。

二、暗访督察的程序

《海事行政执法督察管理办法》第二十九条第二款规定:"以暗访形式开展督察时,应当制定督察方案,经海事管理机构负责人同意后实施。暗访时,督察人员应当采取录音、摄像等手段对重点督察过程进行记录。"

(一)制定督察方案

以暗访形式开展督察时,应当制定督察方案,这是暗访督察的必经程序。《海事行政执法督察管理办法》第二十九条并没有对不定期督察的其他方式作如此规定。不定期督察中以巡查、抽查、随访等方式开展督察活动的,可以不制定督察方案。

(二)批准程序

暗访必须经海事管理机构负责人同意后才能实施。

（三）督察记录

暗访时,督察人员应当采取录音、录像等手段对重点督察过程进行记录。采取音像手段记录督察过程是对暗访的要求,必须予以执行。对重点督察过程进行录音、录像,并没有要求对全过程进行录音和录像。

第五节 专项督察

一、专项督察的概念

专项督察是指针对海事行政执法活动中具有普遍性、倾向性、多发性的执法和遵守法纪问题,集中督察力量开展的专门性督察活动。专项督察通常是根据上级督察机构和本级行政首长的指示或本级党委会议、行政办公会议的决定,或是根据督察机构在实际工作中发现的问题来启动专项督察程序、确定相应的督察内容、制定督察方案的。

二、适用专项督察的情形

依照《海事行政执行监督管理规定》第三十九条规定,涉及下列情形的,海事管理机构可以开展专项督察:

(1)重大或专项的海事执法活动;
(2)重大交通事故和污染事故的调查处理;
(3)导致重大行政复议、诉讼案件的具体行政执法行为;
(4)被检举、控告或投诉的执法活动。

上述规定中,除了第(四)项内容外,第(一)(二)(三)项内容都涉及"重大"因素,"重大"是开展和启动专项督察的必要条件。如何确定是否"重大",属于自由裁量的范围。一般而言,是否"重大"可以考虑"社会影响程度""社会危害程度""涉外因素""标的金额的大小"等因素。

三、专项督察的程序

专项督察往往涉及重大的海事执法活动,社会影响较大,因此,在开展专项督察活动时,应当严格专项督察的各个程序环节,依照《督察管理办法》第二十八条规定进行。

第六节 联合督察

在海事机关内部的监督体系中,除了海事督察机构,还设有纪检、监察、法制等专门监督机构。法制部门具有执法监督职能,纪检部门具有纪律检查职能,监察部门具有监察职能。此外,海事机构的通航、船舶、船员、危防等业务部门,同样负有对基层开展业务检查指导的职能。

海事督察机构作为海事机构一个专门的内部监督机构,和其他内部监督机构一起构成了海事机构内部监督体系,共同为海事工作大局服务。一方面督察通过与各个部门的合作,拓展了督察工作深度,提高了工作效能;另一方面,由于督察活动方式灵活机动,各个部门可以借助督察机制掌握本部门重点工作的完成情况,从全局的角度审视部门的不足。从这个角度说,督察不仅是决策层的眼睛和耳朵,还是各个职能部门的眼睛和耳朵。督察机构能否正确处理与其他监督机构的关系,是充分发挥海事督察功能,使各个监督机构能够履行各自职责又能够互相配合,形成监督合力的前提。因此,实践中通过开展与其他部门的联合督察,加强信息沟通,注重资源共享,有利于问题的发现、跟踪、处理和分析,有利于增强制度的执行力,有利于提高资源综合利用效能,有利于减少环节降低行政成本。

第七节 海事行政执法督察的责任追究制度

为了保障督察人员依法行使督察权,《海事行政执法督察管理办法》第三十一条规定了对被督察部门及其执法人员的责任追究制度。

一、责任追究制度概述

(一)承担责任的主体

依据该办法,承担责任的主体为被督察部门的"相关领导"及其执法人员。一般而言,被督察部门实施了《海事行政执法督察管理办法》规定的追究责任情形的行为的,由被督察部门的相关领导承担责任;执法人员实施了该办法规定的追究责任情形的行为的,由执法人员个人承担责任。

(二)责任追究的情形

依据《海事行政执法督察管理办法》第三十一条的规定,被督察部门及其执法人员有下列情形之一的,相关主体应承担相应责任。

1. 妨碍或拒绝执法督察

(1)妨碍执法督察

妨碍执法督察的行为,是指被督察部门或者执法人员采用暴力、威胁或者其他手段,阻碍、扰乱正在执行督察任务的海事督察部门和督察人员正常履行职责的行为。

妨碍执法督察有以下构成要件。

①行为的主体是被督察的海事行政机关或者海事行政执法人员。

②行为在主观方面表现为故意。即行为人为了谋取不正当利益,故意妨碍执法督察。

③行为侵害的客体是国家行政机关的正常管理秩序。

④行为在客观方面表现为:

第一,阻碍、扰乱了海事执法督察机构和督察人员的督察活动;

第二,造成了被妨碍的海事执法督察机构和督察人员无法正常履行职责;

第三,妨碍执法督察行为的实施,必须是在海事执法督察机构和督察人员正在执行督察职务的时候,即已经开始执行督察职务,尚未结束之前。

根据《行政机关公务员处分条例》第二十五条规定中说明,妨碍执行公务的,给予记过或者记大过处分;情节较重的,给予降级或者撤职处分;情节严重的,给予开除处分。行政机关作为本行为的主体,需要追究行政纪律责任的,对负有责任的领导人员和直接责任人员给予处分。妨碍执法督察行为人如果以暴力、威胁方法阻碍海事行政机关或者海事行政执法人员执行职务的,符合妨碍公务罪的,移送司法机关处理。

（2）拒绝执法督察

拒绝执法督察,是指被督察部门或执法人员,对海事执法督察机构及其督察人员依照法定职责行使督察职权对其开展的督察活动,不予接受、配合的行为。

《海事行政执法监督管理规定》第三十七条规定:"被督察机构、部门及其执法人员应当自觉接受督察并主动配合"。对于督察机构及其督察人员的督察活动,被督察机构及其执法人员应当接受督察,并主动积极给予配合和协助。拒绝执法督察是被督察机构及其执法人员对海事执法督察在态度上的消极漠视对抗,在行为上的不作为。

2. 拒绝执行督察处理意见

拒绝执行督察处理意见,是指被督察机构或其执法人员对海事执法督察机构及其督察人员依职权作出的督察处理意见,拒绝执行的行为。

《海事行政执法督察管理办法》第三十条规定:"被督察对象对督察结果有异议的,可以在五个工作日内向督查部门反馈。督察部门对提出的异议,应当进行复核,并在五个工作日内予以答复。"该办法第三十二条规定:"被督察对象应当按照要求及时整改存在的问题,并将整改情况报督察部门,由督察部门实施验证。"

对于已经异议程序复核的、或超过规定期限没有异议的督察结果,被督察机构及其执法人员应当予以执行。拒绝执行督察处理意见是被督察机构或执法人员无正当理由拒不执行督察处理意见的行为。

3. 隐瞒事实真相,伪造或者隐匿、毁灭证据

隐瞒事实真相,是故意隐瞒海事行政执法中违法违纪的客观事实。伪造证据,是故意制造虚假的证据材料的行为。包括模仿真实证据而制造假证据,或者凭空捏造虚假的证据,以及对真实证据加以变更改造,使其失却或减弱证明作用的情形。隐匿证据,就是人为地将证据藏匿。毁灭证据,并不限于从物理上使证据消失,而是包括妨碍证据出现、使证据价值减少、消失的一切行为。

被督察机构或其执法人员在督察机构及其督察人员依法履行督察职务开展督察活动中实施了上述行为的,应追究相关责任人的责任。构成犯罪的,移送司法机关处理。

4. 包庇执法人员

包庇执法人员,是指明知执法人员的行为违法违纪,却向海事督察机构及其督察人员提供虚假证明帮助违法违纪执法人员掩盖违法违纪事实,或者在违法违纪执法人员被督察机构或督察人员查获、发现前帮助其湮灭、隐藏、转移或毁灭证据,从而对违法违纪行为人予以包庇的行为。包庇执法人员的,应当追究相关领导的责任。构成犯罪的,移送司法机关处理。

5. 打击、报复举报、投诉人和督察人员

打击报复,是指对揭露自己缺点、错误的人进行压制陷害。打击、报复举报人、投诉人和督察人员,是指海事行政管理机关及其执法人员对举报人、投诉人和督察人员,因揭露其海事行政法中的错误、缺点或存在的问题而进行的压制和陷害。打击、报复举报、投诉督察

人员的行为,性质恶劣,社会影响大,严重损害海事损害海事行政机关的执法形象,被督察机构或执法人员实施了上述行为的,应当追究相应责任。构成犯罪的,移送司法机关处理。

(二)责任形式

督察机构或执法人员,有《海事行政执法督察管理办法》第三十一条规定的情形之一的,应当予以通报批评;追究相关领导和个人的责任。责任形式有以下两种。

1. 行政责任

根据《公务员处分条例》规定,给予相应的行政处分。

2. 刑事责任

《海事行政执法督察管理办法》第三十一条规定的情形,第(一)(三)(四)(五)项都有对应的刑事责任。如符合刑法上规定的犯罪行为构成要件,应依法承担刑事责任。

二、督察结果的作用

(一)督察结果的处理

《海事行政执法督察管理办法》第三十四条规定:"对执法督察中发现的问题,依据《海事行政执法过错和错案责任追究暂行规定》的有关要求应当追究责任的,督察部门应当提出责任追究意见,填写《海事行政执法督察责任追究建议表》,按照规定报批后实施。涉及其他部门职能管理范围内的,督察部门应当移交其他部门处理。"

该办法第三十五条规定:"督察中发现的问题,涉嫌违法的,应当按照有关规定移送司法机关。"

上述规定的意义,首先,使督察机构及其督察人员的督察活动和实施督察行为具有权威性。对内,对海事行政管理机关具有建议权;对外,纪检监察机关和司法机关具有移送权。其次,使督察机构及其督察人员依法作出的督察结果具有确定力和拘束力。被督察机构和执法人员应当执行督察建议和决定,从而保障了督察机构及其督察人员顺利有效地开展督察活动。

(二)督察结果的作用

《海事行政执法督察管理办法》第三十六条规定:"各级海事管理机构应当将执法督察结果作为执法人员及所在执法部门年度考核的重要依据。"该办法第三十七条规定:"各级海事管理机构应当将执法督察结果纳入海事行政执法考评。"年度执法考核是对执法人员及所在部门全年执法工作的评价和考察,关系到执法人员及所在部门的切身利益,将督察机构及其督察人员依法作出的督察结果作为各级海事管理机构年度考核执法人员及所在执法部门的依据,可以提高海事行政执法人员及所在执法部门的思想认识,增强对海事行政执法督察的重视程度,从而有利于督察活动的顺利开展,更有助于提高海事执法水平。

本章思考题

1. 海事行政执法督察前需要作哪些准备工作？

2. 什么是现场督察？如何开展现场督察？

3. 定期督察的频次和时间节点是如何要求和规定的？

4. 什么是暗访督察？暗访督察应注意哪些问题？

5. 什么是专项督察？专项督察适用于哪些海事行政执法行为？

第八章　海事执法案卷评查与执法考评

第一节　海事执法案卷评查的要求与内容

一、海事执法案卷评查的含义与意义

(一)海事执法案卷评查的依据

海事执法案卷评查的依据主要是中华人民共和国海事局发布的《海事行政执法监督管理规定》,其中的第五章是"案卷评查"第四十三条到第四十九条。相关的具体规定有中华人民共和国海事局制定的全国直属海事系统行政执法评议考核方案,其中以附件形式规定了海事行政许可与行政处罚的海事行政执法案卷评查标准。

目前,国家部委制定的有关案件评查规定或者具体实施规定极少。各地方的执法机构,包括地方海事执法机构应当自行制定相关的实施办法。地方海事执法机构应当制定海事执法案件评查办法与标准等相关具体规定,以落实《海事行政执法监督管理规定》。

(二)海事执法案卷评查的含义

海事执法案卷评查,是指海事机构在海事执法监督工程中或者在年度执法考评工作中,通过对海事部门办理归档的执法案卷的审查,监督检查海事执法部门与执法人员履行职责的情况,以促进和加强依法行政,提高海事行政执法水平。

案卷评查,是海事机构对海事执法情况进行专项执法监督的一种重要方式与途径。同时,案卷评查,也是年度常规执法考评工作的基本内容。

海事执法案卷,是指依法办理结束并且按照规定归档保管的执法案件的卷宗。在案件的内容上,常见的为行政处罚案卷。

二、案卷评查的要求

(一)案卷评查的组织管理机构

海事案卷评查的组织管理机构是各级海事管理机构,包括交通部的中华人民共和国海事局、各个直属海事局与各级地方海事局。《海事行政执法监督管理规定》第四十三条规定:"各级海事管理机构应当定期组织对海事行政执法过程中产生的行政执法案卷实施评议与审查。"

(二)案件评查的人员及其资格要求

在专项的案件评查工作中,对进行案件评查的人员及其资格有要求。根据《海事行政执法监督管理规定》第四十四条的规定:"参加海事行政执法案卷评查人员应持有海事行政执法证,并具有从事该项具体海事行政执法行为2年以上工作经历。"

在海事执法考评工作中,考评工作内容之一包括案卷评查,此时的案卷评查工作人员没有特别规定。例如,中华人民共和国海事局派往地方进行考评检查组成员,就可以为有关部门的领导和法律专家,对检查组成员没有明确的资格规定。

在案卷评查专项工作中,评查人员实行回避制度。根据规定,与行政执法案卷制作人有利害关系,或有其他特殊关系可能影响公正处理的人员,实施案卷评查时应当回避。

(三)海事执法案卷的基本要求

在海事案卷考评工作中,考评人员首先要审查海事执法案卷是否符合规定的基本要求。海事执法案卷的基本要求,体现在案卷的内容与材料要客观、全面、详细。《海事行政执法监督管理规定》第四十五条规定:"各级海事管理机构在海事行政执法工作中应当客观、全面、详细地记录海事行政执法的事实、证据材料和决定,按照相关规定对海事行政执法过程中产生的材料立卷归档。中华人民共和国海事局对海事行政执法文书有统一规定的,各级海事管理机构应按照规定的要求统一使用并填写。"

海事执法案卷应当客观,是指案卷的内容应当如实记录与反应案件的情况,避免主观方面的因素与干扰。海事执法案卷应当全面,是指案卷记载的内容全面完整,没有遗漏。海事执法案件应当详细,是指案件记载的内容应当具体,应当体现相对人违法的具体事实、情节。

(四)年度频次要求

海事执法案件评查工作,每年开展的次数应当符合规定的要求,才能够保证评查工作的强度。《海事行政执法监督管理规定》第四十六条规定,各级海事管理机构开展海事行政执法案卷评查,应当满足以下频次:

(1)直属海事局或省级地方海事局每年至少组织1次对所属海事管理机构海事行政执法案卷评查工作;

(2)各直属海事局或省级地方海事局所属的海事管理机构应当每年至少组织2次对所属单位、执法部门海事行政执法案卷评查工作,全年应对所有类别的海事行政执法行为全部覆盖;

海事行政执法案卷评查工作可以与定期海事行政执法督察工作一并开展。

根据规定,海事执法案件的评查工作,在评查的案卷范围上,应当每年覆盖所有类别的海事执法活动。地方海事机构开展的案卷自查工作,应当对每种类型的执法案卷都要评查到,不要求对所有的各类案卷逐一评查。直属海事局或省级地方海事局组织的海事案卷评查,不要求对所有的地方海事执法部门的一切案卷都进行评查。中华人民共和国海事局直接派遣的执法评议考核检查组以及执法督察小组对案卷的评查,是对地方海事执法机构与部门的抽查性的,也不是对所有的地方海事机构、部门。

案卷评查的频次要求,是保证评查工作质量的一项保证措施,但不是唯一的绝对有效的措施。海事执法案卷评查工作,目的在于通过评查监督海事行政执法活动,纠正错误执法行为,提高执法水平。

三、案卷评查的内容与方法

(一)案卷评查的基本内容

案卷评查的基本内容,根据《海事行政执法监督管理规定》第四十七条规定,实施海事行政执法案卷评查时,主要对具体案卷的以下内容评议与审查:

(1)执法过程中收集的证据材料是否齐全、充分,是否满足法定形式和要求;

(2)执法过程中认定事实和适用法律、法规、规章是否正确;

(3)执法程序是否合法;

(4)执法时限是否合法;

(5)执法文书格式是否正确,内容是否完整;

(6)执法案卷整理是否满足规定要求。

(二)对执法中的证据进行审查的方法与注意的问题

对执法中的证据的审查,一般表现为行政处罚案卷中。证据的审查,主要审查以下内容。

(1)证据是否充分、是否真实,证据应当具有真实性、可靠性。

(2)证据与案件之间的关联性,以及证据之间的关联性,证据之间形成有效证据链,是否足以证明违法事实。

(3)证据的种类与形式是否符合规定,常见的证据种类有书证、物证、视听资料、调查笔录等。视听资料、调查笔录在形式上,应当为原件,并且经过相对人确认。书证在形式上,可以为复印件等非原始形式,但应当确认与原件相同。

(4)证据的收集与形成程序应当合法,即取证程序合法。

例如,复印件应当与原件核对无误后,由有关人员签字确认。调查笔录,应当记载调查的时间、地点、被调查人员与事件等基本信息,并且应当由调查人员与被调查人员共同签字确认。

(三)对执法中认定的违法事实和适用法律法规、规章是否正确的审查方法与注意的问题

执法中认定的违法事实,应当是根据证据形成的,违法事实由相关的证据支持。对违法事实的认定与定性,应当准确无误。一个具体案件有关的违法事实,一般为多个,但并非每一事实对案件性质都具有决定性意义,要注意具有决定性意义的案件事实。例如,一艘航行中的船舶,表面上达到了对船员人数的规定,但是,其中却有人没有取得相关的适任证书,此种情况,是定性为未按《船舶最低安全配员证书》的规定配备合格的船员,还是定性为未持有有效的《船舶最低安全配员证书》,不同的定性导致处罚结果有很多不同,前者的处罚为一类船舶罚款 5 万元,后者的处罚为一类船舶罚款 2.5 万元。

海事行政执法中的法律法规以及规章的适用是否正确,主要看案件所认定的违法事实与处理该违法所依据的法律法规是否符合,是否一致。在海事行政执法的依据,在执法文书中能够体现出来的,只能是法律、法规与规章。低于规章层次的规范性文件,包括中华人民共和国海事局、省级海事局制定的文件,虽然实际上在应用,但在正式的法律文书中却不可以体现。

(四)对执法程序是否合法的审查方法与注意的问题

执法程序是否合法,在审查中主要看执法程序是否符合规定、是否有遗漏的程序。程序违法,其结果可能没有造成相对人的权益受到侵犯,但也可以认定为案件违法。例如,执法人员在事实清楚、证据充分的情况下作出相应的处罚决定,但是没有使用规范的文书,虽然不影响处罚结果,但是,相对人可以以此为由提出异议,要求重新处理。程序正义是实体正义的保障。

(五)对执法文书与执法案卷整理的审查方法与注意的问题

审查执法文书,要注意执法文书是否规范。在有统一规范式样的执法文书的情况下,是否使用规范文书。文书的内容,记载的事项,是否清楚,是否完整。

执法案件的审查,主要审查案卷的形式。例如,海事行政处罚案卷的案卷归档审查的内容是:一案一卷,使用统一规范的卷宗封面,一卷一号。卷内目录和备考表填写规范,卷内文字应当使用钢笔、签字笔或毛笔书写。卷内材料排列有序,应按时间顺序排列;或者处罚决定书和送达回证在前,其余文书按时间顺序排列,材料完整,装订整齐,卷内文书逐页编写页码。破损的文书应修补或复制,文书过小的应衬纸粘贴,文书过大的应折叠整齐;不能随文书装订立卷的证据,应放入证据袋中,随卷归档。证据袋上应注明证据的名称、数量等内容。案卷归档及时。

第二节　案卷评查的程序与标准

一、案卷评查的程序

(一)海事执法案件评查的基本程序

在目前的有关规定中,关于海事案卷的评查程序,还没有明确的内容。参考中华人民共和国海事局全国直属海事系统行政执法评议考核方案,在海事执法案卷的评查工作中,一般的程序应当是以下内容。

(1)成立海事案卷评查的领导机构,成立案卷评查工作小组,确定评查人员,明确评查的工作内容与人员分工。

(2)案卷评查小组成员集体到所评查的海事执法部门,随机抽取一定比例的海事执法案件,进行阅卷评查。

(3)评查人员,依据海事局制定的案卷评查标准,逐项对案卷的内容进行打分,核定每个案卷的总分与得出最终评定的结论。填写《海事行政执法案卷评查记录表》。

（4）考评小组汇总检查情况，形成评查书面报告。《海事行政执法监督管理规定》第四十八条规定："海事行政执法案卷评查结束后，应当形成书面报告，及时反馈被评查的单位。评查结果应纳入海事行政执法考评。"填写《海事行政执法案卷评查和业务流程检查意见反馈表》，反馈被检查单位，并将确定的优秀案卷和差评案卷复印存档。

（二）海事执法案件评查的过程中应当注意的问题

在整个海事执法案卷评查过程中，评查人员要注意以下问题。

（1）评查人员应当严格执行与自觉遵守有关规定，严格评查纪律。海事执法案卷的评查工作，目的在于监督海事行政执法工作，评查人员首先要有高度的责任心与纪律性，不仅要有熟练的海事执法工作专业知识，还要有高度的政治觉悟。

（2）执法评查工作中，要严格执行评查人员回避制度。

（3）在评查工作中，要坚持统一组织，统一领导，统一工作。评查人员不得与被评查的执法部门与人员单独接触。

（4）案卷的评查结果，要客观公正，要按照规定，向被评查部门与人员公开，向上级海事机构汇报。

二、案卷评查的标准

海事案卷评查的标准，目前中华人民共和国海事局有统一的规定，各地方海事局应当执行，也可以依据中华人民共和国海事局的标准制定更加具体的标准。《海事行政执法监督管理规定》第四十九条规定："海事行政执法案卷评查标准和相关文书由中华人民共和国海事局统一制定。"

中华人民共和国海事局发布的全国直属海事系统行政执法评议考核方案发布了《海事行政执法案卷评查标准》。具体标准包括：

（1）许可案卷评查标准；

（2）海事行政处罚简易程序案卷评查标准；

（3）海事行政处罚一般程序案卷评查标准。

这些具体的标准，是从事海事案卷评查的应当执行的具体规定。从事海事案卷评查的人员，应当熟练掌握这些标准的内容。

第三节　海事执法考评的含义与内容

一、海事执法考评的含义与意义

（一）海事执法考评的规范性依据

海事执法是交通运输执法的组成部分，适用交通部的有关规定。中华人民共和国海事局发布的《海事行政执法监督管理规定》中的相关规定是第六章"执法考评"第五十条至第五十九条。

为了落实行政执法评议考核规定,近年交通运输部每年发布开展行政执法评议考核工作的通知,对考核评议的意义和目标、评议考核步骤、评议考核的组织、评议考核步骤、工作要求作出具体的规定。

(二)海事执法考评的含义与特征

海事执法考评是对海事执法部门以及海事行政执法人员进行的,常规化与制度化的年度综合考核与评价。《交通运输行政执法评议考核规定》第二条规定:"交通运输行政执法评议考核是指上级交通运输主管部门对下级交通运输主管部门、部直属系统上级管理机构对下级管理机构、各级交通运输主管部门对所属行政执法机构和行政执法人员行使行政执法职权、履行法定义务的情况进行评议考核"。《海事行政执法监督管理规定》第五十条规定:"各级海事管理机构应当每年开展执法考核与评议,评价行政执法工作情况、检验执法人员是否正确行使执法职权和全面履行法定义务。"

海事执法考评的主要特征是:

(1)海事执法考评是对海事执法工作进行执法监督的一种体现;

(2)海事执法考评,属于交通运输领域的执法考评,适用交通运输部的有关规定,服从交通运输部的统一领导;

(3)海事执法考评的对象是各级海事管理机构与海事执法人员;

(4)海事执法考评,在内容上是全面的综合考核与评价,包括对行政处罚、行政许可等行政执法工作的考评,以及对执法人员的执法业务水平情况的考评等;

(5)海事执法考评是每年进行一次的常规性的考评,广义上属于公务员考核的范畴。目前我国的行政机关公务员与国家事业单位的工作人员,在每年底都要进行考核,一般称为年度考核。

(三)考核评议的意义和目标

行政执法评议考核是评价交通运输行政执法队伍执法工作情况、检验执法部门和执法人员是否正确行使执法职权和全面履行法定义务的重要机制,是推行行政执法责任制承上启下的关键环节,对进一步促进依法行政,提高交通运输行政执法水平和管理能力,具有重要意义。通过开展全国交通运输行政执法评议考核工作,全面系统地考查各地各单位行使行政执法职权、履行法定义务的情况,通报不规范执法案例,端正执法人员执法理念,规范执法行为,整顿执法作风,保障交通运输法律、法规、规章的正确实施,营造良好的交通法治环境。

通过行政执法评议考核工作,深入考查各地各单位行使行政执法职权、履行法定义务的情况,保障法律、法规、规章的正确实施,防止和纠正违法或不当的行政行为,进一步提高交通运输行政执法水平和管理能力,健全行政执法内部监督制约机制,为实现交通运输科学发展安全发展创造良好的法制环境。

海事执法考评的意义主要在于:一方面,定期地全面地考核与评价所有海事执法部门与执法人员的执法情况,以总结经验,肯定成绩,鼓励先进,提高执法水平;另一方面,发现问题,及时纠正错误,促进提高,惩戒违法,防患未然。

二、海事执法考评的内容

(一)交通运输执法考评的基本内容

海事执法考评工作内容,首先应当符合交通运输部的有关规定。《交通运输行政执法评议考核规定》第五条规定,执法评议考核的主要内容包括:

(1)在行政处罚过程中的执法情况;

(2)在行政强制过程中的执法情况;

(3)办理行政许可的情况;

(4)办理行政复议、行政诉讼、国家赔偿以及控告申诉案件的情况;

(5)开展执法监督和执法责任追究工作的情况。

评议考核工作主要针对各级交通运输部门和执法机构办理行政许可,实施行政处罚、行政强制,处理举报投诉、行政复议、行政诉讼、国家赔偿、控告申诉案件,以及开展执法监督和执法责任追究工作的情况。各地区各系统可结合各自实际,从行政许可、行政处罚、复议诉讼等方面选择一个方面的工作作为考评重点,通过查阅年度法制工作档案、执法制度建设文件和执法案卷,按照《交通运输行政执法评议考核规定》,对行政执法部门和行政执法人员行使行政执法职权和履行法定义务的情况进行考评。

重点对于本地、本系统各级交通运输主管部门、专业管理机构和执法机关,主要考评行政许可审批情况,包括建立和实施行政许可、行政审批工作制定的情况;设定行政许可、行政审批项目的情况;行政许可案件办理情况;对被许可人实施许可、审批事项的角度检查情况。执法队伍形象建设情况,包括制定执法队伍形象建设的工作规划、年度工作计划、相关管理制度的情况;执法队伍形象建设的组织领导情况和资金保障情况。

(二)对海事管理机构进行考评的内容

《海事行政执法监督管理规定》第五十三条规定,各级海事管理机构对所属海事管理机构进行考评,应当包括下列内容:

(1)各项海事行政执法、行政执法监督和行政执法考评制度的建立、落实情况;

(2)法定职权的分类整理、分解落实、定岗定责和部门及其内设机构、执法人员的行政执法权限、责任和工作目标的落实情况;

(3)法定行政执法职权的履行情况和具体行政执法行为的合法规范情况;

(4)行政执法决定的行政复议和行政诉讼结果及履行情况;

(5)对执法人员违法执法或者不当行政执法行为责任追究情况;

(6)海事行政执法队伍建设和执法人员依法行政能力情况;

(7)海事行政管理相对人和社会各界对其评价和意见;

(8)其他需要考评的内容。

(三)对海事执法机构与执法人员进行考评的内容

《海事行政执法监督管理规定》第五十四条规定,各级海事管理机构对所属单位、执法部门和执法人员进行考评,应当包括下列内容:

（1）秉公执法、文明执法情况；

（2）行政许可、行政确认、行政报备情况；

（3）行政处罚实施情况；

（4）采取行政强制措施情况；

（5）行政检查、行政调查、行政征收等情况；

（6）对行政执法行为提出行政复议、行政赔偿、行政诉讼情况；

（7）其他需要考评的内容。

三、海事执法考评的标准

（一）交通运输执法考评的基本标准

《交通运输行政执法评议考核规定》第六条规定，执法评议考核的基本标准：

（1）行政执法主体合法；

（2）行政执法内容符合执法权限，适用执法依据适当；

（3）行政执法行为公正、文明、规范；

（4）行政执法决定的内容合法、适当；

（5）行政执法程序合法、规范；

（6）法律文书规范、完备；

（7）依法制定有关行政执法工作的规范性文件，文件内容不与国家法律、行政法规、规章及上级规范性文件相抵触；

（8）在登记、统计、上报各类执法情况的工作中，实事求是，严格遵守有关规定，无弄虚作假、隐瞒不报的情形。

（二）行政处罚和行政强制工作考评的基本标准

《交通运输行政执法评议考核规定》第七条规定，行政处罚和行政强制工作应当达到以下标准：

（1）行政执法主体合法，符合管辖规定；

（2）行政执法符合执法权限，无越权处罚情形；

（3）案件事实清楚，证据确实充分；

（4）调查取证合法、及时、客观、全面，无篡改、伪造、隐瞒、毁灭证据以及因故意或者严重过失导致证据无法取得等情形；

（5）定性及适用法规准确，处理适当；

（6）行政执法程序合法；

（7）对依法暂扣、罚没的财务妥善保管、依法处置，无截留、坐支、私分、挪用或者以其他方式侵吞等情形；

（8）依法履行告知的义务，保障行政管理相对人的陈述、申辩和要求听证的权利；

（9）法律文书规范、完备。

（三）行政许可工作考评的基本标准

《交通运输行政执法评议考核规定》第八条规定，行政许可工作应当达到以下标准：

（1）行政许可的实施主体合法，具有相应的行政许可权；

（2）行政许可的实施主体已经按照有关规定，将行政许可事项、依据、条件以及受理要求等相关内容予以公示；

（3）依法履行告知的义务，保障行政许可申请人和利害关系人要求听证的权利；

（4）行政许可的受理、审查、决定和听证程序合法；

（5）法律文书规范、完备。

（四）行政复议、行政诉讼、国家赔偿以及控告申诉案件工作考评的基本标准

《交通运输行政执法评议考核规定》第九条规定，办理行政复议、行政诉讼、国家赔偿以及控告申诉案件应当达到以下标准：

（1）依法办理行政复议案件，无符合法定受理条件不依法受理、不依法作出复议决定或者复议决定被人民法院依法撤销等情形；

（2）对行政诉讼案件依法应诉，无拒不出庭、不提出诉讼证据和答辩意见等情形；

（3）依法进行国家赔偿，对违法行为无拖延确认、不予确认或不依法理赔等情形；

（4）依法、及时处理控告申诉，无推诿、拖延、敷衍等情形。

（五）执法监督和执法责任追究工作考评的基本标准

《交通运输行政执法评议考核规定》第十条规定，开展执法监督和执法责任追究工作应当达到以下标准：

（1）严格执行上级交通运输行政主管部门的监督决定和命令，无拒不执行、拖延执行等情形；

（2）对已经发现的错误案件及时纠正，无故意隐瞒、拒不纠正的情形；

（3）依法及时追究有关责任人的过错责任，无应当追究而不追究或者降格追究的情形。

（六）海事行政执法具体考评标准

海事行政执法具体考评标准由中华人民共和国海事局另行制定发布。

2012 年 4 月中华人民共和国海事局制定的《全国直属海事系统 2012 年行政执法评议考核方案》中，以附件的形式规定了《海事行政执法案卷评查标准》。

第四节 海事执法考评的实施与方法

一、海事执法考评的组织实施与管理

（一）执法考评的组织实施机构

根据有关规定，海事执法考评的组织机构是各级海事局。

《交通运输行政执法评议考核规定》第十一条规定："交通运输部负责组织开展全国交通运输系统的执法评议考核工作。部海事局、长江航务管理局应当组织开展对本系统的执法评议考核工作。地方各级交通运输主管部门应当对下级交通运输主管部门及其所属执法机构的执法情况按照本规定开展日常执法评议考核和年度执法评议考核工作，并将年度执法评议考核结果报送上一级交通运输主管部门。"

(二)海事执法考评的管理机构

《海事行政执法监督管理规定》第五十一条规定："各级海事管理机构负责对所属海事管理机构海事行政执法工作进行考评，对所属海事管理机构海事行政执法考评工作给予监督与指导。各级海事管理机构负责对所属单位、执法部门和执法人员的海事行政执法工作进行考评。"

海事执法作为交通运输执法的组成部分，适用交通部的有关规定。《交通运输行政执法评议考核规定》第三条规定："交通运输部主管和指导全国执法评议考核工作。地方各级交通运输主管部门在各自的职责范围内负责管理和组织本辖区的执法评议考核工作。各级交通运输主管部门的法制工作机构负责具体组织实施本辖区的执法评议考核工作。"

(三)评议考核的组织与领导小组的组成与职责

海事执法考评工作，可以成立考核领导小组，负责考核工作。考核领导小组的日常工作由相关的法制部门负责。《交通运输行政执法评议考核规定》第十三条规定："开展年度执法评议考核工作可以成立以本级交通运输主管部门相关负责人任组长，交通运输有关部门或者机构参加的考核领导小组。考核小组的日常工作可以由各级交通运输主管部门法制工作机构负责具体实施。"

海事执法考评领导小组，由海事机构主要负责人组成，由第一负责人任组长。海事执法考评领导小组代表海事机构，全面负责执法考评工作。

(四)执法考评工作的督导规定

在海事执法考评工作过程中，上级海事机构可以派出督导组，到基层海事执法机构与部门进行考评监督指导。中华人民共和国海事局向地方海事执法机构派出督导组，检查考评工作。《交通运输行政执法评议考核规定》第二十六条规定："上级交通运输主管部门应当根据执法评议考核结果及执法工作需要，向执法考核中未达标的执法机构派出执法督导组进行有针对性的执法指导，与基层执法机构共同执法，发现问题，及时纠正。"

(五)海事执法考评工作中的管理措施

海事管理机构在进行考评工作中，对于发现的问题，应当及时采取相应的管理措施，予以纠正和处理。基本措施有：整改、通报批评、责令改正。

整改，一般是指在自评工作中，被考评部门或者执法人员，对于自评中发现的执法问题，主动及时改正。《海事行政执法监督管理规定》第五十六条规定，"对考评中发现的问题，各级海事管理机构及其所属单位、执法部门和执法人员应当及时整改。"

通报批评与责令改正，是指上级海事管理机构对于所管辖的海事机构、部门与人员，在执法考评中发现的执法问题,所采取的管理措施。通报批评,直接影响被考评部门与人员的形象与声誉。责令改正,促使有关部门与人员纠正违法、违纪情况。根据《海事行政执法监督管理规定》第五十七条的规定,各级海事管理机构有下列情形之一的,由上一级海事管理机构给予通报批评,责令改正:

(1)未建立和实施行政执法责任制的;

(2)未建立和实施行政执法考评制度的;

(3)拒不接受监督检查和考核评议的;

(4)在行政执法考评工作中弄虚作假的。

(六)海事执法考评前的行政执法社会满意度测评

海事行政执法的社会满意度测评,是指社会公众对海事执法公众的评价,即民意调查。行政执法社会满意度测评,能够从社会公众角度反映海事执法的情况,可以作为海事行政执法监督的一个方面,也可以作为海事行政执法考评的一个组成部分。《海事行政执法监督管理规定》第五十二条规定,"各级海事管理机构在开展执法考评前应当委托第三方组织行政执法社会满意度测评。

海事行政执法社会满意度测评结果分为满意、基本满意、不满意三个等次,测评结果应纳入海事行政执法考评。"

开展行政执法社会满意度测评,具有其积极意义,可以扩大对执法评议的范围,可以全面掌握社会各个方面对海事执法工作的评价,有利于加强社会对海事执法工作的监督。

社会满意度测评的参加人员,应当包括一定比例的海事执法相对人、媒体代表和普通群众。

行政执法社会满意度测评结果,在海事执法考评中的使用也要重视。例如,在海事执法考评的综合评分中,应当有一定比例的社会满意度测评的分值。如果综合评分的总分为100分,建议社会满意度测评的分值最高为15分,即满意等次,基本满意等次为10分,不满意等次为5分。

(七)执法反馈制度

执法的反馈是指执法机构适时邀请执法相对人,听取相对人对执法工作的意见与建议,在加强同人民群众联系的同时及时发现执法中的问题,改进执法工作。建立执法反馈制度,也是加强行政执法监督的需要。《交通运输行政执法评议考核规定》第二十二条规定:"各级地方交通运输主管部门要建立执法反馈制度,适时邀请执法相对人开展执法反馈工作,改进执法工作,提高行政执法水平。"

在实践中,如何实施执法反馈制度,目前还没有具体规定。可以参考的作法是:

(1)在日常执法过程中,跟踪征求反馈意见,即在每完成一项行政执法工作的同时征求相对人对执法活动的意见或者打分;

(2)定期集中开展执法意见征求活动。

二、考评的基本要求与安排

(一)海事执法考评的原则

海事执法考评的原则是严格依法、公开公正、有错必纠、奖罚分明的原则。《交通运输行政执法评议考核规定》第四条规定："执法评议考核应当遵守严格依法、公开公正、有错必纠、奖罚分明的原则。"

1. 严格依法

严格依法,是指在执法考评工作中,考评机构应当严格按照法律法规的规定衡量执法人员是否依法办事。

2. 公开公正

公开公正,是指在执法考评工作中,有关考评的工作安排、考评对象、考评依据、考评标准等具体内容,向被考评的执法部门与执法人员公开,对所有考评部门与人员公平、公正地给予考核与评价。

3. 有错必纠

有错必纠,是指对在执法考评工作中发现的执法问题,要及时全面对予以纠正。

4. 奖罚分明

奖罚分明,是指通过执法考评,对执法工作中表现优秀的执法部门与执法人员给予奖励,对不合格的或者违法的执法部门与执法人员给予惩罚。

(二)评议考核的基本步骤与环节

根据有关规定与工作要求,海事执法评议考核的基本步骤与环节是:明确考核领导机构,成立考核领导小组,内部评议,外部评议,确定评议结果与档次或者评分、复核。

此基本步骤,是指海事执法考评的主要工作环节与内容,不局限于内部评议或者外部评议。

三、海事执法考评的方法

(一)海事执法考评的方式与方法

海事执法考评的基本方式与方法是:听取汇报、随机抽查案卷、查阅执法档案、查阅投诉举报处理记录、发放调查问卷、现场检查、走访海事行政管理相对人和业务测试。《海事行政执法监督管理规定》第五十五条规定："实施行政执法考评时,可以采取听取汇报、随机抽查案卷、查阅执法档案、查阅投诉举报处理记录、发放调查问卷、现场检查、走访海事行政管理相对人和业务测试等方式进行,并综合考虑执法督察、案卷评查和社会满意度测评等情况,被考评单位及其所属部门和人员应当积极配合并如实提供相关材料。"

参照有关规定,海事执法考评的方式还可以有:内部考评与外部考评,海事机构内部的自评与上级海事机构的督导抽评。督导抽评工作由部政策法规司组织实施,随机确定部分地区基层行政执法单位,指派督导检查组开展抽评。

（二）执法评议考核的内部评议的具体方法

根据相关规定,海事执法考评可以采取内部评议与外部评议相结合的评议方法。

《交通运输行政执法评议考核规定》第十六条规定,执法评议考核应当将内部评议与外部评议相结合。

内部执法评议考核的主要方法包括:

(1)审阅有关报告材料、听取情况汇报;

(2)组织现场检查或者暗访活动;

(3)评查执法案卷,调阅相关文件、资料;

(4)进行专项工作检查或者专案调查;

(5)对行政执法人员进行法律水平测试。

其中,评查执法案卷,即案卷评查。要注意年度考评中的案卷评查与执法监督中的案卷评查的关系。年度考评中的案卷评查,是每一年度开展的对所有执法部门与执法人员进行的普遍性的评查,属于执法评查的一项内容与措施。执法监督中的案卷评查,则是属于专项执法监督检查,具有抽查的性质。执法监督中的案卷评查结果,可以作为年度考评的依据。

（三）执法评议考核的外部评议的具体方法

外部执法评议考核的主要方法包括:

(1)召开座谈会;

(2)发放执法评议卡;

(3)设立公众意见箱;

(4)开通执法评议专线电话;

(5)聘请监督评议员;

(6)发放问卷调查表;

(7)举行民意测验。

（四）对行政执法人员进行法律水平测试的内容

对行政执法人员进行法律水平测试,内容主要为行政执法的重要法律规定。不同年度的法律水平测试的内容有所不同,一般以当前最新颁布的法律为依据。

第五节　考评结果的评定与处理

一、海事执法考评结果的种类与评定

（一）海事执法考评的结果

海事执法考评的结果分为:优秀、合格、不合格三个等次。《海事行政执法监督管理规定》第五十八条规定:"海事行政执法考评应当纳入各级海事管理机构的目标责任考核内容,对执法人员的考评应当作为海事行政执法证的年度审验的重要内容。海事行政执法考评结果分为优秀、合格、不合格三个等次。对考评不合格的,不得参与各类评优或评先。"

《交通运输行政执法评议考核规定》第十四条规定:"执法评议考核结果以年度计分为准,分为优秀、达标、不达标三档。"

通常情况下,达标与不达标针对的是单位或者部门。合格与不合格,既可以针对单位与部门,还可以针对个人。

(二)海事行政执法考评结果优秀、合格的基本条件与评定分数

中华人民共和国海事局制定的全国直属海事系统行政执法评议考核方案中,规定了海事局考评检查组评定良好、合格、不合格的分数。在评议考核阶段,各检查组根据案卷评查、业务流程检查情况和基础法律知识测试结果,对被检查单位进行综合评分并确定等次,90 分以上的为优秀;80 分以上,不足 90 分的为良好;60 分以上,不足 80 分的为合格;不足 60 分的为不合格。部海事局将根据各检查组的评分,结合日常考核,对各直属海事局的执法工作进行评估,并按得分进行排序,将排序结果和推荐的执法考评优秀单位一并上报交通运输部。

在其他有关海事考评的一般情况下,对于在行政执法工作中成绩显著或者有突出贡献的,以及对国家、社会有贡献的人员,应当确定为优秀。受到公务员奖励的人员,也应当评定为优秀。例如,《公务员法》对公务员的奖励的规定,可以作为参考。《公务员法》规定,

公务员或者公务员集体有下列情形之一的,给予奖励:

(1)忠于职守,积极工作,工作实绩显著的;

(2)遵守纪律,廉洁奉公,作风正派,办事公道,模范作用突出的;

(3)在工作中有发明创造或者提出合理化建议,取得显著经济效益或者社会效益的;

(4)为增进民族团结,维护社会稳定作出突出贡献的;

(5)爱护公共财产,节约国家资财有突出成绩的;

(6)防止或者消除事故有功,使国家和人民群众利益免受或者减少损失的;

(7)在抢险、救灾等特定环境中奋不顾身,作出贡献的;

(8)同违法违纪行为作斗争有功绩的;

(9)在对外交往中为国家争得荣誉和利益的;

(10)有其他突出功绩的。

在海事行政执法考评中,优秀的人员数量应当限制在一定的比例范围内,一般为参评人员总数的 15%以内。

关于合格的条件,一般情况下,行政执法人员在一个年度工作中,没有出现任何执法工作上的问题,平时考核没有否定性记录的,就属于合格。简单地衡量,既没有突出表现不属于优秀情况的,也没有不良记录、不属于不合格情况的,都属于合格。

被考评为合格、优秀的执法人员,可以继续任职,也可以按照规定晋职。被考评为不合格的,首先要整改。整改后仍然不合格的,或者连续 2 年被考评为不合格的,应当调离执法岗位。

（三）执法评议考核的计分制度

根据《国务院办公厅推行行政执法责任制的若干意见》的规定，《交通运输行政执法评议考核规定》明确了行政执法评议考核原则上要采取百分制形式，同时，明确规定了考核不达标的六种情形，以及加分原则和扣分原则，这些条款共同构成了执法评议考核的计分制度。《交通运输行政执法评议考核规定》第十四条规定："执法评议考核实行百分制，根据考核的内容范围确定各项考核内容所占分数。省级交通运输主管部门、部直属系统应结合本地、本系统实际情况确定统一的考核项目和评分标准。"

由于交通运输行政执法门类较多，地区差异较大，情况较为复杂，如果对执法评议考核具体计分标准作出统一规定，将难以兼顾不同地方和不同执法门类的需要，因此《交通运输行政执法评议考核规定》最终规定由省级交通运输主管部门、部直属系统结合本地、本系统的实际情况，确定统一的考核项目和评分标准。

（四）考评结果中的加分制度的基本内容

《交通运输行政执法评议考核规定》第十七条规定，有下列情形之一的，应当在执法评议考核结果中适当加分：

（1）在重大社会事件中行使行政执法职权或者履行法定义务及时、适当，在本地区或者本系统反响良好的；

（2）落实行政执法责任制工作扎实，总结典型经验，被上级主管部门推广的。

《交通运输行政执法评议考核规定》第十八条规定："对违法执法自查自纠，并依法追究执法过错责任的，可以减少扣分。"

（五）考评结果中的不达标的基本情况与否决制度的基本内容

执法考评结果为不达标的，即不合格，是指执法部门或者执法人员存在严重的违法执法情况或者执法造成恶劣社会影响等问题，所给予的最差评价，也就是否定性评价。

《交通运输行政执法评议考核规定》第十五条规定，行政执法机构具有下列情形之一的，该年度执法评议考核结果应当确定为不达标：

（1）违法执法导致行政相对人伤亡或者引发群体性事件，造成恶劣社会影响的；

（2）违法执法拒不纠正导致行政相对人长期赴京、到省上访的；

（3）违法执法导致媒体集中报道引起社会公众广泛关注、造成较为严重负面影响的；

（4）对上级指出的严重违法问题未予改正的；

（5）弄虚作假、对已生效的执法文书等执法卷宗材料进行事后加工、修改、完善的；

（6）拒绝接受或者不积极配合执法评议考核的。

二、考评后的异议处理与奖惩

（一）考评结果的通报及其意义

海事执法考评的结果，应当按照规定予以通报。《交通运输行政执法评议考核规定》第十二条规定："交通运输部对省级交通运输主管部门执法评议考核结果予以通报。部海事局、长江航务管理局对本系统执法评议考核结果予以通报。省级交通运输主管部门应当将年度执法评议考核结果在本辖区内予以通报。"

海事考评结果的通报，是指中华人民共和国海事局对海事系统的执法考评结果在本系统内进行公开。通报考评结果，可以起到鼓励先进、鞭策落后的作用。

考评结果的通报，也是政务公开的体现。

(二)考评结果的复核与异议处理规定

考评结果的复核，不是考评程序中的必经环节，是否需要复核由上级部门决定。《交通运输行政执法评议考核规定》第十九条规定："上级交通运输主管部门可以对下级交通运输主管部门的执法评议考核结果进行复核。"

有关执法部门与执法人员，对考评结果有异议的，可以按照规定向考评机构提出申诉，考评机构应当予以处理。《交通运输行政执法评议考核规定》第二十条规定："对执法评议考核结果有异议的，相关单位可以自结果通报之日起15日内向负责执法评议考核的交通运输主管部门提出书面申诉。负责执法评议考核的交通运输主管部门根据情况可以重新组织人员复查，并将复查结果书面通知申诉单位。"

(三)执法评议考核的奖惩制度的基本内容

《交通运输行政执法评议考核规定》在第四章中规定了考核评议的奖惩制度，规定了考核结果不达标单位的法律后果，将执法考核评议结果作为衡量交通运输主管部门及其所属执法机构工作实绩的重要指标，成为考评规定得以推行并取得实效的基本保障与制度安排。

奖励的主要措施与形式是：通报表彰、嘉奖。《交通运输行政执法评议考核规定》第二十三条规定："执法评议考核结果是衡量交通运输主管部门及其所属执法机构工作实绩的重要指标。对考核结果为优秀的单位要予以通报表彰；连续三年被评为优秀的，对单位及主要领导给予嘉奖。"

惩罚的主要措施或者形式是：通报批评、责令限期整改、取消年度评优受奖资格。《交通运输行政执法评议考核规定》第二十四条规定："对执法评议考核结果不达标的单位，应当予以通报批评，责令限期整改，并取消其当年评优受奖资格。"

《交通运输行政执法评议考核规定》第二十五条规定："在执法评议考核过程中，发现已办结的案件或者执法活动确有错误或不适当的，应当依法及时纠正。需要追究有关领导或者直接责任人员执法责任的，依照相关规定予以追究。"

本章思考题

1. 海事执法案卷评查的含义与意义是什么？

2. 海事执法案卷评查的基本要求和内容是什么？

3. 海事执法案卷评查的一般程序和方法是什么？

4. 海事执法考评与海事执法案卷评查的关系是什么？

5. 海事执法考评的基本方式和要求有哪些？

第九章　海事行政执法责任追究

第一节　海事行政执法责任追究概述

一、海事行政执法责任追究的含义与意义

(一)海事行政执法责任追究的依据与意义

海事行政执法责任追究的直接规范性依据是中华人民共和国海事局的有关规定。中中华人民共和国海事局 2004 年发布的《海事行政执法过错和错案责任追究暂行规定》(以下简称《暂行规定》),自 2004 年 12 月 1 日起施行。中华人民共和国海事局发布的《海事行政执法监督管理规定》第七章海事行政执法责任追究。

海事行政执法是行政执法的一个方面与体现,是国家海事管理机构依法行使海事行政管理职能的体现。海事行政执法责任追究是行政执法责任追究的组成部分,体现了我国依法行政、建设法治政府的要求。随着我国行政法治建设的加强与完善,陆续颁布了《行政诉讼法》《国家赔偿法》《行政处罚法》《行政复议法》《行政许可法》《行政强制法》,对依行政提出了更高的要求。加强对行政执法的监督以及加强行政执法的责任追究工作,是深入贯彻建设法治政府要求的体现。

海事行政执法责任追究的意义,集中体现在《暂行规定》的第一条规定:"为规范海事行政执法行为,落实执法责任制,保障各级海事局(处)及其行政执法人员依法正确履行职责,保护公民、法人和其他组织的合法权益,依据有关法律、行政法规,制定本规定。"不仅如此,实行海事行政执法责任追究制度,还有利于促进海事行政执法队伍建设,提高海事行政执法人员的海事执法意识与业务素质,促进海事行政执法监督工作。

(二)海事行政执法责任追究的含义

海事行政执法责任追究的含义。《海事行政执法监督管理规定》第六十条规定:"海事行政执法责任追究是指对作出违法、不当的海事行政执法行为、不依法履行法定职责和义务以及违反海事行政执法行为规范的海事管理机构及其执法人员,进行调查认定、确定责任、实施处理的活动。"海事行政执法责任追究是行政执法责任追究的体现与组成部分,是行政执法责任追究工作在海事行政执法领域的体现。

行政执法责任追究的含义。行政执法责任追究是对行政执法工作中应当承担责任的行政主体或者人员依法追究其责任。行政执法责任追究针对的主要问题是行政执法中的违法行政、失职造成的行政执法错误,通过追究有关单位与人员的责任,惩戒违法行政人员,提高依法行政水平,提高行政执法人员的政治与业务素质。

行政执法责任追究及海事行政执法责任追究,在广义上是行政问责制度的体现。

（三）海事行政执法责任追究的性质

海事行政执法责任追究是海事行政机构对海事行政执法人员的管理措施,属于内部行政行为。海事行政执法责任追究,主要属于行政机关内部的纪律处分,不属于民事责任、刑事责任。

海事行政执法责任追究属于行政执法监督范畴的事项,也是海事行政执法监督的一种形式。

对于海事机构的海事行政执法责任追究决定,有关责任人不服的,只能向上一级海事机构提出申诉,不能够通过行政复议或者行政诉讼的途径解决。

（四）海事行政执法责任追究与行政机关公务员处分的关系

海事行政执法责任追究与行政机关公务员处分有相似之处,也有显著的不同。

海事行政执法责任追究与行政机关公务员处分的相似之处主要是两者在责任的性质上都属于行政责任,都是行政机关对其行政执法人员进行公务员管理的措施。

海事行政执法责任追究与行政机关公务员处分的主要不同是:海事行政执法责任追究是海事行政执法机构对海事行政执法人员的特定执法行为进行的监督管理与责任追究,针对的问题仅仅为海事行政执法中的错案责任;行政机关公务员处分是对公务员的所有公务行为进行的监督管理与责任追究,是针对公务员的全面的内部管理行为。在责任的种类上两者并不相同,海事行政执法责任追究的责任种类主要为警告、通报批评、吊销海事执法证,行政机关公务员处分的种类主要为警告、记过、记大过、降级、撤职、开除。在管理机构方面,海事行政执法责任追究的机构仅为海事机构,行政机关公务员处分的机构可以为公务员所在的行政机关或者国家监察机关。

特别要注意的是,海事行政执法责任追究不影响行政机关对公务员的处分。已经受到了海事行政执法责任追究的人员,有关机关仍然可以根据《公务员法》和《监察法》给予违法公务员处分。

二、海事行政执法责任追究的原则与管理

（一）海事行政执法责任追究工作的原则

海事行政执法责任追究的原则是:"实事求是、有错必纠、公正公平、责任与处理相适应、教育与惩戒相结合"。《暂行规定》第三条规定:"行政执法过错和错案责任追究,应当坚持实事求是、有错必纠、公正公平、责任与处理相适应、教育与惩戒相结合的原则。"

（二）海事行政执法责任追究工作的领导管理机构与管理措施

海事行政执法责任追究工作的领导管理机构是中华人民共和国海事局的各直属海事局和省（直辖市、自治区）地方海事局,具体实施工作由其法制部门负责。《暂行规定》第四条规定:"海事行政执法过错和错案责任追究由各直属海事局、省（直辖市、自治区）地方海事局组织实施。各直属海事局、省（自治区、直辖市）地方海事局的法制部门负责本规定的具体实施工作。"

海事行政执法责任追究的管理机构在实施责任追究管理职能时,可以采取的措施有:责令执行、通报批评给予相应的行政责任。《海事行政执法监督管理规定》第六十五条规定:"被追究行政执法责任的海事行政执法部门和执法人员应当执行责任追究决定,拒不执行的,责任追究机构或上级有权责令其执行并视情节给予通报批评和依法追究该行政执法部门主要负责人的行政责任。"其第六十六条规定:"各级海事管理机构未按照本规定履行执法监督、考核评议和责任追究职责的,由上一级海事管理机构责令改正,拒不改正的,视情节给予通报批评或追究相关人员的行政责任。"

海事行政管理机构也可以对表现突出的单位与人员给予表彰。《海事行政执法监督管理规定》第六十八条规定:"各级海事管理机构应当对在行政执法监督工作中作出突出成绩的单位、部门和个人给予表彰。"

(三)海事行政执法责任追究的工作内容与目标

海事行政执法责任追究的目标与内容,要回答的问题是行政执法责任追究工作要解决的实际问题以及要实现的目的,即在开展海事行政执法责任追究工作中要具体作什么、作到什么程度。

海事行政执法责任追究的工作内容是:审查在海事行政执法工作中是否存在行政违法行为,主要是行政不作为、越权行政、行政失职问题,对由于过错造成错案的海事行政执法人员追究其违法、失职的责任。《暂行规定》第二条规定:"本规定适用于直属、地方海事局(处)的海事执法人员因疏忽、过失或者故意的违法执法行为,造成海事行政执法过错或者错案的责任追究。"

海事行政执法责任追究的工作目标是:通过海事行政执法责任追究工作,监督海事行政执法活动,纠正违法行政行为,提高行政执法水平,保护相对人合法权益,惩戒以及教育行政执法人员。

第二节　海事行政执法责任的构成与认定

一、海事行政执法责任的构成

(一)海事行政执法责任的构成要件

海事行政执法责任的构成要件,是指在理论上分析追究海事行政执法责任应当具有的构成内容或者条件,以解决海事行政执法责任的认定问题,保证准确认定与追究行政执法责任。

根据《暂行规定》以及《海事行政执法监督管理规定》,海事行政执法责任构成要件应当为责任主体要件、主观要件、客观要件。

海事行政执法责任的构成要件,是认定海事行政执法责任的一种思路,也是解决实际责任认定问题的一种方法,具有理论上的参考意义。

（二）海事行政执法责任主体要件

海事行政执法责任追究的责任主体要件，是指承担海事行政执法责任的主体有哪些，由谁来承担海事行政执法责任。

一般情况下，海事行政执法责任主体是自然人中的海事行政执法人员，该海事执法人员应当具有海事执法证。

目前的有关规定中，关于责任主体的规定也不统一。《暂行规定》第二条规定责任主体仅仅是海事执法人员。《海事行政执法监督管理规定》第六十条规定责任主体是"海事管理机构及其执法人员"。对于这样的不同规定，实践中如何应用？从规范的效力上看，这两部规定都是由中华人民共和国海事局制定的，具有同等的效力。从新法优于旧法的一般法理上看，在《暂行规定》之后制定的《海事行政执法监督管理规定》的效力应当优先。从这两个规范的目的上看，海事行政执法责任追究要规范的是海事行政执法人员，责任主体一般也应当是海事执法人员。

关于海事执法机构是否可以为责任主体的问题。对于海事执法机构的违法以及错案，理论上应当予以追究，应当由海事执法机构承担责任。这样的认识，是立足于海事行政相对人的角度。对于海事行政相对人，海事行政执法人员的错案责任，应当由其所在的海事机构承担，在行政复议与行政诉讼上应当以海事执法机构为对象。在国家行政赔偿中，负有责任海事执法机构，应当是责任主体。

关于不具有海事执法证的人员是否为责任主体的问题。在海事行政执法工作中，涉及的不具有海事执法证的人员有以下情况：

（1）被海事机构或者海事执法人员指派从事具体海事执法工作的人员；

（2）指派或者指挥具有海事执法证的人员从事海事执法的人员。

对于这样人员的责任追究，有关规定中没有明确，理论上可以参照海事执法人员的责任追究规定处理。例如，《暂行规定》第十二条规定："对海事局内设部门或者下属海事处的负责人的责任追究，负有直接责任的，适用本规定有关直接责任人的处分规定；未负有直接责任的，按照本规定对其他责任人的处分规定追究其管理责任。"

（三）海事行政执法责任主观要件

海事行政执法责任的主观要件，是指责任人承担责任在主观方面是否应当具有故意或者过失的主观过错。如果责任人承担责任，在主观上应当具有故意或者过失的情况，则属于过错责任。如果责任人承担责任，在主观上不要求具有故意或者过失的条件，只要有错案，就应当承担责任，则属于无过错责任。

海事行政执法责任的主观要件，是属于过错责任，还是属于无过错责任？根据《暂行规定》，海事行政执法责任的主观方面应当是过错责任，表现为责任人主观上的疏忽、过失或者故意。《暂行规定》第二条规定："本规定适用于直属、地方海事局（处）的海事执法人员因疏忽、过失或者故意的违法执法行为，造成海事行政执法过错或者错案的责任追究。"《海事行政执法监督管理规定》第六十条规定："海事行政执法责任追究是指对作出违法、不当的海事行政执法行为、不依法履行法定职责和义务以及违反海事行政执法行为规范的海事管理机构及其执法人员，进行调查认定、确定责任、实施处理的活动。"该条规定中，没有体现出责任人承担责任在主观上的情况。

在海事行政执法过程中,并非由于执法人员主观上的原因但在客观上确实又出现来错案的情况,则不应当追究责任。

(四)海事行政执法责任客观要件

海事行政执法责任的客观表现,是指由于执法人员过失或者故意违法行政所造成的行政执法的结果,一般表现为错案。海事行政执法责任追究,针对的主要问题也就是错案。

错案是违法行政的必然结果。但是,并非一切的行政违法行政结果都表现为错案。行政不合理的行为,其结果一般不能定性为错案,在行政诉讼上也不予支持。对于错案,海事行政执法机构在职权范围内可以追究责任人的纪律责任与行政责任。对于涉及民事赔偿、行政赔偿以及刑事犯罪的问题,海事执法错案还应当依据其他法律处理。《海事行政执法监督管理规定》第六十四条规定:海事行政执法责任行为导致行政赔偿的,按照《国家赔偿法》的规定追偿。

二、海事行政执法责任的责任划分

(一)全部责任、主要责任、次要责任的划分原则

海事行政执法责任划分,要解决的主要问题是,在责任人为多人的情况下,如何确定每个人应当承担的责任大小。

海事行政执法行为,一般情况下是多名执法人员共同完成的,在错案的情况下涉及划分每个人的责任问题。《海事行政执法监督管理规定》第六十二条具体规定了海事行政执法责任划分的原则:

(1)当事执法人员独自行使职权,在执法活动中作出处理决定造成错案的,由该执法人员承担全部责任;

(2)当事执法人员二人及以上共同行使职权,在执法活动中作出处理决定造成错案的,由主办人员负主要责任,其他人员负次要责任;

(3)由于当事执法人员对事实、证据等认定错误,导致审核、批准领导失误造成错案的,当事执法人员承担主要责任,审核、批准领导承担次要责任;

(4)当事执法人员对事实、证据等认定准确,但经有关领导审核后改变决定造成错案的,审核、批准的领导负主要责任,当事执法人员负次要责任;当事执法人员提出合理意见,领导拒不接受造成错案的,审核、批准的领导负全部责任;

(5)由于当事执法人员故意隐瞒事实,导致审核、批准领导失误造成错案的,当事执法人员承担全部责任;

(6)经执法部门、机构领导集体研究作出的处理决定造成错案的,主持研究的领导负主要责任,其他参与研究的领导和当事执法人员承担次要责任;

(7)当事执法人员因擅自改变经领导审核、批准的处理决定造成错案的,由该当事的执法人员负全部责任。

(8)尽管有上述各项原则,若由于执法错案造成重大及以上事故或者构成重大或以上事故主要原因之一的,当事执法人员所在执法部门的第一负责人应当承担重要责任,所在

海事管理机构的第一负责人应当承担领导责任。

(二)直接责任与非直接责任的划分规定

《暂行规定》第十二条规定:"对海事局内设部门或者下属海事处的负责人的责任追究,负有直接责任的,适用本规定有关直接责任人的处分规定;未负有直接责任的,按照本规定对其他责任人的处分规定追究其管理责任。"

第三节　海事行政执法责任的种类与适用

一、海事行政执法责任的种类

(一)海事行政执法责任的种类

《海事行政执法监督管理规定》第六十一条规定:"海事行政执法责任追究的具体种类、适用、情形、程序、实施等,应按照交通运输部、中华人民共和国海事局相关规定执行。"《暂行规定》的第七条规定,海事执法人员有违反本规定的海事执法行为的,可给予下列一种或者几种海事行政执法过错或者错案责任追究:

(1)违法执法记分(记1~12分);

(2)执法警告(同时记4~6分);

(3)通报批评(同时记7~9分);

(4)临时收存海事执法证(2至3周,同时记10~11分);

(5)暂扣海事执法证(1至3个月,同时记12分);

(6)吊销海事执法证。

《海事行政执法监督管理规定》中规定的责任种类有:暂扣或吊销海事行政执法证、通报批评。

(二)海事行政执法责任的性质

海事行政执法责任的6种处罚种类或者形式,都是海事机构对其执法人员的管理措施,属于纪律处分,也属于内部行政行为。

海事行政执法责任的种类,也明显不同于行政机关公务员处分的种类。海事行政执法责任的种类,主要是名誉罚和执法资格罚。行政机关公务员处分的种类,包括名誉罚,还有职务与公务员身份的处罚。

二、海事行政执法责任的适用

(一)海事行政执法责任种类适用中的从轻或者减轻情节

责任追究中的从轻情节,是指在规定的责任种类中酌情给予较轻的处理。例如,暂扣海事执法证1月,同时记5分。责任追究中的减轻情节,是指选择比规定的责任种类轻的种类处理。

《暂行规定》第八条规定:"海事行政执法过错或者错案责任人员主动承认错误,并及时纠正错误、减少损失、挽回影响或者没有产生后果的,应当予以从轻或者减轻责任追究。"

(二)海事行政执法责任种类适用中的从重情节

责任追究中的从重情节,是指在规定的责任种类中酌情给予较重的处理。例如,暂扣海事执法证 3 个月,同时记 12 分。

《暂行规定》第九条规定,有下列行为之一的,应当视为情节较重的,从重追究责任:

(1)同一年度内发生两次以上行政执法过错、错案行为的;

(2)干扰、阻碍行政执法过错或者错案责任调查的;

(3)打击报复申诉人、控告人、检举人或者责任追究承办人员的;

(4)造成较大经济损失或者产生较为严重的社会影响的;

(5)两人以上串通或者集体进行违法执法,其中负有主要责任的;

(6)在海事执法过程中,向行政相对人索要或者收受财、物的。

上述规定中的"造成较大经济损失或者产生较为严重的社会影响",根据《暂行规定》第四十九条规定,是指以下情形之一:

(1)执法过错或者错案系导致一般以上水上交通或者污染事故的直接原因或者主要原因,并且给公民、法人或者其他组织造成共计 50 万元以上直接经济损失的;

(2)执法过错或者错案系导致一般以上水上交通或者污染事故的次要原因,并且给公民、法人或者其他组织造成共计 300 万元以上直接经济损失的;

(3)由于海事执法的过错或者错案,导致海事局(处)在行政诉讼中败诉的;

(4)由于海事执法的过错或者错案,导致海事局(处)在行政复议被撤销海事行政决定的;

(5)由于海事执法的过错或者错案,导致海事局(处)履行国家赔偿 50 万元以上的;

(6)由于海事执法的过错或者错案,有关事件被中央媒体曝光的。

(三)海事行政执法责任种类适用中的不予追究责任的情况

海事行政执法责任追究中的不予追究责任,是指不是由于执法人员的故意或者过失、失职造成的执法错案时,执法人员不承担错案责任。执法人员承担错案责任以其主观上存在过错为必备要件,在执法人员主观上没有任何过错的情况下不承担错案责任。这样,就可以客观地评价与监督执法活动,既严肃执法,又保护执法人员的合法权益。

《暂行规定》第十条规定,有下列情形之一的,不予追究海事执法人员的责任:

(1)法律、法规、规章和规范性文件的规定存在明显的冲突或者歧义,导致执法过错的;

(2)因执行上级机关的决定、命令、文件,直接导致执法过错的;

(3)因管理相对人的过错、故意或者恶意行为,使执法人员无法正确判断,导致事实认定或者审核出现差错的。

除了上述规定中的执法人员不承担责任的情况之外,错案的造成还可能是由于执法人员主观原因以外的业务能力、执法水平低下等,这就要求执法人员加强学习、不断提高业务能力与执法水平,管理机构要加强对执法人员的培训与考核。

在理解不予追究责任规定时，要注意区别不予追究与免予追究。不予追究责任，是指执法行为不构成错案追究的构成条件，不属于责任追究的情况。免予追究是指执法行为构成责任追究，由于情节显著轻微或者没有造成任何不良后果，免除责任。在海事执法责任追究的有关规定中，目前没有规定免予追究的情况。

（四）海事执法责任的种类合并适用

在执法人员的过错涉及承担数种责任的情况下，是合并追究责任，还是数种责任并处追究责任？当前的有关规定是，合并为一种责任追究。

《暂行规定》第十一条规定："海事执法人员违法执法，具有本规定列举的数种执法过错或者错案的，应当予以合并处分。对海事执法人员的执法过错或者错案责任追究，按照其违法执法的行为分类，适用本规定第三章的相应章节。如果需要跨章节适用并且违法执法的行为或者情形相近的，则按照情节轻重，适用其中的一种处分。"

实务中应用这一规定时，要注意的问题是：

（1）合并适用追究责任，只适用于在相对的同一时间内的行政执法行为构成为数种执法过错或者错案的。数种执法过错或者错案应当承担的责任，可能是相同的，也可能是不相同的。

（2）在不同时间所从事的行政执法行为，构成过错，应当追究责任的，为各自独立的责任，应当按照不同的责任分别追究责任，不应当合并。

（3）合并追究责任时，可以适用不同种类的责任，如何适用？依照《暂行规定》规定，按照情节轻重处理。对此，应当理解为按照较重的种类适用。

（4）当前的有关规定中，没有明确规定数种责任可以并罚适用。从理论来探讨，出于严格监督海事行政执法与严肃执法的目的，在责任追究时采用并罚的方式，可以更加有利于推进责任追究工作。例如，《暂行规定》第十四条规定越权执法的情况，如果同时采用"通报批评与吊销直接责任人员海事执法证"的处理，则更有力度。这只是理论上的一种认识，不能够代替当前的有关规定。

（5）如果海事执法人员已经受到党纪、政纪处分或者治安处罚、刑事处罚，海事机构是否可以继续予以追究责任？从处罚的性质与轻重程度上看，无论是党纪、政纪处分，还是治安处罚、刑事处罚，其惩治的问题都是相对恶劣的，处理的程度都是相对比较重的。在这样的情况下，再追究相关人员的海事执法过错责任，实际上已经没有意义，只具有宣告性质。

第四节　海事执法责任追究的具体内容

一、一般执法过错和错案及其责任追究

（一）执法记分与执法警告的一般适用情况

执法记分与执法警告，是海事行政执法责任种类中比较轻的，适用的情况一般为相对轻微的违法行为或者没有造成不良后果的违法行为。

《暂行规定》第十三条规定，海事执法人员在海事执法过程中有下列情形之一，情节较

轻的,给予直接责任人员执法警告,给予其他责任人员记1~2分:

(1)未向当事人出示海事执法证,表明执法身份的;

(2)应当两人以上执法而擅自单独执法的;

(3)违反规定适用或者采用当场处罚、许可、行政强制程序的;

(4)未按规定使用海事执法文书的。

(二)通报批评的一般适用情况

根据《暂行规定》第十四条的规定,海事执法人员在海事执法过程中有下列情形之一的,给予直接责任人员通报批评或者临时收存海事执法证,给予其他责任人员执法警告或者通报批评;情节较重的,暂扣或者吊销直接责任人员海事执法证,给予其他责任人员通报批评:

(1)行政不作为的;

(2)违反中华人民共和国海事局公布的海事执法"八项纪律"的;

(3)越权执法的。

(三)暂扣或者吊销其海事执法证的一般适用情况

暂扣或者吊销其海事执法证,是海事行政责任追究中相对比较重的种类,适用于相对比较严重的海事行政执法过错或者错案的情况或者造成严重不良后果不良影响的情况。

《暂行规定》第十五条规定:"海事行政执法过错或者错案导致海事管理机构行政诉讼败诉或者行政复议撤销,或者造成一般及以上船舶交通事故、污染事故,或者造成海事管理机构履行国家赔偿责任的,暂扣直接责任人员海事执法证,给予其他责任人员通报批评或者临时收存其海事执法证;造成较大经济损失或者产生较为严重的社会影响的,吊销直接责任人员的海事执法证,暂扣其他责任人员的海事执法证。"

《暂行规定》第十六条规定,海事执法人员在海事执法过程中有下列情形之一的,吊销其海事执法证:

(1)触犯治安条例被行政拘留的;

(2)触犯刑律构成犯罪的;

(3)因违法执法被处以行政记大过及以上政纪处分的;

(4)因违法执法被处以党内记大过及以上党纪处分的。

《海事行政执法监督管理规定》第六十三条规定,海事行政执法监督部门发现执法人员有下列行为之一的,各级海事管理机构应当根据其情节暂扣或吊销其海事行政执法证,并由相关部门按照管理权限进行处理,构成犯罪的,由司法机关追究其刑事责任:

(1)使用无效行政执法文书的;

(2)使用私印、伪造、变造行政执法文书或执法证件的;

(3)未出具统一制发的专用票据的;

(4)不履行法定职责或者超越职权、滥用职权的;

(5)非法、违法收费或者截留、坐支、私分海事监管费收、罚没财物的;

(6)违规使用执法车船、示警装置的;

(7)在工作时间内饮酒或酒后执法的;

（8）非公务需要穿执法制服在酒店、娱乐场所消费的；

（9）徇私枉法、索贿受贿，或者采取其他手段侵犯海事行政管理相对人合法权益的；

（10）对申诉人、举报人、投诉人进行打击报复的；

（11）法律、法规、规章规定的其他情形。

二、行政处罚过错和错案及其责任追究

（一）给予执法警告、违法执法记分的处罚规定

《暂行规定》第十七条规定，海事执法人员在行政处罚过程中有下列情形之一，给予直接责任人员执法警告，给予其他责任人员记2~3分：

（1）调查取证未按规定程序进行，或者未按规定处理证据的；

（2）认定事实不清或主要证据不足的；

（3）不按规定向当事人履行告知义务或不正确履行告知义务的；

（4）未按规定听取当事人陈述和申辩的；

（5）当事人陈述申辩的事实、理由和证据正确，应当采纳而未予以采纳的，或者未对当事人陈述申辩的事实、理由和证据进行复核的；

（6）未按规定登记和保存、保管证据的。

（二）给予执法警告、违法执法记分、通报批评的处罚规定

《暂行规定》第十八条规定，海事执法人员在行政处罚过程中有下列情形之一，给予直接责任人员执法警告，给予其他责任人员记2~3分；情节较重的，给予直接责任人员通报批评，给予其他责任人员执法警告：

（1）应当立案调查，未立案调查的；

（2）未按规定送交预审、复审、审批、备案审查的；

（3）预审、复审、备案审查过程中应当发现案件中存在的明显缺陷而未发现的；

（4）未按规定时限办结海事行政处罚案件的；

（5）未按规定送达行政处罚文书的；

（6）根据不充分或者存在瑕疵的证据作出行政处罚决定的；

（7）适用法律、法规、规章错误的。

（三）给予通报批评、执法警告的处罚规定

《暂行规定》第十九条规定，海事执法人员在行政处罚过程中有下列情形之一，给予直接责任人员通报批评，给予其他责任人员执法警告：

（1）行政处罚中，不使用规定的单据实施罚款、没收财物的；

（2）违反规定自行收缴罚款的；

（3）行政处罚显失公正或不当的。

（四）给予通报批评、执法警告的处罚规定

《暂行规定》第二十条规定，海事执法人员在行政处罚过程中有下列情形之一的，暂扣

直接责任人员海事执法证,给予其他责任人员通报批评或者临时收存其海事执法证;情节较重的,吊销直接责任人员海事执法证,临时收存或者暂扣其他责任人员海事执法证:

（1）超越法定权限或者违反法定程序实施行政处罚的;

（2）行政处罚没有法定依据的;

（3）擅自改变行政处罚种类、幅度的;

（4）徇私舞弊或者参与弄虚作假的;

（5）玩忽职守故意拖延或拒绝履行法定职责,对应当予以制止和处罚的违法行为不予制止、处罚的;

（6）将罚款、没收的违法所得或者财物截留、据为己有、私分或者变相私分的;

（7）索取或者收受他人财物的。

三、行政许可过错和错案及其责任追究

（一）行政许可过错和错案的责任追究中给予执法警告、通报批评的处罚规定

《暂行规定》第二十一条规定,海事执法人员在行政许可过程中有下列情形之一的,给予直接责任人员执法警告,给予其他责任人员记1分;情节较重的,给予直接责任人员通报批评,给予其他责任人员执法警告:

（1）不在办公场所公示依法应当公示的材料、执法内容的;

（2）未按规定允许申请人当场更正申请材料的;

（3）未按规定出具受理或不予受理行政许可申请书面凭证的;

（4）未按规定将监督检查的情况和处理结果予以记录的;

（5）未按规定公开行政许可决定的。

（二）行政许可过错和错案的责任追究中给予通报批评、执法警告、临时收存海事执法证的处罚规定

《暂行规定》第二十二条规定,海事执法人员在行政许可过程中有下列情形之一的,给予直接责任人员通报批评,对其他责任人员执法警告;情节较重的,临时收存直接责任人员的海事执法证,给予其他责任人员通报批评。

（1）在受理、审查、决定行政许可事项过程中,未向申请人、利害关系人履行法定告知义务的;

（2）申请人提交的申请材料不齐全、不符合法定形式,不一次性告知申请人必须补正全部内容的;

（3）对不符合法定条件的行政许可申请予以受理的;

（4）不按规定告知申请人不予受理或者不予行政许可决定的;

（5）在办理许可中,程序缺位、错位或者倒置的;

（6）未依法根据检验、检测、鉴定、评估、考试结果作出行政许可审核结论或者决定的;

（7）依法应当举行听证而不举行听证的;

（8）违反受理、审核、批准"三分离"制度的;

（9）不在法定期限内作出行政许可决定的；

（10）不依法履行监督职责或者监督不力的；

（11）实施监督检查时，妨碍（过度影响）被许可人正常的生产经营活动的。

（三）行政许可过错和错案的责任追究中给予临时收存海事执法证、通报批评、暂扣或者吊销海事执法证的处罚规定

《暂行规定》第二十三条规定，海事执法人员在行政许可过程中有下列情形之一的，临时收存直接责任人员海事执法证，给予其他责任人员通报批评；情节较重的，暂扣或者吊销直接责任人员海事执法证，临时收存或者暂扣其他责任人员的海事执法证：

（1）对符合法定条件的行政许可申请不予受理或者对符合法定条件的申请人不予行政许可的；

（2）在规定的许可条件和标准之外，擅自增加其他条件、标准或者限制的；

（3）要求申请人提交未经公示的申请材料或者要求提交与当事人申请的行政许可事项无关的资料的；

（4）对不符合法定条件的申请人准予行政许可或者超越其权限作出准予行政许可决定的；

（5）指令工作人员违规办理行政许可，或者干扰正常许可管理的；

（6）不按照法定项目和标准收费的；

（7）发现被许可人未依法采取有效措施履行义务，不进行监督、检查、纠正或者制止的；

（8）对应当撤销、注销的行政许可未及时处理的。

（四）行政许可过错和错案的责任追究中给予吊销海事执法证、暂扣或者吊销海事执法证的处罚规定

《暂行规定》第二十四条规定，海事执法人员在行政许可过程中有下列情形之一的，吊销直接责任人员海事执法证，给予其他责任人员暂扣或者吊销海事执法证。

（1）违法设立行政许可事项，或者对国家明令取消的行政审批事项继续实施审批的；

（2）擅自收取行政许可费用的；

（3）截留、挪用、私分或者变相私分实施行政许可依法收取的费用的；

（4）在办理行政许可、实施监督检查时，索取或者收受被许可人的财物，或者谋取其他非法利益的；

（5）串通或者勾结他人违法办理行政许可的。

四、行政强制过错和错案及其责任追究

（一）行政强制过错和错案的责任追究给予执法警告、通报批评的处罚规定

《暂行规定》第二十五条规定，海事执法人员在实施行政强制过程中有下列情形之一的，给予直接责任人员执法警告，对其他责任人员记2～3分；情节较重的，给予直接责任人员通报批评，给予其他责任人员执法警告：

（1）实施海事行政强制行为不依法调查取证的；

（2）不按规定向当事人履行告知义务或不正确履行告知义务的；

（3）在实施行政强制之前，未按规定向当事人履行告诫义务的；

（4）未按规定听取当事人陈述和申辩的；

（5）当事人提出的事实、理由和证据正确，应当采纳而未予采纳的，或者未对当事人提出的事实、理由和证据进行复核的；

（6）不按规定制作海事强制执法文书的；

（7）海事行政强制措施结案后，不按规定备案审查的。

（二）行政强制过错和错案的责任追究给予临时收存海事执法证、通报批评、暂扣或者吊销海事执法证的处罚规定

《暂行规定》第二十六条规定，海事执法人员在实施行政强制过程中有下列情形之一的，临时收存直接责任人员的海事执法证，给予其他责任人员通报批评；情节较重的，暂扣或者吊销直接责任人员的海事执法证，暂扣或者临时收存其他责任人员的海事执法证。

（1）应当依法实施海事行政强制，不作为的；

（2）对超过法定期限、拒不履行法定义务的当事人，不依法采取海事行政强制执行的；

（3）实施海事行政强制代履行时，不按规定到场监督的；

（4）实施行政强制措施的原因消除后，不及时解除行政强制措施的；

（5）实施海事行政强制，事实不清或主要证据不足的。

（三）行政强制过错和错案的责任追究给予暂扣或者吊销海事执法证、临时收存海事执法证的处罚规定

《暂行规定》第二十七条规定，在实施行政强制过程中有下列情形之一的，暂扣直接责任人员的海事执法证，临时收存其他责任人员的海事执法证；情节严重的，吊销直接责任人员的海事执法证，暂扣其他责任人员的海事执法证：

（1）未按规定进行审核和批准，直接实施或者解除海事行政强制的；或者不按规定补办审核和审批手续的；

（2）超越法定权限的；

（3）没有法定依据的；

（4）擅自改变海事行政强制方式的；

（5）违反法定程序的；

（6）实施海事行政强制时，弄虚作假或者与当事人串通、勾结的。

五、其他执法过错和错案及其责任追究

（一）海事执法人员实施安全检查等工作时的执法过错和错案的责任追究规定

《暂行规定》第二十八条规定，海事执法人员实施安全检查、港口国检查、船舶进出口岸查验、船舶进出港口签证以及对船舶实施其他现场监督检查时，有下列情形之一的，给予直接责任人执法警告或者通报批评，给予其他责任人执法警告；情节较重的，临时收存或者暂

扣直接责任人员的海事执法证,给予其他责任人员通报批评:

(1)未经检查填写检查项目的;

(2)未按规定填写或处置安全、防污检查记录或报告的;

(3)对存在缺陷的船舶、设施处理不当,或者未按规定处理现场监督检查中发现的安全隐患和违法行为的;

(4)对船舶、设施造成不适当延误的;

(5)擅自对船舶、设施实施安全检查的;

(6)应当检查而不作为,或者未按规定履行现场监督检查职责的;

(7)对"重点船舶"或者重点跟踪船舶,仅按照一般船舶进行检查的;

(8)在重点水域、重要时期,仅按照一般水域、平常时期的要求实施检查的。

《暂行规定》第二十九条规定,海事执法人员进行海上事故调查处理时,有下列情形之一的,给予直接责任人执法警告或者通报批评,给予其他责任人计2~3分或者执法警告;情节较重的,临时收存或者暂扣直接责任人员的海事执法证,给予其他责任人员通报批评:

(1)事故调查结论与事实不符的;

(2)调查取证未按规定程序进行,或未按规定处理证据的;

(3)对船舶、设施造成不适当延误的;

(4)对当事人的事故责任划分明显不当的;

(5)未按规定时限结案,或者未按规定公布调查结果的;

(6)未按规定办理海事签证的。

(二)海事执法人员处置水上险情时的执法过错和错案的责任追究规定

《暂行规定》第三十条规定,海事执法人员处置水上险情时,有下列情形之一的,给予直接责任人员通报批评,给予其他责任人执法警告;情节较重的,给予直接责任人员临时收存或者暂扣海事执法证,给予其他责任人员通报批评或者临时收存海事执法证:

(1)违反规定迟报、漏报、瞒报水上险情的;

(2)未按规定及时、妥善处置水上险情的;

(3)未及时澄清误报警的。

(三)海事执法人员对船员管理秩序和船舶检验管理秩序实施监督检查时的执法过错和错案的责任追究规定

《暂行规定》第三十一条规定,海事执法人员对船员管理秩序和船舶检验管理秩序实施监督检查时,有下列情形之一的,给予直接责任人员执法警告,给予其他责任人记2~3分;情节较重的,给予直接责任人员通报批评或者临时收存海事执法证,给予其他责任人员执法警告或者通报批评:

(1)未按规定履行监督检查职责的;

(2)未按规定处理监督检查中发现的安全隐患、违法行为的。

《暂行规定》第三十二条规定,海事执法人员发布航行警告、航行通告时,有下列情形之一的,给予直接责任人员执法警告,给予其他责任人记2~3分;情节较重的,给予直接责任人员通报批评或者临时收存海事执法证,给予其他责任人员执法警告或者通报批评:

（1）未按规定对申请内容和有关资料进行核实的；

（2）未按规定对辖区内有碍安全航行、停泊、作业的情形发布航行警告、航行通告的；

（3）未按规定及时发布或撤销航行警告、航行通告的；

（4）发布航行警告、航行通告违反保密规定的。

（四）海事执法人员实施水上巡航时的执法过错和错案的责任追究规定

《暂行规定》第三十三条规定，海事执法人员在实施水上巡航时，有下列情形之一的，给予直接责任人员执法警告或者通报批评，给予其他责任人记2~3分；情节较重的，给予直接责任人员临时收存或者暂扣海事执法证，给予其他责任人员通报批评：

（1）未完成规定的巡航计划和任务的；

（2）未按规定填写巡航记录、报告和报表或者弄虚作假的；

（3）在执行巡航任务中，发现违反海事管理秩序的行为不按规定报告或者处置的；

（4）违反规定违章航行或者不具备适航条件冒险航行的；

（5）擅自巡航的。

（五）海事执法人员在交管中心值班时的执法过错和错案的责任追究规定

《暂行规定》第三十四条规定，海事执法人员在交管中心值班时，有下列情形之一的，给予直接责任人执法警告或者通报批评，给予其他责任人记2~3分或者执法警告；情节较重的，给予直接责任人员临时收存或者暂扣海事执法证，给予其他责任人员通报批评或者临时收存海事执法证：

（1）未按规定保持值守的；

（2）对船舶报告的信息未按规定及时处理的；

（3）未按规定及时向船舶发布通航管理或者安全信息的；

（4）发现交通秩序问题或者航行、停泊安全隐患，未按规定及时进行处理的；

（5）擅离值班岗位的。

第五节　责任追究的程序

一、调查与取证

（一）海事行政执法责任追究的程序

根据《暂行规定》的规定，海事行政执法责任追究的程序主要有：调查、处理决定、核准与备案。

在责任追究的程序中，调查是否为所有的责任追究中不可缺少的程序？是否可以存在不经过调查直接作出处理决定？例如，海事执法人员在海事执法过程中因为触犯治安条例被行政拘留的，海事机构是否可以不经过调查程序直接作出吊销其海事执法证的处理，即《暂行规定》第十六条规定的第一种情况。相关规定对这样的问题没有明确。理论上，应当进一步分清情况，区别对待，如果海事执法人员在执法过程中因违法被处以治安行政处罚的，例如，在执法过程中辱骂相对人情况严重的，经过公安机关调查属实并且予以治安处罚的，可以直接按照责任追究的规定处理。如果海事行政执法人员是因为与执法活动无关的问题被处以治安处罚的，则不应当启动海事行政执法责任追究程序。

(二)海事行政执法责任追究的负责部门

根据《暂行规定》第三十六条规定：海事行政执法过错或者错案的调查处理由行政执法人员所在的海事局负责。具体的调查、责任界定和处理建议由法制部门负责。调查可以由法制部门独立完成，也可组织有关部门或人员组成调查组进行调查。

《暂行规定》第三十五规定：上级海事机构认为有必要的，可以直接调查处理下级海事管理机构发生的海事行政执法过错案件。

什么情况下的调查由法制部门独立完成，什么情况下的调查由调查组进行调查？对此，可以理解为，一般的调查由法制部门独立完成，影响较大或者重大复杂的调查适合由调查组进行。

关于调查人员，有关规定中仅有"参加调查的人员不得少于两人。调查人员与本案有直接利害关系的应当回避"的要求。对于调查人员的资格条件，没有具体规定。

(三)调查人员回避的事由

《暂行规定》第三十六条规定："调查人员与本案有直接利害关系的应当回避。"对于调查人员与本案有什么样的具体"利害关系"的应当回避，没有明确规定。

在其他涉及回避问题的规定中，《行政机关公务员处分条例》第四十二条规定，参与行政机关公务员违法违纪案件调查、处理的人员有下列情形之一的，应当提出回避申请；被调查的公务员以及与案件有利害关系的公民、法人或者其他组织有权要求其回避：

(1)与被调查的公务员是近亲属关系的；

(2)与被调查的案件有利害关系的；

(3)与被调查的公务员有其他关系，可能影响案件公正处理的。

参照这样的规定，海事行政执法责任调查中，调查人员的回避事由一般应当为：与被调查的海事执法人员是近亲属关系的；与被调查的案件有利害关系的，例如，与被调查案件的相对人有利害关系的，或者与被调查案件有经济利益关系的；与被调查的海事执法人员有其他关系，可能影响案件公正处理的，例如，有同学关系的、有过共事关系的。

关于回避的程序，在有关规定中没有明确。回避包括申请回避与被要求回避两种情况。一般情况下调查人员的回避，由法制部门的负责人决定。法制部门负责人或者调查组组长的回避，应当由法制部门所在机关的主管负责人决定。

(四)调查程序的启动根据

调查程序是海事行政执法责任追究工作中的基本环节，调查程序的启动应当有一定的根据。启动调查程序的根据，也就是海事行政执法过错或者错案的初步证据。在具有初步可靠的证据的情况下，启动调查程序，可以及时发现与纠正海事行政执法中存在的问题。

《暂行规定》第三十七条的规定，各级海事机构的有关部门，应当将工作中发现的执法过错或者错案及时提供给法制部门。

经下列任何一种方式发现海事执法人员可能存在过错或者错案时,当事执法人员所在的海事局的法制部门应当按规定启动调查程序:

(1)通过海事行政执法监督检查发现的;

(2)通过接受投诉、举报、控告、信访等发现的;

(3)通过组织听证会发现的;

(4)通过办理行政复议案件发现的;

(5)通过参与行政诉讼案件发现的;

(6)通过水上交通、污染事故或者险情调查发现的;

(7)通过其他方式发现的。

如涉及其他海事机构的过错或者错案责任人员,应当及时通报有关海事管理机构。

从有关的规定上看,调查程序的启动是有关机构依据职权主动启动的,而不是应请求的被动启动。

启动调查程序的具体海事部门,根据规定为"当事执法人员所在的海事局的法制部门"。这实际上赋予海事局的法制部门以调查的启动权。从理论上看,调查程序的启动也就等于对有关责任人员整个责任追究工作的正式开始,因此比较重要。

(五)启动调查的书面材料及要求

在形式上,启动调查程序也应当有相应的书面材料。该书面材料的基本内容应当有:被调查人员的姓名及所在部门,调查的事由,调查的初步根据,初步证据或者线索的来源,负责调查的部门与经办人员,负责调查的法制部门意见,所在海事局审核意见。该书面材料的名称,在《暂行规定》第三十八条中称为《海事执法过错或者错案调查登记表》,并且作为《暂行规定》的附件一,成为规范的文件。该登记表由调查人员填写,经法制工作部门的负责人签署意见并经海事局主管局领导批准。

(六)调查过程中的证据与询问笔录的要求

调查过程中的重要材料是证据与询问笔录。案件的处理是建立在确切证据基础上的,这样才能够保证案件的处理公正。《暂行规定》第三十八条第二款规定:"在调查过程中,调查人员应当收集有关证据和材料,制作询问笔录;询问笔录经被询问人确认后签名或盖章认可,拒绝签名或盖章的,调查人员应在笔录上注明情况。"证据的种类与收集程序,在有关规定没有明确。

海事执法责任追究中的证据种类,一般应当包括:书证、物证,证人证言,相对人陈述,视听资料,询问笔录等。

在程序上,海事执法责任追究中的证据收集,应当遵守合法、真实、全面的原则。只有经过查证属实的材料,才能够作为证据使用。收取书证、物证等原始材料的,应当为出具材料的人员或者单位出具收据并且应当妥善保管与返回。

询问笔录是调查有关人员时的记录,询问笔录也属于证据的一种。调查人员在制作询问笔录时,要告知有关人员应当如实讲述。要特别注意,询问笔录虽然是证据的一种,但不一定是绝对真实可靠的,询问笔录还应当与其他证据结合使用。

（七）《海事行政执法责任追究的调查报告》的内容与形式

在调查工作中，记录调查工作情况的基本书面材料就是《海事行政执法责任追究的调查报告》。《暂行规定》第三十九条规定，调查应当自立案之日起 60 日内调查完毕。调查结束后，调查人员应当制作《海事行政执法过错或者错案责任调查报告》主要内容为：

（1）执法过错或者错案的事实并附相应的证据；

（2）对执法过错或者错案原因、性质的分析；

（3）被调查人及其所在单位或者部门的意见；

（4）提出的相应责任追究建议；

（5）被调查人及其所在单位或部门的意见。

（八）海事行政执法责任追究的调查报告的审查与处理决定的程序与要求

《暂行规定》第四十条规定，《海事行政执法过错或者错案责任调查报告》经法制部门负责人审核后，报海事局主管局领导审查。

各级海事局在按照本规定对执法过错或者错案责任人员进行审查后，应当分别作出如下处理决定：

（1）对事实清楚、证据充分、责任明确的责任人，作出追究决定；

（2）对没有过错的责任人，作出无过错或者错案责任的决定；

（3）对应由其他机关处理的，作出移送处理的决定；

（4）对执法过错或者错案事实不清，证据不充分、责任不明确的，退回法制部门重新调查或者决定不再追究。

二、处理决定与核准备案

（一）海事行政执法责任追究的核准与备案规定

《暂行规定》第三十五条规定："直属海事局、省（自治区、直辖市）地方海事局可以作出所有海事行政执法过错或者错案责任追究决定，但吊销海事执法证的决定须报经中华人民共和国海事局核准。

分支海事局可以作出除吊销海事执法证之外的其他海事行政执法过错或者错案责任追究决定，但暂扣海事执法证的决定须报其上级海事局备案。"

（二）海事行政执法责任追究的案卷归档与备案规定

海事行政执法责任追究案件经过调查，最后作出处理决定之后，应当形成完整的案卷，要归档保管。《暂行规定》第四十八条规定："各海事局法制部门应当将每件过错或者错案责任追究的案件材料，进行立卷归档。"

案卷的内容应当完整，形式应当规范。在有关规定中，对案件还没有更加具体的要求。案卷的材料应当包括：封面，目录，《海事执法过错或者错案调查登记表》，证据，询问笔录，《海事行政执法责任追究的调查报告》。在形式上，所有材料应当按照时间顺序装订。

案件的处理情况，应当按照规定备案。《暂行规定》第四十八条规定："每年的 1 月底之前,各级海事局应当将本局上一年度的海事执法过错和错案责任追究情况,报上级海事局备案。各直属海事局、省(自治区、直辖市)海事局,应当于每年的 3 月 1 日之前,将本辖区内暂扣、吊销海事执法证的情况,报中华人民共和国海事局备案。"

第六节　责任追究的实施

一、实施措施

(一)海事执法责任追究处理决定的实施部门

根据《暂行规定》第四十一条规定:"对海事执法过错或者错案责任人员的处理决定,经责任人员所在海事局的主管局领导批准后,由法制部门负责实施。"

海事局法制部门实施责任追究处理决定的事项,可以包括所有的六种处罚:违法执法记分、执法警告、通报批评、临时收存海事执法证、暂扣海事执法证、吊销海事执法证。

(二)违法记分的处理决定的实施

《暂行规定》第四十二条规定:"对海事执法人员的违法记分,由法制部门将相应的分值记入当事责任人员的海事执法证(IC)卡内。尚不具备 IC 管理设施的法制部门,可以采用书面记分方式予以记载。

违法记分的一个周期为 12 个月,自海事执法证的签发之日起算。一个记分周期的满分为 12 分。

一个记分周期结束时,法制部门应当将有关海事执法证的分值予以清除归零。

在一个记分周期内,累计满 12 分的海事执法人员,由法制部门临时收存其海事执法证 1 个月。

在一个记分周期内,两次累计满 12 分的海事执法人员,给予其暂扣海事执法证 3 个月的处分;情节较重的,给予其吊销海事执法证的处分。"

(三)临时收存海事执法证的处理决定实施

临时收存海事执法证,实施中要注意的具体问题是:临时收存海事执法证的期限一般为 2~3 周,同时记 10~11 分。特别要注意的是:在一个记分周期内,累记满 12 分的海事执法人员,由法制部门临时收存其海事执法证 1 个月。

《暂行规定》第四十三条规定:"被临时收存海事执法证的海事执法人员,应当在其证书被收存期间,在其所在的执法部门或者海事处,按照法制部门的要求,学习指定的法制教育材料,帮助内务和执法台账及档案的管理,经部门负责人或者海事处处长同意可以见习执法工作。

在执法证收存期届满之前,当事人员应当写出学习和认识报告,由所在执法部门或者海事处考核合格并经法制部门审核同意后,发还海事执法证。前述报告存入当事执法人员的执法管理档案。"

（四）暂扣海事执法证的处理决定的实施

暂扣海事执法证，实施中要注意的问题是：暂扣海事执法证的期限一般为1~3个月，同时记12分。在一个记分周期内，两次累计满12分的海事执法人员，给予其暂扣海事执法证3个月的处分。

《暂行规定》第四十四条规定："被实施暂扣海事执法证的海事执法人员，应当重新经执法上岗培训和考试（可以视情况免除公共部分的培训和考试）。培训、考试合格后，当事人应当在其原执法部门、海事处或者在海事局安排的其他业务处室、海事处进行见习，并由其所在的见习部门或者海事处考核合格，经法制部门审核同意后，发还海事执法证。"

（五）吊扣海事执法证的处理决定的实施

吊扣海事执法证，是所有六种处罚种类中最严重的，是对取消有关责任人员的海事执法资格的体现。

《暂行规定》第四十五条规定："被实施吊扣海事执法证的海事执法人员，自证书扣留之日起5年内，不得重新申请办理海事执法证。"

《暂行规定》第四十六条规定："法制部门应当将临时收存、暂扣、吊销海事执法证的情况，及时通报本局的人事或者组织部门。"

二、申诉及其处理

（一）执法责任当事人对处理决定不服的处理

海事执法责任当事人对责任追究的处理决定不服的，只能按照规定提出申述，不能够通过其他形式解决。这是因为海事执法责任追究是海事机关管理其执法人员的措施，属于内部行政行为。内部行政行为不具有可诉性，也不能够通过行政复议形式要求复议。

责任当事人提出申诉请求的基本程序与要求是：应当采用书面形式，向上一级海事局申诉。《暂行规定》第四十七条规定："按照本规定给予责任追究的当事人，如不服过错或者错案责任追究决定的，可以书面形式向上一级海事局申诉。接受申诉的海事局应当在接到申诉材料之日起的30日内，作出书面答复。申诉期间，不停止责任追究决定的执行。"

在有关规定中，存在没有明确的具体内容，但在实际工作中又需要解决、需要注意的问题是：

（1）当事人提出申诉的时间限制不清楚，当事人提出申诉的时间应当予以明确。理论上的建议是，当事人可以自接到处理决定通知之日起5个工作日内容提出申诉。

（2）当事人的上一级海事局具体负责处理申诉的部门是哪个，在有关规定中也没有明确。实际工作中，适合由上一级海事局的法制部门负责具体的申诉工作。

（二）上一级海事局对当事人申诉的处理结果与程序

在海事行政执法责任追究工作中，设定申诉程序，是为了保护海事执法人员的合法权益，防止责任追究工作出现问题。我们一方面设立海事执法责任追究制度，保护相对人的合法权益。同时，我们也不能忽视对海事执法人员合法权益的保护。设立申诉程序，主要目的就是保护海事执法人员的合法权益,提高责任追究工作的质量。

在目前的有关规定中,关于海事执法责任人员申诉的规定还不全面,突出地表现为缺乏有关申诉的处理结果与程序的内容。

在处理结果上,受理申诉的部门对申诉的处理结果可以有三种不同的情况:

(1)对于事实清楚、证据充分、处理适当的原处理决定,予以驳回申诉,维持原来的处理决定;

(2)对于主要事实不清、证据不足的原处理决定,予以撤销原处理决定,责令原处理机构重新调查处理;

(3)对于主要事实清楚、证据充分,但处理结果显著不合理的,直接予以纠正或者发回原处理机构重新决定。

在申诉的处理程序上,主要应当注意的问题是:上一级海事局对申诉的处理结果都应当采用书面形式,由法制部门提出处理意见,由海事局主管局长审核。当事人对于申诉的处理结果,不得再提出申诉。

本章思考题

1.海事执法责任追究的含义与意义是什么?

2.海事执法责任追究的原则是什么?

3.海事执法责任的构成内容是什么?

4.海事执法责任的种类有哪些?

5.海事执法责任追究的基本程序是什么?

第十章　数字时代的海事行政监督

第一节　数字时代的法律治理

法治是现代文明国家普遍接受的治国方略和社会调控方式。在法律运作过程中，司法在整个法治运行中占有举足轻重的地位。然而，随着科技的发展，传统法律治理正遭受着前所未有的冲击，法院的中心地位逐渐动摇，国家和社会的法律治理思维和方式正在发生转变。

一、法律治理中心的转移

自上 20 世纪 90 年代起，新兴科技对法律的影响日趋明显，数字时代的生物技术、信息通信技术、脑神经技术、增材制造技术、区块链以及人工智能等科技给国家和社会带来一系列新型治理难题。科技不仅引发法律治理思维变化，还使治理方式由传统的规则之治转向技术之治。在传统法律治理中，法院是法治主义的治理中心，而治理工具主义常常是立法和行政机构的思维方式。因而，治理思维的转变首先促使治理中心发生转移，法律将不再以法院为中心。立法和行政机构在法律治理中的重要性日益凸显。

二、法律治理思维的转变

为了有效应对科技带来的新型治理问题，法律治理思维逐渐由司法中心主义转向治理工具主义。传统法治极其看重"合法性"目标，事后发生的行为和事件必须严格按照事先制定的法律加以调整。法律治理的重点是对既定法律的适用，将法律体系中抽象的原则、规则和标准应用于当下具体案件。然而，伴随着信息科技的发展，社会生活的不确定性较之先前时代大大增加。为了应对科技发展对社会安全和经济安全带来的风险，国家和社会的重点治理目标逐渐由原先强调合法性转向对科学技术的管制。事先对一项科技应用的利益和风险进行平衡，并抵制可能造成不可逆转和毁灭性灾难的科技。由于"向后看"的司法中心主义思维不能有效实现科技时代的治理目标，它的主导地位逐渐被"向前看"的治理工具主义所替代。

三、法律治理方式的调整

科技发展使治理方式由传统的规则之治转向技术之治。在传统法律治理中，奉行法治主义的主体往往是法院，而治理工具主义常常是立法和行政机构的思维方式。立法和行政机构在法律治理中的重要性日益凸显，在对科技进行管制的过程中，治理主体逐渐意识到科技不仅需要管制，而且可以且应当被用来管制。科技管制手段往往比制定和实施法律规则更加有效。① 与此同时,在治理技术的过程中,技术也被治理主体用来作为改进规制手段提升治理水平的有效工具。

第二节 行政监督的数字化

一、数字化的内涵与特征

数字化代表了信息技术被高度应用,数字资源被高度共享,从而使得人的智能潜力以及社会物质资源潜力被充分发挥,个人行为、组织决策和社会运行趋于合理化的理想状态。同时数字化也是数字产业发展在社会经济各部门扩散的基础之上,不断运用数字技术改造传统的经济、社会结构从而通往如前所述的理想状态的一段持续的过程。数字化时代呈现出网络化、数据化等基本特征,促进信息分享和互联互通,对人类社会活动产生革命性影响。

1. 网络化

早在 20 世纪 90 年代中期,美国社会学家曼纽尔·卡斯特尔就在他的信息时代三部曲中宣称了"网络社会的来临"。② 彼时,作为一种新型传播技术的互联网,其传播形态与典型的传统大众媒介相差无几。然而,短短十几年时间,卡斯特尔所预言的网络社会就露出真容。

卡斯特尔所谓的网络社会,在英文中是 Network Society,而不是 Internet Society 或者 Cyber Society。Network 是广义的社会网络概念,包括了互联网在内的信息技术网络,也包括人际、组织间乃至人与物之间的立体互联关系。这意味着对网络社会的理解不能只是局限于对互联网技术这种信息传播技术方式本身的理解,而是要看到互联网作为人类分配的新技术形态,是更为深刻而广泛的社会文明整体形态变革的核心组成部分,是这一新社会形态和模式形成的主要技术推动力。③ 以数字化、网络化、移动化为特征的信息技术革命推动人类社会在整体上从工业社会向网络社会转型,网络成为社会组织架构的基本形态。原则上,每个人、团体、组织和机构都在复杂的全球网络矩阵中成为一个无边无际互联互通的信息节点,并以此为基础几乎重构了人类社会的每一个领域。人与万物互联的网络社会趋势将进一步向纵深发展,人类社会的日常生活、生产模式、经济结构以及国家政治形态等都将发生广泛而深刻的变革。

上述网络社会正在呈现的或在未来可能呈现的意义有以下两点。

(1)在网络社会中,技术将不再是外在于人的手段,而将会成为人本身的一部分,这将

---

① 於兴中、张亮主编《大数据的巴别塔》,上海人民出版社,2023,第15-20页。
② 美国社会学家曼纽尔·卡斯特尔三部曲《信息时代:经济、社会和文化》,在1996年至1998年由 Blackwell 出版了第一版。2000年至2003年又出版了第二版。该书的英文版本再版了17次,并被翻译成西班牙语、法语、葡萄牙语、中文等17国文字。尤其是其第一卷《网络社会的兴起》一经发布即在世界范围内产生巨大影响。
③ http://www.cac.gov.cn/中华人民共和国国家网络信息办公室。

导致出现一种新的分工,就是人类本身主要从事知识和信息的生产。① 由此而产生的结果或者趋势是,互联网成为人类生活的必需品,就如同传统社会的基本物质生活条件。并且,谁掌握了网络资源并由此形成对核心信息资源的支配,谁就能够在网络社会占据先机,这意味着互联网提供了未来人们发展的基本条件和机会。故而,互联网对人类的生存与发展至关重要。

(2)网络时代是全球性相互依存的时代,各种传统的封闭自足已经一去不复返。

网络促使人类社会在两个方面发生翻天覆地的改变:

(1)改变连接,从设备与设备的连接,到网络使用主体即人和人之间的连接,移动网络使人和人、人和设备之间建立起广泛连接,借此实现信息的传播、流动与反馈,形成了覆盖社会各个角落的网络社会;

(2)社会从相对分散、静态到联合、动态的变化,在人与人、人与设备随时连接的基础上,改变了传统的个体相对分散、静态的矩阵社会,逐渐形成群体互联、多中心的网格化动态社会,政府治理面对这种社会互动模式的转变需要重新判断、创新行政行为方式和问题协调机制。

2. 数据化

2008 年 9 月,英国《自然》(Nature)杂志推出"大数据"主题专刊,标志着大数据概念在学术界地推开。2011 年 5 月,美国麦肯锡(MicKinsey)公司发布大数据报告,宣布"大数据时代"已经来临,并将大数据定义为:"大数据是指其大小超出了常规数据库工具获取、储存、管理和分析能力的数据集。"② 当前学界和产业界通常将大数据的核心特征归纳为 5 个 V:

①Volume(大量):指数据的规模巨大,以 PB、FB、ZB 作为计量单位;

②Variety(多样):指数据类型复杂多样,包括数字、数值等结构化数据,图表、文字等半结构化数据,图像、音频、视频等非结构化数据;

③Velocity(高速):指数据采集和处理的速率呈几何级数提升;

④Veracity(真实):指数据是对经验世界的如实反映;

⑤Value(价值):指数据整体价值高,但价值密度的高低与数据总量的大小成反比。

数据化表现在以下三个方面:

(1)整个世界的本身都可以以数字形式存在,信息时代数据量非常大、数据无所不在、数据表现类型非常多,对于在真实世界所存在的一切,其本身的属性、具体行为、其与外界的交互都可以数据形式展现;

(2)数据可以被快速感知、提取、记录,随着数据感知技术的全面推进,例如,各类光电热等传感器、智能手机、可穿戴设备、物联网的应用和发展,推动构成整个世界的各种数据都可以被感知、提取和记录;

(3)数据能被存储、传输和应用,云技术、云空间使数据的传输和存储变得便捷,逐渐构建大空间范围的数据传输存储体系,数据的存储和传输不再受时空限制,而数据挖掘、分布式计算等技术可以有效地对大数据进行分析挖掘和利用,提高各种社会行为的效率、秩序。

---

① Castells,M:The Rise of the Network Society,Oxford:Blackwell,1996.

② 王露主编《大数据领导干部读本》,人民出版社,2015,第 8 页。

信息化时代的网络化和数据化特征,对于公共行政产生了重要的影响,为提升行政监督效能带来机遇和挑战。

二、行政监督数字化的特征

1. 数据采集海量化

权力监督所需的数据容量巨大而且高度分散,涵盖公职人员的出勤和休假情况、履职轨迹、执法记录、投诉处理等各个方面。行政执法监督信息化利用各种技术快速采集相关数据,构建集群和分布式平台,在多台计算机上建立分布式数据库。

2. 数据分析实时性

对不同数据库之间大量的结构性、半结构性以及非结构性的数据样本的聚集、整合,在最短时间内对海量数据进行智能化分析和处理,能够落实对行政执法权力及时有效地进行监督,并实现监督后的职能跟进与预警。

3. 数据挖掘深度化

行政执法监督信息化采用联机分析、聚类分析技术,对实时数据进行多层次、多维度、全样本透视,深度挖掘海量数据信息之间的相关关系,精准捕捉行政权力运行失范的原因、实现精准监督、规律总结和趋势预测。

4. 数据共享广泛性

数据可视化技术可以将挖掘结果以图形图像、地图、动画等更加生动的方式呈现,实现行政执法机构之间、机构各部门之间、部门与人员之间的数据和信息共享。

三、行政监督数字化的功能

从时空维度和合力角度来看,现行权力监督体制不宜注重自上而下的监督、事后监督,各监督主体和渠道之间未形成有效的监督合力。具体而言,当前对权力的制约,缺乏对决策和执行部门的全过程监督,缺乏规范的权力和责任清单,缺乏对权力风险点的全面梳理和控制,缺乏公民和社会的有效监督,缺乏对权力监督主体的有效整合。换句话说,权力监督在目前没有覆盖权力运行的所有领域、所有流程以及所有时间节点,因此也就难以构成系统的监督平台。除制度设计不够完善外,导致这一现象的原因还有技术层面上的,其监督信息尚未充分实现标准化、客观化、共享化。

大数据时代的来临,似乎可以为化解这一发展困局提供一定的契机。在大数据时代,一种新型的权力监督形式技术监督应运而生,充分运用现代信息技术,结合制度的力量来化解当前单一制度化权力监督的困境,实现对权力制约机制的历史性革新,最终真正使得权力监督实现整体化和体系化。数字技术的发展及其在政府管理和社会经济中的广泛应用,为提高行政管理和行政监督效能提供了基本的技术平台和数据基础,它不仅带来行政监督手段上的革新,也带动行政监督理念和监督方式的变革。数字化作用于行政监督系统,有利于规范权力运行、提升政府效能、促进政务信息公开、提高行政监督效率。与传统条件下行政监督相比较,数字化条件下行政监督客体的信息地位、政府的信息隔离状态、公众对政府治理的期望、监督主体的监督能力、监督参与平台都发生了改变,对行政监督主体、行政监督客体、行政监督环境等方面产生深远的影响,数字化条件下通过电子监察系统、政务信息资源共享平台、网络监督等运用推动行政监督效能得到提升。

在行政监督过程中提高数字化水平,利于实现并强化行政监督的效用。目前,海事管理机构通过门户网站将执法依据、执法流程向社会公开,将相关资料档案上网,加强办公电子化向社会准确传递信息,同时各类专项管理系统日趋完善,这些均为海事行政监督提供了很好的抓手,一方面扩大了社会监督的途径和渠道,另一方面也为执法监督提供了更为广阔的信息来源,监督部门既可以通过外网获取更多的监督信息,更有针对性地开展监督工作,也可以直接从各类专项管理系统中直接进行网上监督和督察,从电子综合平台中直接对各项执法业务流程实施过程监控,从而对每项执法工作掌握透彻,使得海事行政执法监督的效力发挥得更为充分。

第三节　海事行政执法监督数字化的模式

一、海事行政执法监督数字化的基本架构

运用大数据系统建设的知识和技能,提高海事行政监督和综合决策能力。实现各级海事行政监督机构、海事行政机构、海事行政相对人之间的信息互联互通、资源共享和信息资源交换,提供各级海事行政监督部门与企业的互动服务平台。以信息化、数字化为手段,通过信息和数据的加工处理掌握海事行政执法情况,增强对重点区域、重大危险源、重点执法环节、重点人员的海事行政执法监督,提升隐患排查治理能力、事故预警能力和行政执法能力。

（一）建立海事行政执法基础数据

建立海事行政执法监督系统首先必须有数据的支持,主要是海事行政执法监督系统的对象的基础数据,主要包括海事行政执法机构及其执法人员、海事行政执法监督机构及其人员所属的级别、地域;机构的名称、住所、执法及监督人员姓名、电话、法人固定电话、法人传真号码、部门类型、职责范围、执法及监督人员类型等基本数据。

（二）构建海事行政执法自查自报体系

构建海事行政执法自查自报体系是海事行政执法监督管理系统的关键,只有海事行政执法部门将执法过程中基本情况及存在的问题和出现的状况主动汇总给海事行政执法监督部门,海事行政执法监督部门才能在日常的监管过程当中起到指导执法部门正确运用海事行政执法权力,维护海事安全,排查执法隐患的作用。首先,海事行政部门负责人如果发现执法隐患,应该立即通知执法负责人和执行人,并现场填写执法情况整改通知,同时根据执法隐患级别决定是否通过海事行政执法监督管理系统将情况上报。如果是一般日常海事行政执法,海事行政执法部门只需要在平时将情况汇总,定期将情况填报上传至属地海事行政执法监督部门即可,海事行政执法监督部门根据实际情况对辖区执法部门进行不定期走访巡查,现场督导整改和查看整改效果,使海事行政执法的自查自报真正发挥作用。

海事行政执法自查自报体系的目标是实现海事行政执法监督部门横向和纵向相结合的监督方式,并提供海事行政执法自查自报数据采集终端接口,支持提醒功能,提升自查自

报效率和规范性。

(三)构建综合监管信息系统

通过对海事行政执法自查自报和海事行政执法监督部门对海事行政执法巡查的历史数据的综合分析总结,可以反映出潜在的可发现的隐患,如集中在某段时间某个机构或部门会经常出现的问题,海事行政执法监督部门和执法机构可以针对这些问题提前介入和防范,系统可以及时反映出机构和部门整改情况,这些预报措施可以起到很好的监管作用。

二、海事行政执法数字监督的网格化

1. 网格化监督的基本内涵及功能

党的十八届三中全会提出,创新社会治理体制,改进社会治理方式。《中共中央关于全面深化改革若干重大问题的决定》提出,要改进社会治理方式,创新社会治理体制,以网格化管理、社会化服务为方向,健全基层综合服务管理平台。

海事行政执法监督的网格化,就是依托大数据和信息化技术,以海事行政执法自查自报为核心,辅以海事行政执法风险隐含分级分类和隐患排查标准的制定完善,实现海事行政执法风险隐患排查、信息上报、整改、验收的闭合管理。通过大数据信息平台,可以实现海事行政执法风险隐患自查自报、专家或同行业内人士参与自查、海事行政相对人参与监督等。将海事行政执法分类管理、海事行政执法督察、执法风险隐患监督检查、执法评查等统筹监督,将海事行政执法风险和隐患数量尽可能降到最低,并开设隐患排查治理系统,以明确海事行政执法职能,落实海事行政执法主体责任,促进海事行政执法综合监管、行业监管、属地监管职责的落实。一方面,海事行政执法部门可以实现对管辖区域内海事行政执法次数和方法以及隐患治理跟踪数据的掌握。另一方面,通过该数据信息系统,上级主管部门可以了解各个属地海事行政执法风险隐患排查与治理情况。海事行政执法机构按照海事行政执法监督部门规定的执法风险隐患自查标准进行日常隐患排查,将形成隐患自查记录根据自查自报流程上报风险隐患排查治理信息系统。海事行政执法机构上报风险隐患自查信息后,海事行政执法监督部门对上报的海事行政执法风险隐患进行核查,并将核查记录、核查结果录入系统。通过数据信息系统,海事行政执法监督部门和其他海事管理部门能够依据隐患检查对象和检查内容确定执法检查项目,督促海事行政执法机构和部门完成隐患的整改,从而提高海事行政执法效率和水平。

网格化监管模式是新型的、规范的、科学的监管模式,对于海事行政执法监督部门而言,网格化监管模式的实施是对传统海事行政执法监管工作方式和方法的一次改变,也是海事行政执法监督管理工作的一次重大变革。海事行政执法网格化监管系统通过构建监督网、管理网、信息网,能够通过大数据技术手段保障海事行政执法网格化监督的实施,实现海事行政执法的层层监管、实时监控,从而确保日常监督不留盲区,用科技化的手段进行精细化和数据化的海事行政执法。实现海事行政执法监督过程中日常办公、隐患排查、治理跟踪、督查督办、应急指挥、重大危险源监控、专项监管、综合监管等工作网络化;建立健全法律法规、地理信息、应急信息等基本数据库,实现海事行政执法信息资源的共用共享,建成统一为航运企业和公众服务的门户网站,实现强化监督管理、提升防控水平。从水上交通安全和船舶污染防范的实际情况出发,充分利用现有的电子政务资源和技术,依托高速的网络平台,建立严密科学的海事行政执法监督管理体系,实现海事行政执法监督网、管理网、信息网的互联互通。

2. 网格化监督的系统设计

网格化管理是一种新的管理思想,将海事行政执法辖区按照一定的标准划分成为单元网格,通过加强对单元网格的事件巡查,建立一种监督和处置互相分离的形式。即区划明确、管理精细、责任到位,进一步提升和推进海事行政执法监督工作的长效化、精细化和实时性水平。对于各级海事行政执法监督部门来说,其主要优势是能够主动发现,及时处理,加强海事行政执法监督部门的管理能力,加快解决问题的处理速度,将问题解决在事故之前。网格化监管系统的建设,是将这种网格化的思想体现在其日常工作中,满足日常海事行政执法工作要求。网格化监管系统是一个业务平台,能够满足各级海事行政执法部门、监督部门、监督管理人员的日常工作要求。划分网格满足精细化管理的要求,设定网格相关资源信息。主要采用属地管理将各类资源关联起来,日常工作可以根据被监管对象的属地自动分发到相应的网格。无论是监管部门还是监管人员,都能实时观测和掌握到本级网格相应的船舶运输经营单位的情况、任务情况、任务完成情况。辅助责任追究能够将海事行政执法人员、海事行政执法监督人员的日常工作情况作为事故责任认定的依据,提高科学性和准确性。满足对监督人员的考核要求。为了保证有效地进行网格化监督,必须要对监督人员有相应的行为规范,通过对其工作考核保证网格化监督的顺利进行。能够实时查看相应网格内监督人员的工作情况。满足对各级海事行政执法监督部门的考核要求。通过对各级海事行政执法监督部门的考核,保证网格化监管要求的顺利实施。

3. 网格化监督的实现目标

网格化管理是一种革命和创新。首先,它将过去被动应对问题的管理模式转变为主动发现问题和解决问题;其次,它使管理手段数字化,这主要体现在管理对象、过程和评价的数字化上,保证管理的敏捷、精确和高效;最后,它是科学封闭的管理机制,不仅具有一整套规范统一的管理标准和流程,而且发现、立案、派遣、结案四个步骤形成一个闭环,从而提升管理的能力和水平。将过去传统、被动、定性和分散的管理,转变为现代、主动、定量和系统的管理。海事行政执法监督网格化是运用数字化、信息化手段,以网格为区域范围,以事件为管理内容,以处置单位为责任人,通过网格化管理信息平台,实现各级海事部门联动、资源共享的一种管理新模式。网格化管理平台围绕全面贯彻落实科学发展观、创新社会治理和提高服务水平,以需求为服务导向,整合海事管理相对人、海事事务、海事服务以及综合治理等信息资源和服务资源,以网格化作为切入点、管理对象作为支撑点、搭建海事管理一体化综合服务平台,推动海事行政执法的创新。

在海事行政服务方面,搭建基础数据平台,对辖区所有船舶信息及航运相关人员的社会事务信息建立动态数据库,能够有效地整合各级政府和社会资源,为船舶及海事企业及从业人员提供优质、便捷、高效的服务,同时有效地加强海事职能部门的综合服务和管理水平。

在海事行政执法及监督方面,在基础数据平台之上建立信息访问系统,依托于基础数据和百姓互动平台的网格化管理体制及时了解掌握行政相对人的诉求、问题,及时登记、排查、调处整治、结案分析、反馈,对海事行政执法的职能部门的信息资源与管理资源进行有效整合和梳理,对重点企业和人员、重大紧急事件进行预防控制和监督管理。

实际上,网格化监督与数字海事建设高度相关。在技术层面,数字海事建设的具体应用与网格化治理的迭代升级相伴相随。在数字海事建设的理论探索中,网格化监督是不可或缺的重要内容。

三、海事行政监督与数字海事

任何权力都具有潜在的扩张性和腐蚀性,权力监督和制约具有复杂性、艰巨性和长期性。如何对权力实行有效监督是提高政府公信力、实现政府职能的重要课题。信息时代以数字化、网络化、智能化为特征的大数据、人工智能、算法等技术日新月异,为实现国家治理体系和治理能力现代化提供了有力的技术支撑,影响着政府的治理模式,在探索运用技术实现权力监督发挥越来越重要的作用。数字海事是数字政府建设的题中应有之义,海事行政监督的数字化是数字海事的底层逻辑。通过海事行政监督的数字化建设,实现对职能部门权力运行过程的数据化,为权力监督提供决策支撑。通过大数据融合分析,实现对权力的有效监督,提升政府效能、规范权力运行。

1. 权力监督数字化提升透明度和公信力

现代国家理论的基础,是公众让渡权利给国家形成国家权力,对社会进行有效管理和运行,这是政府合法性的来源。现代国家的政府管理范围广泛、权力多元,权力运行过程信息不透明、不对称。数字时代运用大数据等技术对权力运行全过程中的行政主体、行政行为、行政事项实施全面监督,将权力运行过程的行为数据化,实现内部权力运行全过程的透明公开,有助于规范海事行政在执行法律、法规、政策过程中的自由裁量权,实现公众的知情权、参与权、表达权和监督权。

海事行政执法监督数字化有以下四处体现:

(1)权力内容清单化,按照海事行政执法机构及其人员的职责,明确权力边界和具体内容,并将其数据化和信息化,形成数字权力清单库,为海事行政执法公开透明奠定基础,为规范海事行政执法监督提供可能性;

(2)权力行使程序数据化,将海事行政执法实际运行的程序、步骤及节点要求等实时上报和收集,对数据和信息进行存储、分析,使海事行政执法程序清晰、管理对象明确、责任追溯可靠,尤其是数据化分析具有客观性的特点,能够有效避免人为监督的主观性;

(3)权力监督痕迹化,数字化执法监督过程将海事行政执法权力运行实行全过程实时监督监察,提高行政效率,深化政务公开,使海事行政执法内容公开、程序公开、结果公开,可以避免传统权力监督的事后监督、主观监督的弊端,监督过程可追溯、痕迹化,实现权力运行的事先预警、事中监督;

(4)权力风险预警化,构建科学的权力运行风险预警机制,将行政权力监督的日常化管理,通过信息技术手段的运用,提前至风险预警阶段,借助海事行政执法运行数据的实时收集、记录,大数据的比对分析,对异常数据进行风险提醒和预警推送,在各级执行和监督部门之间实现风险预警信息共享。

2. 权力监督数字化助力社会监督

权力监督数字化通过综合运用大数据、算法、人工智能等信息技术,有助于提升行政执法能力和水平,提高政府服务效率和服务质量。在公民参与海事行政执法监督层面上,权力监督数字化实现数据资源、信息资源的共享和公开,有助于政府电子政务公开,是数字政府和数字海事建设的重要内容,为加强社会监督和公民参与提供技术支撑和保障。

海事行政执法监督数字化的网格系统建设,可以通过建设门户管理系统、基础信息管理系统、专项监管系统、综合监管系统、应急管理系统、培训教育系统、排查治理系统、执法监督系统、事故处理系统、督查督办系统、活动开展系统、诚信档案系统、绩效考核系统、地理信息辅助应用系统等,将各系统统一建立融合平台,对相关业务进行整合,将数据与个人关联,根据不同人员类型建立数据模型,形成数据执法档案。通过大数据平台,凡是依法应予公开的政务信息,都应向公众公开。公民、企业事业单位和其他组织可以依法根据政务公开的程序,在信息化平台访问、查询、获取政务数据,了解政务信息和行政执法过程。海事行政执法监督数字化建设,还可以建立公众意见反馈系统,包括意见建议、投诉申诉和行政复议等与系统平台融合。进一步畅通与行政相对人沟通的渠道,提高公民参与和社会监督的成效。

3. 权力监督数字化提高海事行政效率

传统的政府治理模式存在高成本、低效率的问题,以大数据、人工智能为代表的信息技术革命,在优化行政组织结构、提高行政信息传递精确度、规避权力寻租等方面具有明显的作用。海事行政执法监督数字化就是要构建行政执法以数据为决策和治理的基本依据,行政执法行为数据化、权力运行流程化、权力监督实时化的数字海事行政模式,实现降低各级行政执法部门和监督部门实际运行的成本。

海事行政执法监督数字化在执法和监督层级上实现扁平化、智能化的组织结构,将数据和信息技术贯穿于权力监督的各个环节,加快数据信息的传递,减少了行政层级,提高了行政效率。与此同时,要加大数据信息处理部门的建设,加大技术对制度建设的支撑力度。数字时代政府治理的一个重要趋势是,由于数据和算法等数字技术的出现,改变了政府决策的底层逻辑,降低了政府决策的不确定性。海事行政执法监督的数字化,能够实时监督权力的运行过程,实时评估权力的运行效果,实现事前预警、事中监督、事后评价的有机结合,为政府决策提供依据,降低政府决策风险,提高海事行政效率。

本章思考题

1. 如何理解数字时代法律治理的变化?
2. 什么是数字化的内涵与特征?
3. 行政监督数字化的特征和功能有哪些?
4. 海事行政执法数字监督的网格化建设内容有哪些?
5. 如何理解海事行政监督数字化与数字海事的关系?

附　则

海事行政监督常用法律法规索引

《中华人民共和国立法法》
《中华人民共和国监察法》
《中华人民共和国国家赔偿法》
《中华人民共和国安全生产法》
《中华人民共和国行政许可法》
《中华人民共和国行政处罚法》
《中华人民共和国行政强制法》
《中华人民共和国行政诉讼法》
《中华人民共和国行政复议法》
《中华人民共和国海上交通安全法》
《中华人民共和国海洋环境保护法》
《中华人民共和国水污染防治法》
《中华人民共和国监察法实施条例》
《中华人民共和国行政复议实施条例》
《中华人民共和国海域使用管理法》
《中华人民共和国政府信息公开条例》
《中华人民共和船员条例》
《中华任命共和国海上交通事故调查处理条例》
《中华人民共和国防止船舶污染海域管理条例》
《中华人民共和国船舶和海上设施检验条例》
《中华人民共和国内河海事行政处罚规定》
《中华人民共和国海上海事行政处罚规定》
《中华人民共和国水上水下活动通航安全管理规定》
《中华人民共和国海事行政许可条件规定》
《中华人民共和国船舶及其有关作业活动污染海洋环境防治管理规定》
《中华人民共和国海事局海事行政执法监督管理规定》
《中华人民共和国海事局海事行政执法督察管理办法》
《中华人民共和国海事局海事法规和规范性文件后评估办法》
《中华人民共和国海事行政强制实施程序规定》

后　　记

　　《海事行政监督研究》的研究基础是哈尔滨工程大学与黑龙江省海事局合作研究的科研课题。本书编写人员参与了《海事行政执法监督》培训教材的编写,以及海事行政执法督察人员的培训。海事行政执法监督的理论研究成果,为教材编写提供了资源和支撑,在此表示衷心的感谢。

　　本书第一章、第二章、第三章、第四章、第五章、第六章、第七章、第十章由丁玮编写;第八章、第九章由孙春伟编写。

　　本书的出版得到了哈尔滨工程大学本科生教材立项资助。

　　限于编著者水平,书中难免存在错误及不足之处,恳请广大读者诸位批评指正。

编著者

2024 年 12 月